智能服务与营销

王鸿冰 著

INTELLIGENT SERVICE AND MARKETING

中国出版集团公司 | 全国百佳图书
中国民主法制出版社 | 出版单位

图书在版编目（CIP）数据

智能服务与营销／王鸿冰著．—北京：中国民主法制出版社，2020．7

ISBN 978-7-5162-2258-4

Ⅰ．①智…　Ⅱ．①王…　Ⅲ．①人工智能－应用－服务营销　Ⅳ．①F719．0－39

中国版本图书馆 CIP 数据核字（2020）第 136599 号

图书出品人／刘海涛
出版统筹／石　松
责任编辑／姜　华

书　　名／智能服务与营销
作　　者／王鸿冰　著

出版·发行／中国民主法制出版社
地址／北京市丰台区右安门外玉林里 7 号（100069）
电话／（010）63055259（总编室）　63058068　63057714（营销中心）
传真／（010）63055259
http：//www. npcpub. com
E-mail：mzfz@ npcpub. com
经销／新华书店
开本／32 开　880 毫米×1230 毫米
印张／10　　**字数**／216 千字
版本／2020 年 9 月第 1 版　2020 年 9 月第 1 次印刷
印刷／三河市东方印刷有限公司

书号／ISBN 978-7-5162-2258-4
定价／42．00 元

序言

新技术革命爆发，推动金融转型升级

喜闻王鸿冰先生新书《智能服务与营销》付梓，一位企业家终于从科幻小说作家回归主业，可喜可贺。即便如此，题材仍然涉及大众普遍认为“非常科幻”的人工智能技术。随着以信息技术为代表的新一轮科技和产业革命爆发，在金融科技的大背景下，用人工智能与互联网技术赋能服务与营销无疑会成为一大趋势。

服务与营销本就同源，营销做引流，服务做转化、做黏性。鸿冰书中提到“服务即营销”，好的营销是润物细无声地让用户接纳所提供的产品和服务，这是起点和触达；营销中的最关键的部分——服务，承载着整个营销体系的基础，只有服务“不掉链子”，才敢说营销是成功的、有效的。

应该说，银行业由于自身特点，服务与营销板块并没有成为银行家们最为关注的系统，但随着中国银行业市场开放程度的加深，银行业也会面临与保险、证券等其他金融领域同样的竞争，越是在充分竞争的情境下，营销就越会成为企业关注的领域。而银行业如何提前布局、如何进行服务与营销的智能化改造、有多少沟沟坎坎，鸿冰的这部纪实作品从一线实施者的视角，为我们真实揭示了创新摸索路上一次最佳的行业实践。

数字化大潮下，传统产业在持续探索全面的数字化转型之路，中国正迎来数字经济时代，与之前的技术革命不同，这次，中国正从跟跑者、陪跑者，逐步成为领跑者。而其中，不容忽视的力量正是像易谷网络这样优秀的创业者和创新者们，他们乘风破浪，前赴后继、锲而不舍地不断探索：用创新引领垂直领域，培育新增长点；大胆入局大数据、智能化等新领域，激发新动能，探索新支撑；推动互联网、大数据、人工智能与实体经济深度融合，身体力行地建设网络强国、数字中国、智慧社会。在金融领域，更是不断推动着金融改革发展。

这本《智能服务与营销》，不仅仅向我们展示了真实商业环境下大型营销服务行业实践，银行业的服务营销升级转型案例，更揭示了整个智能经济下，创新者，特别是民营中小企业科技创新者的非凡勇气和窘境。创业者九死一生，创新者劫后余生。我们在享受科技发展带来的便利时，向创新者致敬，为他们鼓与呼。

中国金融改革和发展的每一步都毫无悬念地记录在中国金融业历史的账目上，在智能服务与营销领域，这次易谷网络为B银行做的改造项目也能记上浓墨重彩的一笔。易谷网络基于AI、大数据等技术的智能客服系统，架构清晰，实现了外呼平台的服务成功率提升和座席人力成本的降低，解决了客户诉求无法触达、业务流程长等问题，提高了客户体验，创新性强，项目效果显著。

科技发展是有连锁反应的，引发了服务与营销思维和方式的巨变，拿着旧地图再也不可能找到新绿洲。传统营销领域近20年来营销思维的革命性变化是从“以产品为中心”转变为“以用户为中心”，而场景式营销是在“以用户为中心”基础之上的再次飞跃。无论是新兴行业还是传统行业，流量时代已过，移动互联网进入下半场，营销获客问题更加凸显，各行各业都面临拉新难、转化低的问题。因此，数据导向下的精准营销越来越被企业接受和认可，企业更加关注营销中的个性化和差异化，追求“千人千面”的营销方案，通过技术基础之上的营销，最大限度地摊薄成本，设计并推送各种营销方案给消费者，实现精准营销。以C端用户为中心，基于海量数据库资源，通过对数据进行分析处理、建立营销兴趣模型等，对客户进行精准的剖析定位，以用户需求为导向，能够在合适的时间向合适的人群推荐合适的产品，实现企业效益最大化。

阅读本书时可以看出擅长写小说的作者用幽默诙谐的笔调构造起伏跌宕的情节，向读者展示出如战场般的市场的浩大和微妙。但正如梦想和现实间的差距，在真实环境中推动创新困难重重，既有自身问题，也有外在因素，既有顽疾，也有马虎大意的小错误，在不断克服困难、取得进步的过程中，创新者往往开始都比较弱小，在本书中作者写作真诚，不惧揭开伤疤，我想这是一种自信，更是一种态度。“创新不易，未来可期”，书中展现出的这种精神和信念，相信B银行项目的所有参与者和本书的读者都会深入人心。我更期待涌现更多“敢为天下先”的团队和企业，这样的话，我们科技强国梦将不再遥远。

至于本书涉及的技术部分，主要从技术架构去阐述如何做一个服务与营销平台，对技术实践者而言，无疑是金融行业以及所有需要面向最终客户进行营销的企业去建设一个服务与营销平台的最好参考，书中记录了易谷网络从技术验证到项目交付中所遇到的艰难险阻，而这些正是能够为后来的建设者少走弯路提供借鉴。作者的技术功底深厚，尝试深入浅出，对于非技术从业者，大可不必太过纠结技术部分，用看故事的心态有选择地阅读本书，也一定能有所收获。

当前世界经济形势错综复杂，全球经济的竞争归根到底是科技的竞争，核心科技受制于人自然会增加金融体系的脆弱性。在金融科技领域，中国自主技术发展迅猛，多技术、跨行业融合发展之势已然形成，人工智能发展成为重要生产力，数据成为关键生产要素，5G 商用后成为换挡升级驱动力，物联网技术更是实现了物流、资金流、信息流“三流合一”，极大地提升了金融服务便捷性。牢牢掌握科技自主权是中国经济健康持续发展、加速崛起的基石，又是未来提高经济增长质量和效率的坚实基础。金融是科技创新的血液，科技发展是金融发展的根基。要真正实现两者互利互惠，让金融创新健康发展。

愿更多人和这个时代的创新者站在一起，愿更多易谷网络这样的科技创新实践者蓄势蜕变、沉淀价值，造福万家。

金融时报社社长：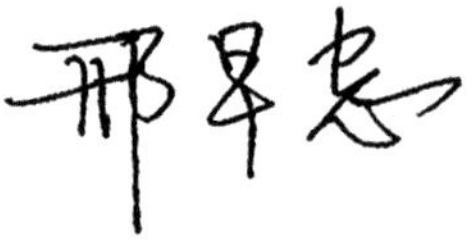

目录

第一章 有机的企业

第二章 新一代智能服务与营销需求的提出和技术验证

第三章 分水岭与体验中心

附录 智能服务与营销
——建设者访谈录

第一章

有机的企业

如果我们想知道企业是什么，我们必须首先了解企业的目的，而企业的目的必然存在于企业之外。事实上，由于企业是社会的一个器官，因此企业的目的必然存在于社会之中。关于企业的目的，只有一个正确而有效的定义，那就是“**创造顾客**”。由于企业的目的是创造顾客，任何企业都有两个基本功能，而且也只有这两个基本功能：**营销和创新**。

——彼得·德鲁克（Peter F. Drucker）

所谓“创造顾客”，就是营销。

然而，如果没有好的产品与优质的服务，所有的营销都是骗人。中国市场不乏这样的案例。吴晓波在其作品《大败局》中，列举了很多一度非常辉煌最终却黯然离场的企业，如三株口服液、太阳神、秦池酒业等。对于20世纪90年代初走出校门的一代学子来说，这些企业无一不是神一样的存在，每一个都豪气冲天、豪情万丈，心想它们定能改变世界。遗憾的是，它们纷纷倒在了互联网兴起的前夜，甚至连被互联网颠覆的机会都没有。失败的原因各不相同，有的是盲目扩张引发的现金流断裂，有的是股权的不清晰或是家族内部的股权纠纷等，但是它们成功的道路却基本相似，就是善于营销。

正所谓，成功的企业都是相似的，而失败的企业各有各的不同。**《大败局》中所有企业成功的基因基本上是其营销能力，而失败的原因却各不相同，如产品、风控和融资等**。

当年的营销手段单一，营销方式简单粗暴，可以总结为“空中轰炸、地面占领”。“空中轰炸”就是大量的广告，有电视广告、平面媒体广告、乡村刷墙广告，那些年这些企业几乎占领了央视每一个黄金时段。在一个全民娱乐的年代，这样的攻势确实有效，在最短的时间内做到了人人皆知。紧接着启动“地面占领”，通过大量的销售投放，在最短的时间内，商品进入城市中的每一处商业区，再辅以优惠、促销等各种地面活动。

不得不说，这些企业家都是天才，都是万中无一的营销高手。试想，如果他们成功后再收敛一点儿，或是对风险的把控再严格一点儿，很有可能造就一个持续成功的企业，如我们在广告中看到的巨人集团、蒙牛集团等，就将成功延续到了现在。

当今时代，以技术见长的成功实体企业，如华为、海尔、联想等，不仅有出色的营销能力，还具备超强的产品、服务与风控能力。这就说明了一个问题，企业的成功取决于多个条件，但营销能力是必要条件，也就是说，营销能力不行，连成功的机会都没有。

在互联网尚未普及的年代，营销主要是靠传统媒体的传播。这当中最为有效的传播方式就是电视媒体，所以抢占黄金时段的电视媒体，是大型企业进行市场营销的重中之重。紧跟其后，是报纸、杂志、户外广告等。可以说，当时无论哪家企业，只要占据了重要的媒体资源，就会在营销上取得成功。此时，如果再加上好的产品进行口碑营销，就能造就一个相当成功的企业。我们可以轻松得出这样一个公式：**成功的企业 = 营销 + 创新产品/服务 + 风控**。

2000 年，互联网迅猛发展，但互联网企业和传统企业之间仍分明横亘着一条无法逾越的鸿沟。互联网企业在左，传统企业在右；两者和平共存，独立发展，不存在谁颠覆谁的问题，也没有相互融合的迹象。实体企业依然崇尚传统媒体的营销传播方式，而互联网企业则从提供信息分享中获得利益，当时的互联网基本是以新闻门户、搜索、娱乐、游戏等为主要的业务方向。谁也没想到，改变即将发生。随之而来的电子商务一举将实体经济与互联网经济紧密地关联在了一起。

互联网解决了数据传播与流动的问题，让人们获得信息的成本迅速降低，获得效率大大提高，从而进一步解决了信息的不对称问题。对于很多中小实体经济来说，这是非常振奋人心的消息，因为它们没有能力通过传统媒体大规模将产品传递出去，但是互联网提供了实现的可能性。于是，以电子商务为主业的互联网公司负责为中小企业传播信息，而中小企业致力于降低产品成本与提高产品质量。当然，由于中国电子商务的特殊性，中小企业逐步将压缩成本变成了自己的第一目标，于是形成了现在的格局。

因为电子商务公司不被重视，所以中小企业就沦为电子商务公司工厂，同时也失去了自己的品牌价值，成为地地道道的生产车间。这期间，客户变成了数据，物流与信息流的价值被进一步放大，作为营销主体的电子商务公司发展飞速，实体经济的生存空间被一点点压缩。由此可见，企业的营销是何等重要，没有了营销，产品与服务就成了无本之木、无源之水。

第一节　服务与营销的互联网加持

移动互联网的普及，进一步释放了互联网的信息流动与分享特性，金融、传媒、服务等行业的传统企业开始受到冲击。传统企业突然发现，自己经过长时间打造的核心竞争力不但没有得到有效的发挥，甚至变成了负担，如传统银行的线下门店，成为了高成本的代表。而经过了十几年发展的互联网公司，由于积累了大量的客户，并且建立了与客户之间成本极其低廉的沟通机制，从而开启了其“跨界打劫”的征程。

以金融行业为例，尽管传统的金融企业成本很高，但是，它在长期的经营过程中，积累了大量忠诚而优质的客户，这些客户已经习惯了传统金融业的服务，是不可能轻易流失到互联网企业的。如互联网金融，在初期，是不会莽撞进行正面交锋的，它们把用户锁定在被传统金融企业忽视且人群更广泛的“长尾用户”；那些从来没有接触过金融服务的年轻人，他们对银行的理解可能仅限于一张借记卡或者信用卡。而互联网公司通过业务进行密切关联，让这一群体也开始了投资理财、小额贷款等金融行为，一下子积累了大量客户。几年后，这些随互联网一起成长的年轻人，也逐步成为了互联网金融的服务对象。

传统的金融企业并没有关注的客户，就这样被互联网公司激活了，而其原本传统金融服务的忠实用户也被互联网金融的便利性吸引，开始跃跃欲试。对于传统金融企业来说，如果没有政策的保护，如果不进行变革，那么就难逃被颠覆的宿命。于是各行各业纷纷涌现出了“互联网＋”的概念，传统企业跑步进场，开始了互联网转型之路。

互联网企业可以在短时间内成功崛起，依赖的是其沟通的便捷、数据的流动、信息的对称以及良好的客户体验。然而，其产品相对于传统企业并没有太多的独特性，以金融来说，也无非是理财、借贷、融资、保险等业务。也就是说，传统企业缺乏的是互联网企业的沟通能力以及信息分享能力，如果赋予传统企业以互联网能力，是否就可以让这些行业适应时代的运营效率、重新焕发活力呢？

答案是肯定的，这就是近些年行业中一直提及的**“互联网＋”**概念：

“互联网＋”代表着一种新的经济形态，它指的是依托互联网信息技术实现互联网与传统产业的联合，以优化生产要素、更新业务体系、重构商业模式等途径来完成经济转型和升级。“互联网＋”的目的在于充分发挥互联网的优势，将互联网与传统产业深入融合，以产业升级提升经济生产力，最终实现社会财富的增加。

“互联网＋”概念的中心词是互联网，它也是“互联网＋”的出发点。“互联网＋”具体可分为两个层次。一是，可以将“互联网＋”概念中的文字“互联网”与“＋”分开理解。“＋”代表着添加与联合，这表明了“互联网＋”计划的应用范围为互联网与其他传统产业，它是针对不同产业间发展的一项新计划，应用手段则是通过互联网与传统产业进行联合和深入融合的方式进行。二是，“互联网+”作为一个整体概念，其深层意义是通过传统产业的互联网化完成产业升级。互联网通过将开放、平等、互动等网络特性在传统产业的运用，通过大数据的分析与整合，试图理清供求关系，通过改造传统产业的生产方式、产业结构等内容，来增强经济发展动力，提升效益，从而促进国民经济健康有序发展。

互联网所改变的是人们沟通与信息分享的渠道，传统企业进行互联网改造后，将与互联网公司一样具备便捷的沟通与信息分享的能力；如果再配以其原有的用户基础、产品基础、政策扶持等优势，是不是就能远远地把互联网企业甩在身后呢?

企业的竞争力除了和技术手段有关，还和企业文化、产品设计以及客户类型有很大的关系。我们可以肯定的是，用互联网技术武装起来的企业，一定会比被武装前更有竞争力，因为其营销的方式发生了质的变化。

传统企业注重的是线下的营销，就是通过客户经理或门店的方式进行面对面的营销，广告投放的目的是为了增加线下营销的影响力。而互联网企业注重的是线上营销，它希望通过信息的流动与推送让其目标客户群直接从线上购买产品，所以互联网公司往往喜欢将产品设计得更加简洁，传统企业的产品往往会较为复杂。企业进行互联网化改造以后，线上的能力将得到提高，而其线下的功力尚在，所以将获得线上与线下互动的能力，即：线上获客线下购买，或是线下获客线上购买，这就是O2O的能力。这个能力非常重要，它将一举改变企业的营销方式。

我们在前面有一个公式是“**成功的企业=营销+创新产品/**

服务 + 风控”，在互联网时代，这个公式依旧成立，只是其中的“营销”方式已经发生了巨变。通过互联网技术的改造，已经建立并稳固的线下优势的充分发挥，使企业同时具备强大的线上能力；线上与线下有效的互动，能将 O2O 的业务模式发展到极致。

在传统媒体盛行的年代，电视广告、平面媒体是绝对的营销利器，第一波高频的宣传攻势轰炸完成后，第二波地面销售部队开始出动，动用各种手段将商品抢占商场货架，再辅以花样百出的优惠促销的手段，完成商品销售的“最后一公里”，随之进入产品验证和口碑发酵环节。当产品的销售达到一定的数量后，产品的质量开始发挥作用，性价比高的产品会通过口口相传的方式继续蚕食市场占有率，而次之的产品则需要持续不断的广告轰炸才能保证销量。

而在互联网时代，获得信息的渠道丰富多样，再也不会出现旧时电视媒体一家独大的局面。虽然电视媒体的观众不断减少，但由于企业已经充分意识到其对营销的重要性，传统媒体广告的费用不降反升，不断攀升的价格甚至到了企业很难承受的临界点。而数字媒体的数量呈爆炸式增长，企业的自建渠道如：企业官网、APP、微信公众号、企业微博、电话中心等业务已成型，流量入口方兴未艾、百花齐放。由此，流量为王，如何驱动线上的宣传，有效利用线上进行营销，成为判断营销有效性和提高营销质量的关键元素，也成为了 O2O 模式是否能够成功的一个核心因素。

有效的线上流量

互联网时代企业的流量入口丰富多样，归纳起来主要分两大类：一类是第三方平台流量，如平面广告、电视广告、第三方APP、第三方网站、第三方视频直播等；另一类为企业自建的入口，如官网、微信公众号、企业直播、APP、企业微博等。当然，各渠道利弊不一、良莠不齐，如何利用好渠道以获得有效的流量，进行利益最大化的企业营销呢？先给出答案，这里又有一个公式：**有效的线上营销 = 可精准统计的营销联络 + 试错**。

无法精准统计并量化各媒体广告给营销所贡献的比例，是从传统媒体的年代延续到今天的问题。这就为企业营销带来了很大的困扰。不过，有一点是值得肯定的，那就是流量入口越丰富，营销机会越多，两者正相关。资金充足还好说，往往企业面对有限的资源，应该往哪些主要的流量入口去投入更多资源呢？决策依据是什么呢？传媒时代广告的效果只能通过媒体的收视率和销售数量来粗略估计，到了互联网时代，也有一个比较显性的指标，就是点击量。我们可以通过收集各渠道点击量来评估营销的有效性，但是与收视率一样，精准的评估依旧不太容易办到，这种统计方法也存在一些问题：

▷ 点击只是制造了一次营销的可能性，用户点击后的有效性如何评估？如何统计点击后的营销影响呢？

▷ 除了互联网媒体，企业依然会在电视以及其他传统媒体上进行广告投入，多重因素作用下，如何评估这些广告投入的有效性呢？

▷ 所有的流量入口都会驱动客户去扫描二维码、下载企业的APP或者是关注企业的微信公众号，然而，下载了APP并关注微信公众号就一定能变成有效的营销吗？答案是不一定。

这些问题如果得不到准确的答案，企业的流量入口依然会是盲目的。为了解决这些问题，我们需要在每一个流量的入口加上有效的营销联络手段，并且每个入口存在特定且唯一的标识，客户可以直接通过这个入口进入营销流程进行购买，甚至可以通过这个入口直接联系到相应的客户经理，而系统能精确定位到每一个客户的来源和目前的营销阶段并作出反应。当所有的流量入口具备了此能力之后，就可以允许企业在资源投入前期先进行试错，即先建立广泛的流量入口，通过有效的营销联络沉淀的数据信息来评估入口的有效性，最终进行精准的资源投入，获得最高性价比的营销方案。

广告大师约翰·沃纳梅克（John Wanamaker）曾说过，“我知道我的广告费有一半是浪费的，但我不知道浪费的是哪一半”，这句至理名言堪称广告营销界的“哥德巴赫猜想”。站在互联网的浪尖，是时候来挑战这个猜想了，而“**可精准统计的营销联络+试错**”应该是打破这个规律最好的办法。

O2O 模式

互联网企业能够通过线上流量直接销售产品，是因为其销售的产品多具有快销品性质，相对简单、廉价，不需要太长的决策周期。即使用户选择在线上购买需要深思熟虑的商品，多半也是客户事先在线下完成了前期的决策流程，而线上就是简单执行比价和下单的动作。譬如：一个客户要购买一部汽车，完整的流程是通过线上的比对分析，选好车型，然后到4S店进行实物观测并进行试驾，最终完成购买行为。在这样的一个购买流程中，如果有专家（客户经理）的线下面对面交流，强化营销效果，成交的概率就会大大提高。

与互联网公司提供的商品相比，传统企业提供的商品往往决策周期长，流程也更为复杂，很难在客户获得信息那一刻的黄金时间直接购买。当然也有这种可能，但占比绝对不会太高。针对这样的产品，采用线上与线下互动的业务模式 O2O 就成了加码成交概率的一剂良药。这个模式有如下几个关键步骤：

第一步，建设有效的线上流量入口（自建或采用第三方）；

第二步，与客户建立联络，通过流量入口被动联络或是直接获取目标客户信息主动出击；

第三步，线下互动，助力交易达成，如上手体验、免费试用、专家推介、一对一沟通等方式；

第四步，线上或线下下单，交易完成。

当然，适合快速完成线上交易的商品并不属于任何企业的专属，决策周期、产品性质也仅仅是影响销售行为的一方面，营销设计的乐趣就在于让不可能成为可能。企业进行 O2O 的同时，应尽力去设计更为简洁并能促成线上直接成交的行为引导流程，不放过任何一个营销节点的细节设计，如此，提高营销的效率也就指日可待了。

服务“即”营销

一般而言，企业视“营销”为利润中心，视“服务”为成本中心。显而易见，营销必能有助于企业利润的提高，而服务的投入和产出却很难进行精准的比对。所以，企业往往会提供通畅的营销入口，并通过大量的人力进行电话销售。相比较之下，服务入口被深藏在角落里，仅仅是一个半遮半掩的电话号码，而且客户的服务请求通常得不到有效的响应。这就好比是在告诉所有的客户：**欢迎购买我的商品，但是不要过来找我们麻烦**。

在一个数据流动、信息对称的年代，有效的营销手段可能会带来短期的销售业绩增长，而要想持续扩张下去，则只能依赖客户的口碑。拥有口碑的商品才可能迎来下一个营销高点：病毒式营销。

而口碑的营造，除了持续迭代的商品，还要创造足够多的与客户接触、交互的机会。客户有了参与感，对商品的品质感受和理解自然不一样，所以，服务就成了一个天然的、与客户接触的最好入口。服务触点的建立，不仅能解决客户之所难、满足客户之所需，而且这个过程所建立的双方信任感、距离感是其他任何入口都无法比拟的，也就能获得更多的销售机会。比如交互的过程能了解市场对企业服务与商品的评价和反馈，贴心的服务能感动客户，并为客户的推荐创造可能，如此看来，这个入口难道不比其他的入口都更有效吗？

客户之声

客户在进行服务请求时，对商品与服务的建议甚至抱怨，这些都是最真实的来自客户的声音。企业往往会认为其属于负面信息，但这些信息正是企业优化产品并改善服务流程难得的依据。

如果挖掘精准并恰当应用，不仅能增强客户的参与感、培养客户的主人翁意识，更能优化产品和服务，更能满足消费者需求。试想，这样一个由消费者参与创造设计的产品，必将提高企业的核心竞争能力，这是服务给企业带来的最为关键的核心价值。因此，提升服务能更好地倾听客户之声，驱动用户给出更多建议；长期来看，对企业营销和品牌形象的建立也大有裨益。

参与感

说到客户，不得不提“参与感”。

客户的建议提出后，得到快速反应并被采纳，在真实的使用和体验下还能看到其建议优化的结果，这种及时反馈和立竿见影的效果就会让客户产生非常强烈的参与感。

客户的参与不仅会使产品设计贴近客户，也将潜移默化地改变产品与客户的关系，从弱连接变成强连接，由被动接受转化成主动参与，两者紧紧地黏合在一起，进而这些客户会成为企业最好的产品体验官以及第一批产品购买者。毕竟，这是双方共同创造和打磨的产品，期待值是不一样的。因而在产品的设计中邀请客户参与进来，就成了营销的最高境界之一。

上述提炼客户建议进而促进产品的改进，自然是有效的。但这种参与的出发点对企业而言终归是被动的，客户是在不知不觉中参与了产品的设计，那么，企业能不能更进一步刻意营造客户能主动参与的场景，并邀请客户参与呢？当然可以，我们来看下面几个场景。

场景一：产品挑选

客户在交互过程中，可以根据个人喜好挑选产品设计，提出个性化定制要求。这些信息比一般的市场调研、田野调查更显宝贵，在样本量足够大的情况下，可以根据客户的标签（画像）针对性地优化产品、提升服务、提高顾问满意度。

场景二：讨论组

通过社交媒体建立讨论组，建立客户与产品设计者之间的联系，可交流、可吐槽、可参与产品设计讨论，一切以产品更好服务客户为原则。

场景三：开源设计社区

开源设计社区是参照开源软件的运作方式，将产品的设计雏形通过互联网公布给热心客户和志愿设计师。设计师可以对产品进行细化设计，然后由客户进行投票选择，最终一步步选取被客户认可的产品，而被采纳方案的设计者将得到奖励。

服务“转”营销

每一次客户的服务请求都很有可能转变为一次销售的机会，一旦机会出现，就不要放过。

客服代表在处理过程中可以根据客户的对话内容获得潜在的销售商机。如能借助对话分析工具，通过预设好的模型自动进行实时的分析更是如虎添翼。遇到销售机会时，系统会提醒客服代表进行引导和推荐。

譬如客户需要购买从上海去北京的机票，系统很容易分析出其出行地是否为旅游目的地，这种情况下推荐酒店、租车以及旅游商品将是很好的选择。想客户之所想，甚至想在客户之前，获得客户的认可也就顺理成章了。

口碑营销

口碑营销，即客户自发的双向推荐的传播营销行为，这是营销的最佳实践场景。

分享是人类的天性，也是互联网的核心文化之一。各种流量的入口（触点）让客户接触到了产品，如果购买并使用产品，就实现了营销的第一阶段。而紧接着，持续强化客户体验就要看货真价实的产品了，需要依靠产品本身去赢得客户的认可和喜爱，跨过这道槛儿让所有企业都绞尽了脑汁。得到青睐的产品会进入下一流程，客户会欣喜地自发地通过各种渠道进行分享，这就是推荐营销、口碑营销。推荐营销既可以在熟人圈内进行，也可以影响陌生人。

熟人营销，就是客户将自己认为好的产品通过社交圈友情向朋友们分享，从营销看来，这是一种推荐行为。它可以是面对面的，也可以是在微博、微信朋友圈这类自媒体上的，这种不以营利为目的的推荐，接受者心理不设防、信任门槛低，具备很强的说服力。

陌生人营销，就是查看其他客户购买完成后的评价。在互联网时代，我们已经习惯通过查看其他用户的点评与推荐来购买产品与服务。这是一把双刃剑，客户对于差的评价非常敏感，一条差评有时具有一票否决权，而要让客户建立信心，则需要大量且能触动到客户兴奋点的好评才行，这也充分体现了互联网的信息对称性。

体验式营销也是推荐营销的一种。这里有一个非常成功的案例，某企业推出了一套家庭供暖设备，这类产品最好的营销方式就是邀请客户直接进行体验。但是企业不可能建立太多供客户体验的场所，于是企业向现有客户推出了一套促销政策，鼓励现有客户在家中为潜在客户提供体验服务，如果潜在客户体验后发生了购买行为，则拿出产品售价的 5% 作为对其提供体验场所的奖励。效果立竿见影，这种营销方式快速拓展了其家庭供暖设备的销售，其精髓就是让客户参与营销，并用体验再获取客户，将推荐营销用到了极致。当然，其产品质量必须有过人之处，否则，产生的效果将恰恰相反。

互联网加持更是“文化”加持

区分互联网企业与传统企业最简单的标准是其运营是否依赖于互联网，依赖于互联网运营的为互联网企业，否则就是传统企业。随着互联网的发展，两条各自生长的平行线间的距离越来越近，互联网企业开始从事线下的业务，如阿里巴巴和京东等互联网公司都开始布局实体店，收购大型的连锁超市，具有一统线上与线下的阵势。而传统企业也早就开始通过其企业官网、微信公众号、APP 等手段进行直接的经营活动。由此可见，两者之间的边界越来越不明显，出现相互融合的趋势。

“互联网 +”的概念更是加速了传统企业的互联网化转型。新一代的企业，无论从事的是制造业还是服务业，都会毫不犹豫地利用在线渠道进行服务与营销，也会根据具体情况适时依靠人工智能、大数据、云计算、多媒体等技术进行武装与融合，否则就会在竞争中失去优势，成为被颠覆者。互联网是公平的，技术本身也是公平的，任何企业都可以用它来武装自己。然而，为什么有的传统企业可以在互联网时代如鱼得水迅猛发展，而有的却停滞不前，甚至失去竞争力呢?

答案是文化，是企业文化没有随着互联网的发展而改变。

传统企业强调的是执行力、稳健发展、团队合作。这些优秀品质在互联网时代并没有完全淘汰，而是重心发生了改变。

互联网精神是开放、平等、协作、分享、创新、容错，互联网企业的文化中必须包含互联网精神的大部分内容，否则，即使是依赖于互联网运营，即使是有足够好的业务模式，也不可能成功。试想，在不适宜的土壤上，怎么能要求开花结果呢？传统企业进行互联网化转型，必须先认可互联网文化，在企业文化上进行改造，学其形更要学其神。所以说，“互联网 +”的精髓首要的是文化，然后才是技术和业务模式。

用“敏捷”取代繁杂的流程 传统企业讲究流程，流程可以是自由奔淌、无坚不入的水流，也可以是需要跨越的一个个门槛，而复杂的流程更容易成为“效率低下”的代名词。互联网企业当然也讲流程，但是其流程更加敏捷。敏捷，最早应用于互联网的软件开发流程，其做法是将一个大目标分解成一个小目标，每一个小目标完成后都能够实现部分的关键业务价值，在开发的过程中能够进行快速的迭代。“敏捷宣言”强调的敏捷软件开发的 4 个核心价值观是：

▷ 个体和互动高于流程和工具；

▷ 工作的软件高于详尽的文档；

▷ 客户合作高于合同谈判；

▷ 响应变化高于遵循计划。

其实，这 4 个核心价值观同样适用于传统企业的互联网化转型。不一味贪大、不要想一口吃成个胖子，可以尝试将远期的大目标分解成两三个月就能够实现的小目标，然后小步快跑、快速迭代，并在过程中简化流程，就很有可能用两年左右的时间实现真正的互联网化转型。

用试错与包容代替严密的 KPI 流程 传统的 KPI 流程会划定投入与产出之间的对应关系，并与奖惩严格挂钩。然而，在瞬息万变的互联网环境中，很难在目标与流程规划后再行动，往往想清楚了，市场的机会早就流失了。而靠着对市场的敏锐嗅觉，某个灵光一现的想法立即实施或是小成本的投入，就改变整个业界竞争态势的情况屡见不鲜。这种情况下允许快速试错方能出奇制胜，试错是探索和经验积累的过程，一条路是否行得通并能得到快速验证。从来没有一成不变的业务模式，最好的业务模式就是在多次打磨、修正后形成的。

尝试是个概率事件，有胜有败，胜败自古乃兵家常事，所以包容精神非常关键。只要折损不是致命性的，是可控的，那就是有意义的。互联网企业在开拓新的疆域时，往往派多个团队去执行同一业务目标，团队之间既竞争又合作，彼此验证，直到找准对的方向进行融合，携手奔向成功。

用开放与分享代替封闭的思维 创业者都很清楚，互联网中存在着大量免费而开放的资源，任何人都可以通过网络去获得工具、开发产品、建立管理流程，这一切来源于互联网的开放精神。而互联网化转型非常重要的一点就是去拥抱这种开放精神，从互联网中获取营养，并“反哺”互联网。然而，做到前者众，做到后者寡。需要充满信心，这是一个逐步开放的过程，只要愿意输出，你定会有收获，一旦开始执着于这种开放分享的精神，就不会轻易离开。

鼓励创新 互联网的原则是，成熟的应用也等于落后的应用。互联网世界永远不存在成熟的技术与模式，一切都在不停地优化与改进中，这就决定了任何保守的思维都将被这个时代抛弃。作为企业，如何才能在这样的环境中保证竞争力的持续呢？唯有创新。

创新在服务与营销方面主要体现在，互联网的赋能让企业打开更多的服务通道，创造更多的营销触点，让服务体验更加极致，让营销没有盲点。而人工智能的加持，会让服务与营销更加高效。

第二节　服务与营销的人工智能加持

自计算机问世以来，每过一段时间就会出现一波人工智能热，涨起又逐步消退。不过目前这一次，热度却一直在上升，没有任何消减的迹象。一个明显的变化是，人工智能已经从旧时王谢的堂前，飞入了寻常百姓家。我们无时无刻不在通过智能手机、智能音箱等设备享受着人工智能给我们带来的便利。从经济学的角度来看，任何技术只要变得廉价了，就能得到充分的应用。互联网的兴起令分销、通信与搜索成本极速下降，使得提升服务与营销水平成为可能；企业得到互联网的赋能，可以建设自己的多渠道全媒体客户联络平台。人工智能的兴起则让机器预测这一技术变得易于获取，如果我们让人工智能为企业的服务与营销赋能，将会带来哪些革命性的影响呢？最直接的结果是：效率。

让我们来看一下企业在服务与营销的过程中通常想具备哪些预测的能力，如：

▷ 预测客户的服务请求意图；

▷ 预测哪种类型的员工可以更好地服务哪一类客户；

▷ 预测哪种问题的答案可以更好地满足客户；

▷ 预测客户的心声；

▷ 预测哪类客户会购买哪一类商品；

▷ 预测哪种销售能够更好地说服哪一类客户；

▷ 预测在不同语境下应该用哪一种话术；

……

我们可以看到，预测技术贯穿整个服务与营销的流程，如能实现精准预测，效率将大大提高。当然，人工智能尚未成为一种即插即用的技术，要想其在服务与营销中发挥更大的价值还有很长的一段路要走。

人工智能应用——智能服务

将人工智能应用到企业服务中是一个过程，更是一把双刃剑。人工智能应用前需得到大量且匹配的训练，否则，其预测精准度达不到要求，进而影响到服务体验，不仅不能提升效率，还会导致客户流失。所以，首先是训练人工智能，其次是局部采用人工智能辅助，最后是大胆地运用人工智能，实现突破性的服务提升。

部署人工智能要明确应用场景。第一个场景是意图识别，这是根据客户的行动轨迹以及历史联络记录进行判断的，可以降低客户的费力度，在第一时间让客户找到对应的服务。第二个场景是信息推荐，这是根据客户的语义理解进行信息与服务推荐的过程。第三个场景是服务资源匹配，这是根据服务类别、客户画像、员工画像、技能等信息进行适配的过程。

确定好场景以后，就需要对人工智能进行训练，主要是进行数据标记与信息对应，这是一个持续优化、永不停息的过程，而且有一定的个性化要求。在训练上投入的资源越大，智能化程度就会越高，这个过程和人类的教育过程非常类似。

不能等人工智能训练成熟以后才将其进行客户服务的应用，事实上，不在实际服务过程中进行训练，人工智能是得不到有效成长的。所以，在应用中需要企业员工对其进行辅助。这是一个人机耦合的过程，员工充当人工智能的训练师角色。通过辅助来提升客户体验，通过训练来提升智能化程度，从而达到服务效率和质量提升的目的。

员工会被人工智能替代吗？这个问题是对人工智能讨论最多的话题，也是对人工智能最大的误解。很多人认为，随着人工智能越来越聪明，它可以代替员工能够处理的所有工作，这样员工就失业了，就像人类发明了拖拉机耕地以后，牛的主要作用就转变成了人类食品一样。其实大可不必担忧，我们应该庆幸，由于科技的发展，解放了双手，让人类有条件不去做那些简单、重复、枯燥无味的工作，而去从事更有创造性的工作，获得更高层次的愉悦。前面说过，人工智能可以看成是预测机器，在经过训练以后凭借其强大的计算能力，能从已知数据中去推断未知信息，但它仍不可能具备思考与创新能力。而需要创造力、深度思考能力的工作还是需要人类去完成，如智能训练、流程设计、系统优化、业务分析等。计算机擅长记忆和运算，人类擅长抽象，人工智能让我们的工作实现了升级，也使我们有了更多学习与思考的时间，多出来的时间用来推陈出新，创新才是推动进步的源泉。这和拖拉机代替牛的工作完全是两回事，毕竟拖拉机不是牛发明的。

人工智能应用——智能营销

营销本身就是预测驱动的。企业根据对市场的敏锐度，判断该生产什么商品；相关部门进行广告投放，也是根据以往反馈选择效果可能最优的方案；销售员筛选客户也是挑成功概率高的下手。这么看来，人工智能与营销简直是天作之合，必将相遇。

在营销中，我们需要通过人工智能与大数据来发掘客户画像与产品之间的关系。通过对历史数据的训练、销售过程中的实时反馈进行模型与参数的优化，能轻松获取连接关系。

我们找到了商品与客户间的对应关系后，联络在营销中的价值就能充分释放了。通过多媒体联络的手段向潜在客户发展销售联络，或是推送销售信息，或是进行精准的广告投放。而员工画像与客户画像存在对应关系，联络过程中的话术也有对应关系，这些关系的建立让人工智能在营销中发挥关键作用。

在某些场景下，人工智能甚至能够代替人类进行直接的营销，如信用卡分期、积分兑换等简单的工作，可以由人工智能独立完成。一些复杂的营销活动也可以在用人工智能进行筛选处理后，再由人工完成余下的销售工作。

人工智能应用——企业大脑

我们现在可以简单总结一下上面提到的人工智能应用了。

人工智能的核心算法在服务与营销的应用过程中被不断调优，在服务上，它可以快速识别客户的服务意图、理解客户的语义，为客户进行快速而有效的直接服务或匹配恰当的服务资源。在营销中，它可以找到商品与客户画像的匹配模型，找到销售与客户的匹配关系，找到最佳话术进行销售培训。通过两个层面的配合，服务与营销过程中的客户心声挖掘，可以发现客户对产品、流程等的优化建议，从而去指导企业进行流程优化、产品升级并挖掘更多的销售商机。

也就是说，企业通过人工智能应用可以找到一个企业成功的算法，这个算法配合企业运营过程中产生的数据，共同构成了企业的大脑。企业大脑会成为企业经营的指导者，它将在进化的过程中，提高企业成功的概率。企业的核心管理者就成了这个大脑的调参者，他们负责协助这个大脑往更高级别进化。

第三节　打造有机体的企业

人工智能算法与数据构成了企业的大脑，通信网络构成了企业的感官与神经。有了大脑与神经网络，企业的触点不再是触点，而是生长成了触角。触点是单点的、被动的，而触角则是被神经网络和大脑赋能过的触点。当触角在互联网的赋能下向外延伸时，它可以通达广阔的世界。

这时的企业将不再是一个架构、一个组织、一个协同体，而变形为一个有机体。有机体是能够自我成长、进化、风控与免疫的，企业的员工则成为这个企业有机体的智能训练师、模型优化师、参数调整师与业务分析师。

让企业进化成为一个健康的有机体，是企业经营的目标。要实现这个目标，就要从建设一个智能服务与营销平台做起。

第二章

新一代智能服务与营销需求的提出和技术验证

昂首跨进千禧年，谁曾想，银行客户联络中心迎来的却是长达十几年的沉寂。

直到2012年，互联网的快速普及，才等来了惊蛰，春雷始鸣，客户联络中出现了往多渠道、全媒体方向扩展的迹象。

2015年，人工智能技术取得突破，各大银行久旱逢甘霖般纷纷试水智能客服。但是，无论是互联网改造，还是智能客服加持，无非是原有的电话联络中心基础上的创新，业界几乎找不到一个大型的、完整的、统一的智能服务营销案例。

而引领者早已着手布局，创新者已经开始行动，谁能抓住机遇、抢滩成功，谁就能领跑下一个10年。

第一节 “新一代智能服务与营销”需求的提出

背景介绍

B银行是中国六大国有银行之一，有上百年的历史，业务遍布全球各地，在大陆境内有上万家营业网点，其原有的客服系统于2000年左右建设完成，也是银行业最为普及的AGE平台解决方案（Avaya语音交换机、Genesys中间件、Edify IVR软件）和Verint录音系统，业务系统采用Siebel（电子商务软件的突出供应商），后来被甲骨文（全球最大的企业级软件公司）以58亿美元收购，用IBM作为总集成商。随着银行核心业务系统的改造以及业务线的增加，原有的客户服务业务系统很难满足发展的需要，急需按照业务发展要求进行重构。而基于硬件的语音接入设备、录音板卡以及IVR板卡经常发生故障，每次故障都需要原厂商工程师现场处理，系统的可用性令人担忧。

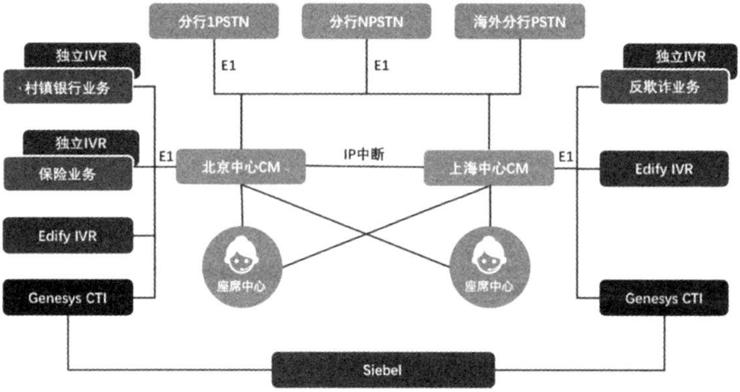

B 银行原有客服系统架构图

除了客服业务软件的开放性、平台系统的可用性、整个系统的可维护性等痛点以外，随着互联网与人工智能技术的发展，多媒体联络以及智能服务的需求也日趋紧迫。通过改造原有系统根本无法消除痛点并满足层出不穷的业务需求，所以 B 银行的业务部门领导在充分调研的基础上，决定建设新一代智能服务与营销系统，以满足并引领业务发展。

新一代的总体要求

新一代的系统首先必须解决的是消除原有系统的痛点。经过分析总结，原有系统的痛点主要是以下两点：一是原有系统基于专用的硬件交换设备以及专有的硬件板卡，维护成本高，故障难以排除。二是原有的客服业务系统是一个套装软件，开放性不够，业务流程发生变化后很难快速响应。

新系统必须从根本上解决这两个问题，第一个问题是通信平台问题。通信平台在这十几年间已经有了长足的发展，原有的基于硬件的交换平台已经被基于 SIP 的软交换平台取代，录音、IVR 等系统也已经全部可以部署在通用服务器上运行。由此，新一代系统的通信平台选择已经毫无悬念——基于软交换、通用服务器，除了保留与运营商对接的专用网关设备以外，其余的所有设备都必须是通用设备。

第二个问题是业务系统问题。在原有系统选型的时候，国内的大型客服业务系统尚未成熟，采用国外的成熟软件是当时最好的选择，副作用就是其开放性、扩展性与灵活性的问题。新一代的业务系统必须在原有系统上升级，并自主可控，一劳永逸地解决未来的灵活性与可扩展性问题。不难想象，B 银行的新一代的业务系统应该与外部的专业公司联合开发，共享知识产权，最终才能做到完全自主可控，不再受制于人。

除了这两大痛点以外，原有系统存在参数调整不够灵活、用户管理复杂、质检不能全量化、预测排班缺失等众多运营管理问题，新的系统当然需要一并解决。由此，产生了新一代的建设要求：

▷ 采用软交换平台，所有系统都必须运行在通用服务器上（后在建设过程中改为“在私有云上部署”）；

▷ 业务系统采用与外部联合开发的模式，以求自主可控；

▷ 开发单独的参数关系模块，分为业务参数与系统参数，其中业务参数可以由业务人员根据审批流程在业务管理系统中进行调整；

▷ 新一代所有系统都采用统一的用户管理系统进行管理，将用户管理与权限管理统一起来；

▷ 将所有子系统的登录操作进行统一，一次登录后，将按照用户的权限进入所有系统；

▷ 实现全量质检；

▷ 要有专业的培训考试系统，实现员工的技能图谱；

▷ 要有预测排班模块，可以根据历史话务量、节假日、发卡量、手机银行的下载量等指标自动预测排班情况；

▷ 质检、排班、培训等子系统要在座席的工作台中嵌入，方便座席用统一的入口进行信息获取与业务应用。

当然，既然叫“新一代”，就不能只为了解决现有问题，还必须面向未来，必须用金融科技进行赋能。在服务与营销领域最为炙热的技术是基于视频通信的多媒体技术与人工智能技术，这两种技术必须在新一代中得到充分应用，由此产生的建设要求如下：

▷ 系统支持多渠道全媒体，并能做到多渠道全媒体的统一路由，新一代的客服必须包括且不限于以下渠道的接入，如电话、网上银行、手机银行、微银行、官方网站等，并且所有渠道支持多媒体；

▷ IVR 系统支持全语音交互，可以通过语音转译、语义理解、多轮对话等机制来识别客户意图，完成客户的意图导航；

▷ 引入客服机器人，通过语义理解与机器人知识库自动完成客户服务；

▷ 引入智能知识库，用智能知识库服务客户与座席；

▷ 机器人知识库与智能知识库的知识必须统一维护；

▷ 具备人机耦合的服务能力，在机器人、智能导航等人工智能系统出现服务置信度不够的情况下，人工座席需要介入服务，从而保证服务的连续性。

这是针对原有系统的痛点以及对多渠道、全媒体、人工智能支持而形成的建设要求，这些要求已经基本可以涵盖客户体验与座席赋能的相关能力，但是新一代的立意是一个服务与营销平台，以上要求基本是对于客服的要求，对于营销与价值输出的建设要求如下：

▷ 服务过程中产生的销售商机进入商机管理系统；

▷ 将服务过程中产生的大量数据，包括交互语音、交互文本、交互视频等进行大数据分析，并形成客户之声系统，为决策者服务；

▷ 具备智能外呼能力，通过语音转义与语义识别技术打造智能外呼平台，并与电话营销系统相结合。

B 银行是一个金融集团，集团下属单位有保险公司、证券公司等，新一代系统需要支持整个集团的业务，并打通各个业务线之间的屏障，从而共享数据交叉营销。

由此可见，新一代系统的整体建设要求至少来自 4 个层面，要解决现有问题，要采用多媒体与人工智能技术进行金融科技赋能，要有营销和价值输出的建设，要能打通全集团的数据形成营销合力。将以上 4 个维度结合起来，就形成了新一代系统的整体建设要求和整体建设方案。

整体建设方案设计

B 银行的整体服务与营销建设方案，主要由以下几个部分组成：

多渠道全媒体智能联络 多渠道全媒体智能联络是新一代的

核心联络平台，它不再是在原有电话联络中心的基础上添加全媒体能力，而是将多渠道与全媒体原生地结合在一起，具体的方案描述如下：

客户通过银行提供的入口进入银行的客服系统获取服务，这些入口有客服号码、官方网站、手机银行、网上银行、微银行等，并且未来会根据入口的增多而扩展。客户在不同入口都可以选择相匹配的媒体，如电话的媒体是语音，手机银行的媒体是IM或视频等。服务请求首先进入服务门户进行自助服务，服务门户分为语音门户与互联网门户，客户在语音门户中可以选择按键导航与语音交互两种方式，门户负责识别客户的服务意图，并与智能机器人进行对接，对于可以直接通过机器人完成的服务，则直接推送给机器人。

语音门户中的人机耦合，客户选择智能语音导航时，如果发生多次意图识别不成功的情况，将交互转到人工进行辅助，由人工完成。

机器人服务中的人机耦合，这部分的人机耦合也叫静默座席，指的是在机器人置信度低于所设定的阈值，或是在交互过程中通过对客户表述的分析，发现机器人的服务不能满足客户要求时，会话会自动转到人工座席进行处理，处理完成后再由机器人进行接管。

并不是所有的服务都可以由机器人处理，自助或机器人不能完成的服务将被转到人工座席，人工座席通过多媒体工作台完成对客户的服务。

多媒体服务工作台　多媒体服务工作台是供座席人员使用的

联络系统与业务处理系统，可以接收从所有渠道进来的服务请求，用统一的交互界面完成与客户的多媒体联络交互。新一代系统，通过工作台，对座席进行了以下赋能：

▷ 多媒体通信能力。可以处理所有的联络媒体，可以在IM交互的同时发起实时的语音视频通信。

▷ 业务处理能力。直接对接业务处理系统，可直接处理客户的业务请求。

▷ 联络历史查看。客户进线时，其在所有渠道上的联络历史以及联络小结一目了然。

▷ 点选轨迹查看。通过查看客户在电话银行、手机银行或网上银行等渠道的浏览历史与点选轨迹，更好地识别客户的服务意图。

▷ 实时助手。是在联络的过程中，实时的语音分析系统会对客户的语调、音量等情况进行分析，并识别敏感词语和客户的情绪状态，及时提醒座席作出反应。根据既定的规则，系统可以自动安排班长席介入或接管。

▷ 知识随行。系统实时对客户的语义进行捕捉，并从知识库里抓取知识呈现给座席。

多媒体工作台中的个人中心功能对接了运营管理系统、质检系统、排班系统、培训考试系统等，座席可以随时看到自己的业务数据统计、查看或申诉质检结果、获取排班情况或进行调换班申请等。

座席完成一次服务请求以后，进行工单小结，形成可以关闭的工单或是向下流转的工单，或是产生一条销售商机，作为价值输出进入商机管理库。

运营管理系统 运营管理系统分为参数管理、用户管理、单点登录、运营监控、报表等子系统。参数管理，是将业务的配置信息参数化与流程化。用户管理，是统一管理新一代所有系统的用户与权限。单点登录与用户管理配合，实现了一次登录即完成多个子系统的签入。运营监控，是一个历史与实时的数据监控系统，可以展现运营中需要的各种数据与指标，同时，可以嵌入座席地图，以查看每一个座席的状态。报表，就是展现运营中需要的各类报表。

管理组件 管理组件由 3 个系统组成：智能的实时质检与历史质检系统、可以对话务量进行预测的排班系统、培训考试系统。

价值输出 价值输出分为两个部分，第一个部分是服务中的营销价值输出，第二个部分是通过分析联络过程中产生的大数据（语音、视频、文本等），获得客户之声系统，从而指导流程改造、产品设计、服务体验等。

外呼应用 外呼应用是多媒体联络平台的一个组件，要求可以通过事件来配置外呼应用，可以通过语音识别、语义理解等进行智能外呼。技术上要求预测式、预览式与渐进式。

智能化组件 智能化组件包括智能的语音应答系统、智能机器人与智能知识库，其详细作用的表述已经在上述“多渠道全媒体智能联络”内容中有所体现。新一代智能服务与营销平台的整体架构如下图所示。

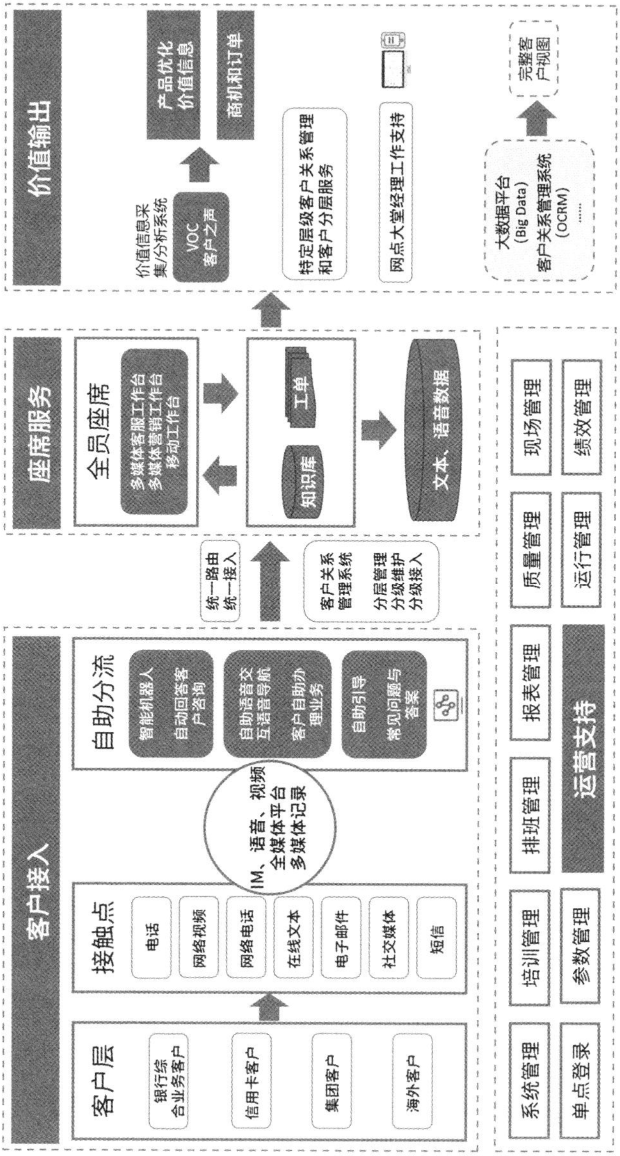

新一代智能服务与营销平台的整体架构图

第二节　关键功能点的技术验证

邀请

B 银行的建设需求和整体解决方案完全是基于业务发展需要，并由业务部门与使用部门的专家共同执笔起草的，起草后又经过了两个月的集中讨论与需求细化，将各子系统的业务要求进行了详细梳理，最终形成了一份多达 30 万字的需求说明书。编写过程中，专家们也和一些厂商进行交流沟通，但是对具体的关键技术点的实现并没有把握。

业务专家完全从需求出发，在兼顾目前使用习惯的同时，追求业务目标的理想状态。付梓后，大家面对这一份厚厚的业务需求文档，心里不免在嘀咕：这到底是一份可以实现的业务需求呢？还是一部科幻小说呢？这个问题的答案要从具体的技术实现中去寻找，于是业务部门的领导决定：邀请全球最领先的技术厂商进行技术验证。

当然，做技术验证并不是去实现完整的需求，而是要找到需求中的硬核技术部分，这些技术点如果被验证可以实现的话，其他部分就是体力活了。于是，专家们又从需求中摘取了 98 个核心技术点，生成 98 个技术验证案例，发给了在全球多媒体联络中心中技术最为领先、市场占有率最高的 5 家厂商，并组织了一场“巢湖论剑”！

B 银行在安徽合肥滨湖区美丽的巢湖湖畔有一片园区，这是其全国3个大型的软件开发中心之一，技术验证将在这里进行。

B银行作为国有六大银行之一，它是中国银行家的摇篮，其号召力毋庸置疑，更何况自2000年前后中国大型银行掀起的一场轰轰烈烈的集中式客服中心建设以来，业界再无亿元量级的联络中心项目出世。前几年，尽管有几个大型银行将以传统交换机为核心的联络中心升级成了以SIP软交换为核心的系统，但由于客户体验没有任何改变，项目金额也不是很大，在业界并没有产生太大的影响。这次B银行30万字的需求说明书问世，立即引发了业界压抑多年的冲动，而98个核心验证案例的出笼，也意味着高手之间的技术较量正式拉开帷幕。

大厂商的客户经理们高兴地拿到了验证案例，在第一时间就发给了各自最强的方案经理，并要求其以最快的时间作出评估，给出可能的技术验证结果。然而，评估结果出来后，他们之间的对话可就有些不那么兴奋了。

客户经理："怎么样？这可是千载难逢的好机会呀！"

方案经理："你客户关系一般呀！"

客户经理："怎么说？"

方案经理："这份验证案例被友商运作过了。"

客户经理："不可能吧，被谁运作过了呢？"

方案经理："我不知道被哪位友商运作过了，但是我们连其中1/3的案例也通不过，不过你可以放心的是，不仅我们通不过1/3，另外几家也不见得比我们强多少，这份验证案例根本就不是我们这些通信厂商能搞定的！"

客户经理："那如何能够搞定？"

方案经理："如果我们联合一家技术最强的智能化厂商，加上最好的语音厂商，再找一个业界能力最强的系统集成商的话，还有点儿希望。”

客户经理：“什么叫有点儿希望？”

方案经理：“要让系统集成商派出50名高级程序员干半年时间，兴许能够完成整个案例的70%。”

客户经理：“另外30%呢？”

方案经理：“没有可能！”

……

拿到验证案例的第二天，各大厂商的客户经理们不约而同地来到B银行总部，找业务部门领导诉苦，表达了自己的担忧。过了几天，B银行测试组的官方通知发出，主要内容如下：

▷ 所有设备必须部署在B银行合肥软件开发中心的指定机房，不允许通过云或远程部署；
▷ 厂商可以选择一家合作的集成商参与测试，且必须符合B银行集成商的资质要求，一经确定，不得中途更换；
▷ 自主选择智能化厂商，允许一家智能化厂商支持多家通信厂商；
▷ 即日起开始环境部署，2017年3月17日正式进场测试。

组合

易谷网络当时是一家不到200人的公司，不过专耕联络中心平台集成领域已经长达9年，这期间做过两家大型银行的联络平台建设、国家电网的全国集中联络平台集成以及多个大型互联网公司客服中心平台的集成服务。能够成为B银行的集成商是易谷网络梦寐以求的愿望，但是第一轮测试邀请只发给了联络厂商。

也就是说，只有获得联络厂商的邀请，才能具备参与项目测试的机会，这让易谷网络的同事们有些郁闷。

2000 年前后，中国的大型银行业掀起了一轮建设集中式客户联络中心的热潮。那时，客户联络中心的建设是技术含量很高的一件事，各大银行采用的基本都是同一种模式，银行自己选择主要的产品厂商，然后用业界最好的集成商将各个系统集成在一起。当时的主要产品指的是语音交换设备、IVR 系统、CTI 系统、录音设备等，而系统集成商则会选择当时国内外顶级的。但是在实际的项目执行中，银行的管理人员发现：核心设备会有设备的原厂商与集成商进行安装与调试，自己花大价钱找来的顶级系统集成商的专业度并不高，起到的无非是项目管理的作用。一旦遇到棘手问题，集成商也并无解决的经验，需要将各个厂商都叫在一起，大家先讨论一下，然后才定位问题和解决问题。对于客服中心这样一个需要快速响应、及时反馈的实时系统来说，这简直就是灾难。

慢慢地，银行的客户联络中心建设模式变成了直接给原厂商发招标邀请，选择好主要厂商后，由银行自己的软件开发中心作为系统集成商的角色负责整个系统的交付。这种模式也引发了另外一个问题：不管是国内的大厂商还是国外的大厂商，都希望用一套统一标准化的产品版本去满足所有客户的需求，根本不可能给客户进行深度定制，矛盾就这样发生了。

在近 30 多年中，中国银行业的发展速度远远领先于全球同行，全球排名前十大银行过半都是中国的。在金融科技的应用上，中国银行业也是最为激进的。由于各大银行自家都有多则几千人、少则上千人的软件开发团队，其业务系统基本都由其软件开发中心根据业务需求进行开发。这就形成了大型银行软件系统的一个重要特点，即对个性化的要求非常高，以至于任何成品套装软件都不可能一劳永逸地完全满足所有大型银行的需求。这样就出现了一个突出的矛盾：大型银行要求所有软件都必须具备深度定制化的能力，来满足业务复杂性与灵活性的要求，而大厂商的联络系统都不具备这种定制化的能力。由此带来的直接结果就是：所有厂商都要挤破脑袋进入大型银行，但是一旦进去了，客户满意度又很难得到保证。

大型客户联络中心建设的客户满意度问题大致就是这样造成的。对于银行的建设者来说，选择系统集成商还是原厂商是个问题；对于原厂商来说，能不能被选择，被选择后能否完成交付是个问题；对于系统集成商来说，能不能被客户选择，或是能不能被原厂商选择成为代理商，更是个难题。

作为系统集成商，易谷网络这些年也同样面临这样的境遇。其实，在公司成立之初，易谷网络的创始者就已经意识到了这个局面，一致认为要彻底摆脱束缚，就必须扎扎实实地提升联络中心的客户满意度。作为集成商，提升满意度就是要夯实自己的基础底蕴，具备“端到端”的服务能力，因为对于一个复杂的系统来说，不能逼客户成为专家，而应该自身作为专家为客户提供放心的服务。客户联络中心技术是通信技术与 IT 技术的结合，通信技术是核心技术，易谷网络在开始的几年主要在集中打造自己通信技术方面的核心能力，基本做到了只要是易谷网络服务的客户，客户满意度就有了保障。

对于大型客户要求的产品深度定制化问题，易谷网络也积累了丰富的经验，其关键点就是尽量通过对大厂商产品的底层接口调用满足大型客户的个性化需求。这里讲一个案例，一家大型公司的客户要求必须分离录音调听模块，并将本模块嵌入客户的其他业务场景中，同时还要实现界面的定制化。但是易谷网络当时所代理的产品并不具备录音调听引擎的分离能力，为此易谷网络的开发总监用两个月的时间，通过上万行代码，自己开发了一个录音调听引擎嵌入客户业务系统中，从而得到了客户的认可。

2017 年，易谷网络已经积累了几个大厂商的服务与接口开发经验，并且有一个小组在核心通信产品方面的研发上已经投入了近两年的时间。等拿到了 B 银行的 98 个技术测试案例后，易谷网络的方案经理很有信心能在测试中拔取头筹。

那段时间，易谷网络就像一个待字闺中的姑娘，每天把自己打扮得花枝招展的，等待那些大厂商们的召唤。大厂商们也开始寻找合作集成商，对于这些大厂商们来说，选对了系统集成商也就离成功更近了一步。优质的集成商应该至少具备三个重要特质：一是良好的客户关系，二是高超的技术能力，三是非凡的资质天赋。如果要给三者排个先后顺序，则是关系大于资质，资质大于能力。对于易谷网络来说，值得称道的是在联络中心解决方案上的技术能力与专业度，其他方面相对于与 B 银行有业务关系的特一级资质的大系统集成商来说，差了很多，所以被大厂商选择的可能性不大。

果不其然，前期达成口头协议的大厂商 HW 将易谷网络给抛弃了，选择了特一级资质的上市公司 BM，其余 3 家也和另外的 3 家具备一级系统集成资质的上市公司达成了合作关系。最后的结果是易谷网络与 G 厂达成了合作意向，也结成了技术上的最强组合。

2017年，联络中心平台大厂商有HW、ZX、AV、SK、G等，除了ZX，易谷网络与其余4家大厂商均有合作，在B银行项目上对它们及其组合的评价分析如下：

组合一：HW+BM。HW是中国乃至全球最大的通信平台厂商，在当时的中国市场如日中天，可以说是武林盟主级别，再加上当时大型银行的国产化倾向，可说是一个还没有开始就已经赢得竞争的对手。然而，它在企业通信领域的核心技术并不出色，大型的联络中心有一些案例，但是客户评价与满意度并不高。BM是一家大型的IT上市公司，当时公司营业额在20亿元人民币左右，与B银行有长期的合作关系。但是在联络中心集成方面并没有什么典型的成功案例。这个组合看似强大，却有明显的软肋，只要在技术上远远领先于它们，就应该有一线生机。

组合二：ZX+WS。ZX是中国第二大的通信厂商，其优势和劣势与HW一样明显。它在中国的银行业几乎没有案例，更没有大型银行的案例。其合作伙伴WS倒是一个很有实力的集成商，主要表现在两个方面：一是其联络中心的集成能力，有集成过两家大型银行的经验；二是它和B银行的关系源远流长，是B银行的4个长期软件外包服务合作伙伴，公司规模庞大，员工约有9000人。

组合三：AV+YX。AV曾经是联络中心平台领域最大的厂商，在基于交换机时代的联络中心解决方案中，几乎是垄断地位。传统联络中心平台的最强三剑客组合：AGE中的“A”指的就是AV公司，B银行上一代的联络中心交换系统就是AV公司的解决方案；从案例数量和对银行业务的理解以及公司的愿景等方面看，AV具备很强的竞争力，应该是一个强劲的对手。但是，不巧的是该公司由于业务重组、解决方案老化等问题，刚刚经历了一次破产保护，使其公司形象蒙上了阴影。何况，这一次 B 银行推崇的是基于 SIP 的软交换解决方案而不是交换机解决方案，这对于它们来说是一个无法回避的软肋。其合作伙伴 YX 倒是比较强劲，不过其主体解决方案也有致命缺陷。总体而言，这一组合的竞争力偏弱。

组合四：SK + NT。SK 是国外大厂商，在前几年 IC 银行的新一代平台竞争中胜出，看似具备一定的竞争力，实则也是其致命弱点所在。由于已经过去了两年的时间，IC 银行的系统尚未完全实现上线，给对手留下了攻击的把柄。做任何项目都是双刃剑，特别是对于影响力很大的项目，所有的厂商都会使出浑身解数来决一死战。IC 银行是中国银行界第一家计划将联络中心平台从传统的交换机平台往基于 SIP 的软交换平台迁移的大型银行，并率先于 2015 年开始招标。谁成功赢得本项目，并成功上线，谁就有可能成为 SIP 软交换联络中心时代的标准，竞争的激烈程度可想而知。SK 公司用低价策略成功赢标，一定想将本项目做成一个成功案例，充当其他银行 SIP 转型的“收割机”。从公司层面上来说，这是一个很好的策略，任何有魄力的指挥者都会下这步棋，以 IC 银行——世界最大银行的名头，做好了这个项目基本等同于赢得了半个世界。然而，这个项目的指挥者只猜到了故事的开头，没有猜到结尾。对于大型项目来说，价格更是具有两面性，低价策略固然好，能提高赢标概率但也压缩着项目成本，所以低价项目在项目执行的过程中一定要忘记价格，而用客户满意度作为最高的目标来进行交付。否则就会既亏钱又丢人，本来想立一座丰碑，结果成了路人皆知的败笔。造成这个结果的原因很简单，就是大公司的部门核算制，所有部门都要成为利润中心，最后没有足够预算支持的项目一定会失败。这一点易谷网络也深有实践体验。

组合五：G + 易谷网络组合。从市场占有率来说，G 厂的 SIP 软交换联络中心解决方案全球第一、中国市场第一、银行系统第一、大型银行系统第一，易谷网络的大型联络中心集成案例在近几年中国市场第一、银行业第一。从技术领先性来说，G 厂是一个专业的联络中心平台厂商，其解决方案的可靠性、安全性、灵活性与可扩展性是最好的。易谷网络近 10 年的时间只做一件事情，就是联络中心的平台建设，并在这个过程中培养了大批联络中心架构师、专业服务工程师、业务分析专家以及研发工程师，积累了多媒体工作台、运营监控、运行监控、智能报表等多个自主产品。从两家公司的合作来说，易谷网络从成立以来一直就是 G 厂的代理商与服务商，并培养了大量 G 厂的专业技术人员。从以上的分析来看，这应该是一个珠联璧合式的组合，然而这个组合也有两个缺陷。第一个缺陷是受国产化所限，从 2015 年开始，大型银行就在摸索国产化，2017 年尽管没有那么严格，但是国产优先早已成为共识。第二个缺陷是这两个公司相对而言都是小公司。尽管 G 厂有 2000 人的规模，但是与 HW 动辄 10 万人的公司项目相比，显得微不足道。易谷网络 200 多人的规模，与上万人的特一级系统集成商相比，更是不值一提。这两点在前期技术验证环节表现不出来，但是在招投标过程中一定会成为众矢之的！

亮剑

巢湖边，演武场已经清扫干净，剑客列队完成，各路英豪亮剑在即。且慢！裁判尚未出场，请各位收剑等候。

B 银行技术验证裁判团队由内部新一代客服相关的几个部门组成：

网络金融部，负责业务规划、立项发起、需求编写等，是本项目的发起者、所有者。该部门的业务主管带领众多业务专家亲临技术验证现场。这个团队就是 30 万字需求说明书的编写者，个个都是业务高手，对验证案例拥有最终解释权。

软件开发中心，负责外包项目（软件开发中心将非自己开发与主导的项目称为外包项目）的管控、质量验证、版本控制等。该部门的高管带领多名技术工程师莅临现场，工程师个个是技术高手，一双火眼金睛能识别任何技术验证中的作弊行为。

B 银行商务公司，属 B 银行的二级单位，其下属 4 个客服中心，是新一代系统的使用者。这个团队都是应用高手，对系统的易用性最具发言权。

数据中心，未来部署系统及维护系统的部门，关注的是非功能性需求，关注系统的可靠性、可用性以及可维护性。

以上 4 个部门组成了一个小团队，分为 5 个验证小组，每个小组有组长 1 名，组员 4 名，组员分别来自业务及技术部门。我们可以给 5 个验证小组编号为 ABCDE，给 5 个厂商组合编号为：12345。

2017 年 3 月 17 日，技术验证正式开始！

B银行的软件开发中心园区对员工的着装有比较严格的要求，浅色衬衫、深色西裤、深色皮鞋是着装标准。然而这一天，在标准着装的人群中夹杂着众多牛仔裤、运动衫打扮的男男女女，这些人和银行的工程师形成鲜明的对比，显得随意、散漫不羁，他们就是来自科技公司的程序员、产品经理、方案经理和客户经理。他们集中在五楼的一个大厅里，每个厂商组合坐在两列十几个工位上，彼此之间没有隔断。这些友商们随意地交谈，看看别人的准备情况以及投入的资源情况。

“G+易谷网络”组合被安排到了中间位置，一边是ZX组合，一边是SK组合。G厂来了一位方案经理和一位业务咨询师，易谷网络则派出了其所能够派出的最强阵容，CEO、COO、首席咨询师亲临现场，研发总监、方案总监、产品总监、服务总监悉数到位，再加上研发人员若干、业务分析人员若干、IT架构师若干。

对于易谷网络来说，这是一场生死之战，赢了本项目就可以成为智能服务与营销平台顶尖级别的系统集成商，未来的发展海阔天空。一旦输了，就只能回到依托产品代理的初级发展阶段，今后公司的发展会比较艰难。不仅仅对于易谷网络是这样，对于其他联络中心界的系统集成商来说，何尝不是如此。

2000年，中国市场迎来了联络中心行业的大发展，银行业纷纷投入巨资建设集中的客户服务中心，参与角色为总系统集成商、平台产品商与平台产品代理服务商。总集成商基本上是IBM、埃森哲（全球最大的上市咨询公司）、优创（亚洲领先融合电信与IT技术的服务商）这样的跨国集成商，它们号称拥有国外的建设经验，所以用很高的价格为银行提供服务，尽管后来银行的管理者发现它们的收费与实际价值之间存在差异，但是为了安全起见，还是不得不选择这些跨国巨头们。所以说在这一阶段，国内没有涌现出色的联络中心系统集成商。

这些跨国的系统集成商所建议的平台产品当然也是昂贵的国外产品的组合，基本形成了统一的 AGE 模式，于是平台的产品也处于半垄断状态，国内的平台厂商由于没有值得称道的案例，被打入冷宫，能跟着吃点儿残羹冷炙的是这些原厂的代理商与服务商。所以说，尽管国内的银行在上一代集中客服中心建设中投入了巨额成本，但是并没有培养出本土优秀的集成商与产品提供商。

集中建设以后，跨国公司又通过系统的扩容以及维保费用狠狠地薅着国内银行客户的“羊毛”。一直到 2014 年，随着互联网通信的发展，电话客服的扩展出现了停滞，这些跨国公司突然发现用户的电话客服授权不扩展了，尽管还可以收取高额的维保费用，但是这远远不能满足他们的利益需求。由此，出现了一个市场的空档期，在这个空档期，客户停止了大规模投入，偶尔出现的几个新建项目，就成了厂商们嗜血追逐的猎物，恶性低价竞争的帷幕从此拉开。

2000 年，大型银行联络中心平台每个座席的建设成本在 5 万元到 10 万元左右，这个价格维持了 10 年左右。

2014 年，某大型银行招标联络中心平台项目，预算 8000 万元左右，中标价为 400 万元。

2015 年，某股份制银行招标联络中心平台项目，预算 3000 万元左右，中标价为 200 万元。

试想，在获取高额利润时，它们尚且不能提供让客户满意的服务，这些通过低价标获得的项目，其服务满意度可想而知。

一个市场或行业变成一片红海，要么会逐步消亡，要么会通过革命性的事件来彻底改变游戏规则。客户服务的市场一定不会消亡，不仅不会，而且会成为各大银行为客户提供极致服务体验的重要窗口。而 B 银行这次的业务需求如果能转化成正式的项目，就会是一个颠覆现有格局的革命性项目，因为所有大型银行都存在和 B 银行同样的痛点，当然也有同样的客户服务体验需求。

易谷网络派出了一个由 40 人组成的技术验证团队，所有成员都是公司的精兵强将。同样人声鼎沸的是“ZX + WS”组合，在五楼的验证现场大概有 30 人的规模。据统计，在一楼的测试机房还有一批优秀的程序员，人手一部电脑，正在调试系统或是修改程序。看起来大约有 50 人，在声势上已经超过了易谷网络。后来探报传来消息：现场所有人，除了客户经理属于 WS 以外，其余都是 ZX 的原厂商的开发人员。“这将是一个可怕的对手!”易谷网络 Peter 对形势作出初步的判断。

凭借多年混迹海内外大厂商的经验，Peter 知道原厂的开发资源是很难调配的。别看 AV 组合仅有 20 人左右的规模，但是可以肯定其中绝无原厂商的开发人员，即使有，也只能是原厂商的专业服务工程师，HW 组合与 SK 组合莫不如此。这也是 Peter 调配这么多开发人员过来的原因。对于一个交换系统来说，其定制化要求是很低的，SIP 软交换系统的比拼是交换性能、路由规则与可靠性等因素，尽管它是整个多媒体联络的核心，但是不需要在现场进行定制。现场需要定制的是外围系统之间的连接接口，由于这次的 POC（针对客户具体应用的验证性测试）需要智能厂商、联络厂商与运营管理组件进行集成，其中涉及大量未知的接口。这些接口都需要通过现场开发的方式进行展现，而这也是系统集成商的价值。

ZX 的做法很简单，它根本不相信 WS 有能力在其交换系统的基础上进行定制化，所以原厂商派了这么多人过来。当然还有一种可能，就是它的核心交换系统产品化程度并不是很高，需要在现场进行定制。不管是哪种原因，作为一款产品的原厂商，能够调动 50 人的团队到现场，都说明了它对本项目的重视程度，也说明了它志在必得的决心。

其余 3 家显得比较轻松，其中情况又有所不同。作为一名销售经理，这么有代表性的项目是必须参与的，如果连参与的资格都得不到的话，会立马被诟病。但是也不能调配太多资源，万一项目赢不了的话，也是很难交差的，所以就贵在参与，伺机而动。HW 项目指挥者的想法迥异。当时国产化的呼声很高，HW 作为中国最大的通信厂商，其解决方案也相对成熟，它相信不管技术验证的结果如何，基本上是胜券在握。

不管怎样，每个组合几乎都是投入了它可以调动的最佳并且是最多的资源。狭路相逢就是亮剑时刻，所有人都会全力以赴。

主顾 B 银行在技术验证方面很有经验，并将验证团队分成了 ABCDE 5 个小组，将轮流对 12345 组合进行测试，初定每一轮为 5 天时间，每个验证小组都需要对全部 98 个案例全量认证一遍，一共需要 25 天时间。每一轮单独打分，最后统计总分数。这种方法非常科学，第一，可以减小尺度原因带来的分值影响，因为是轮流测试，至少可以保证一个特定的验证小组对 5 家的尺度都是一样的，这样验证结果的公平性就有了保证。第二，在前面的轮次通过的案例越多，说明产品的成熟度越高，而后面通过的案例多，则说明现场定制化的能力高，这两方面能力都很重要，所以应该一起计入总分。这种机制的设立，也充分说明了一个问题，其并没有预先设定候选者，而是对所有参与者一视同仁，公平、公正、公开。

B 银行现场主管介绍了相关规则，并通知 3 月 18 日上午 9 点验证正式开始。对于第一轮，易谷网络是很有信心的。因为整个验证案例基本分为三个方面：第一个是多媒体通信的相关案例，主要集中在多渠道和多媒体接入与统一路由上，这方面技术的积累一直是易谷网络的强项。2015 年，易谷网络就启动了多媒体联络的相关研发工作，前端与后端都有响应的产品与技术支撑，再加上 G 厂的路由能力，Peter 相信，在这一方面一定会领先其他友商。第二个是维度智能化案例，智能化案例主要是指语音智能化、自然语言识别、智能知识库、声纹识别等。这方面大家差别都不大，5 个组合采用的智能化解决方案都来自科大讯飞与小 i 机器人（领先的人工智能技术公司），所以智能化程度应该是一样的。如果在智能化上分值不一致的话，说明公平性有问题。但是在智能化与通信平台耦合的案例中，考验的则是现场定制化开发的能力与通信平台的开放度。第三个是运营管理类相关的案例，这一方面易谷网络也有经验，其相关产品已经在平安集团、国家电网、邮政储蓄银行等大型企业应用过，但是这次的要求又有所不同，其运营指标的要求更高、颗粒度更细，很多案例需要在现场开发。

Peter 为第一轮设定的目标是通过 60% 以上。为此，他首先标注出 60 个必须在第一轮通过的案例，对 60 个案例中需要开发的部分进行实践评估，然后将开发工程师与产品经理分为两个小组进行轮休，日夜轮流开发，以确保得分项不出问题。另外，派出两位工程师混迹于其他测试团队中打探消息。由于现场人很多，根本分不清是客户还是友商，甚至连自己人都认不全，所以这个办法一般不会被发现，即使被发现了，脸皮厚一点儿泯然一笑，一走了之而已，明天再换其他人继续潜伏打探。而自己人一律穿公司统一配发的印有公司 Logo 的 T 恤衫，以保证队伍的纯洁性，不给友商可乘之机。

本来认为 B 银行是一个并不是特别重视效率的机构，但是一旦进入状态，它简直就是在拼命。所有人都在早上八点半以前进办公室，30 分钟的早会后，9 点正式进入测试现场，中午休息一个半小时，下午 1 个小时的晚饭时间，然后一直测试到晚上 9 点，9 点准时开总结会议，10 点下班回去休息，没有周末。

根据客户的安排，易谷网络的团队也作了相应的调整，在客户验证期间，现场由业务咨询师或专业服务工程师负责演示，方案经理负责讲解，现场的产品经理记录客户提出的问题，并提出整改方案与客户沟通。现场分为 4 个小组，分别为多媒体联络、智能化、运营管理与 IVR，一旦发现需要现场调整的案例，则引导客户先测试其他案例，整改完成后，再继续给客户的验证人员展示。现场的方案总监王博负责收集当天不能完成的，而又需要在第二天完成的开发任务，传递给夜班的产品经理，然后组织夜班的开发工程师连夜突击，以保证第二天的验证效果。

5 天过后，第一轮验证完成。易谷网络毫无悬念达到了 60% 的通过率目标。根据业内消息，这个通过率全场最高，其他友商应该是 40% 到 50% 。这个成绩在 Peter 的意料之中，但是不能放松警惕。一是还有 40% 的案例没有完成，如果停留在这个结果，客户根本没有立项的可能；二是旁边的 ZX 组合也采用了两班倒，其第一轮的问题是产品成熟度的问题，后面一定会用自己的现场定制化能力追赶上来。

又过了5天，第二轮验证完成。易谷网络达到了75%以上的通过率，ZX开始发力，达到了65%以上的通过率。尽管其他3位友商有所突破，但是尚未达到60%。第三轮验证完成后，易谷网络通过率达到了85%，尽管还是领先，但是ZX组合的追赶速度在加快，达到了80%的通过率，另外3家依然在60%左右徘徊。

越往后越艰难，前有猛虎、后有追兵，易谷网络也面临着巨大的考验。一是剩余的案例都成了难啃的硬骨头，前面为了提高通过率，将容易完成的案例基本做完了，剩下的案例要么有很大的技术难度，要么需要付出更大的代价。二是加上前期的系统部署，团队加班加点每天工作14小时以上，已经到了一个非常疲惫的状态，如果还不进行调整，后面的工作效率很难保证。三是ZX的追赶在加速，如何在保持总分数第一的情况下保证后两轮也处于领先位置，是团队必须面对的核心问题。

是时候作出调整了！除核心人员外，易谷网络从后方调来了一批研发生力军，继续用时间和体力硬磕。另外，易谷网络还研究了剩余案例中客户最为关注的几个点，从主要矛盾着手，进入攻坚阶段。

事实又一次证明，在压力与希望共存的情况下，人类的潜能能得到最大的激发。前期准备调休的程序员们略作休息，事实上根本连一个周末都没有休息，就和新加入的工程师进入工作状态，攻克了一个又一个前期认为不可能短时间内实现的案例。其中有一个针对客户的联络历史的案例，在前期评估中需要用一周时间才能完成，具体的描述如下表：

多渠道协同表

项目	多渠道协同
分项目	多渠道进线。
指标类型	通过性。
测试目的	客户进线时弹屏显示进线信息并自动生成服务记录，可实现转接并显示服务历史。
预置条件	1. 按照测试组搭建测试环境；2. 接入平台状态正常。
测试步骤	客户通过电话、邮件、微信、网页等媒体渠道进入座席； 接通后，自动生成服务记录，可手动修改服务记录； 三方转接（电话、在线）：A 座席应答后建立起会话，然后向 B 座席发起会议请求，B 座席应答后确认是否能建立三方会话； 咨询转接（电话、在线）：A 座席应答后建立起会话，B 座席应答后确认是否能建立会话，转接确认后，客户与 B 座席通话建立且语音正常（清晰、流畅）。
预期结果	座席接通客户进线后，显示渠道类型及相关数据，需根据不同进线渠道显示对应数据项。电话渠道显示主叫号码、被叫号码、进线地区等话路信息；在线渠道显示进线渠道标识（如邮件、微信、网页）等，以及邮件地址、手机号码、微信号、网银登录号、手机银行登录号等。 各渠道进线后支持自动生成服务记录，并将系统部分数据自动带入，如主叫号码、时间、座席 ID 等，可支持座席手动填写，也支持系统自动将座席点选轨道放入相应栏位中。 三方会议确认后：三方会议建立，语音正常（清晰、流畅），文本交互记录可带入并完整；B 座席应答后确认是否能建立会话，转接确认后，客户与 B 座席通话建立且语音正常（清晰、流畅）。 咨询转接确认后：客户与座席建立一对一会话后，可转至其他座席、技能组，并建立一对一会话。

程序员小张和业务分析师沟通完之后，按照产品经理的设计，从晚上8点开始编写代码，经过一个通宵的奋战，在第二天上午10点已经开始内部验证了，当天就成功通过了本案例的验证。

当第五轮开始的时候，易谷网络几乎通过了除智能化引擎以外的所有案例。对于智能化案例易谷网络确实无能为力，毕竟所有智能化的引擎全部来自第三方公司，它根本不具备优化的能力。另外，每个组合采用的智能化产品是一样的，案例的测试结果也应该是一样的。

当然，这和B银行的智能化验证案例过于理想化也有一定的关系。2016年和2017年智能化应用在联络中心领域刚刚兴起，这期间的算法和后来的算法并没有很大的区别，但是对数据的训练程度和后面几年有很大差距，更何况诸如“自动通过Word文档或PDF文档分解成知识点”这样近乎科幻的案例，到今天也未能完全实现。

第三章

分水岭与体验中心

不管怎样，这是一个分水岭，对行业而言是，对易谷网络更是。

在完成了五轮技术验证后，在场的易谷人相聚巢湖湖畔开怀畅饮，当晚Peter决定，让所有参与验证活动的研发人员与产品经理集中上海，他要在易谷网络的全媒体联络体验中心重现所有B银行技术验证中出现过的场景。

所谓的分水岭事件就这样发生了。

第一节　联络中心发展历程

知来路方知去处，我们先来梳理一下联络中心的发展历程。

1997 年，中国第一个大型电话联络中心建设完成，这是一个运营商的项目。两年以后，大型银行也开始着手客户服务中心建设，其基本架构与运营商的非常类似，都是由呼叫平台和业务系统两部分组成。其中业务系统，是负责业务处理的软件系统。银行的主要业务有业务咨询、业务办理、挂失、投诉建议等，这些软件一般是由银行的软件部门设计并实现，或是在第三方成熟软件的基础上个性化定制而成。最初，客服中心由于客户资料相对简单，一般不会集成完整的 CRM（客户关系管理系统），而是将客户资料在固定的区域展现。由于第一代的业务系统主要是将线下的工作用计算机软件的方式呈现，并没有太多的创新，所以这部分内容不必赘述，需要提及的是业务系统上所嵌入的软电话条及其后台系统。（下图就是一个典型的电话条，现在依旧在使用）

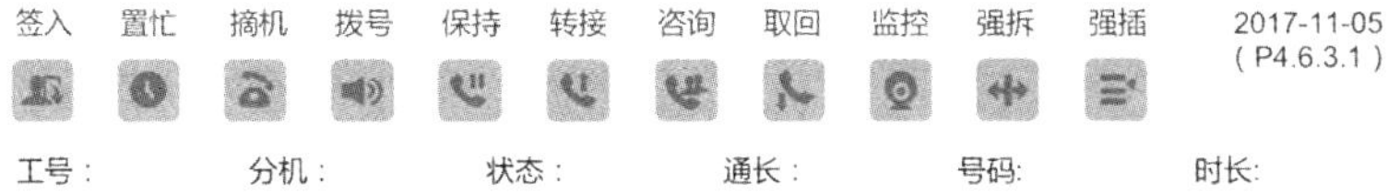

电话条图

电话条是服务人员与呼叫平台系统的唯一交互接口，通过这个接口就可以完成所有的通话操作。尽管电话通信系统在不断变迁，而电话条却一直保持不变，那么在这个电话条的后面是什么呢？又经历了哪些变化？

第一代电话客服

第一代电话客服的核心是一个叫 PBX 的系统设备，中文名是语音程控交换机。这在当时可是一个技术含量非常高的设备，全球只有少量公司可以生产，价格昂贵。华为最初的产品也是这样一个设备，不过很快，华为敏锐地嗅到中国运营商这块庞大的市场，立即转做运营商的交换设备了，一步步成就了现在的华为这样一家优秀的企业。

PBX 系统非常复杂，但是对于客户来说完全不需要了解其内部的工作机理，只需要知道如何应用就可以了。在第一代电话客服中其应用场景是这样的：大量的客户可以同时拨打一个电话号码，另一端银行的多个服务人员可以同时接听，分配机制一般采用轮询的方式。

当时，这个系统存在一个问题，即企业的服务人员根本无从知晓用户来电的目的，也就不可能有对应的客服人员技能匹配。譬如，用户来电解决其支票的付款问题，而接线员刚好是一个新手，还没有接受到相关培训，自然不能处理该客户的问题，就需要转接到具备处理能力的服务人员的分机上。如果刚好这位客服正在忙线中，客户就需要等待。如此一来二往效率极低，客户满意度就存在问题。于是排队机的概念应时而生。

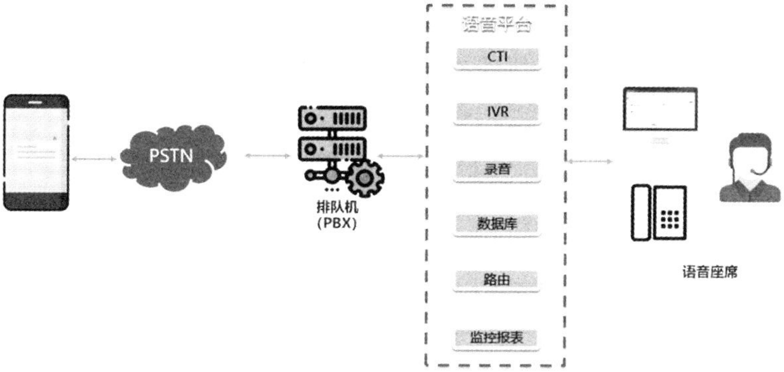

第一代电话客服架构图

第 1.5 代电话客服

排队机时代引进了非常重要的概念：IVR 系统和服务分组。

IVR 系统中文叫交互式语音应答系统，这也是我们现在拨打银行的服务中心电话时最讨厌的东西，它会一遍遍提醒你进行电话按键，以选择语言、业务种类、交易密码等。

诞生之初，它却是一个伟大的发明，可以通过用户的按键信息识别来电意图；客服内部已分好组，它可提供针对性服务。譬如，客服中心分为 5 个小组，分别进行转账、挂失、投诉、表扬等服务，客户只要接通服务，其问题基本能得到解决，不再需要内部转接和重复等待。如果小组内部的成员全部处于忙碌状态时，客户进线后就进入排队等待状态，排队一次即可接受服务。就像我们去营业厅一样，先根据需要办理的业务取号，再等待相关技能的工作人员提供服务。如此一来，效率大大提高。

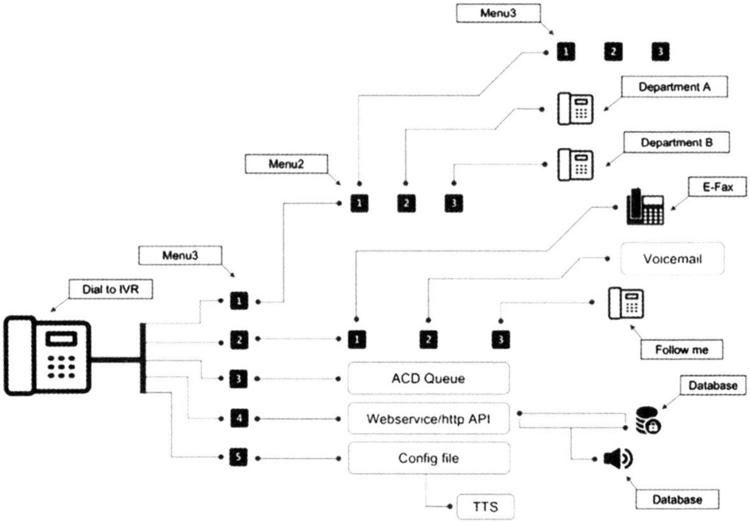

第 1.5 代电话客服架构图

不过，服务无止境，新的需求又摆在了面前。如何识别客户身份？如何与客户的资料库进行对接？IVR 中是否可以直接办理业务？如查账、转账等。如何与业务系统进行对接？

其实，计算机系统已经得到了长足的发展。银行已经习惯了采用计算机网络与数据库来存储客户的资料，用软件进行业务办理，管理与流程都趋于软件化。在这种情况下，亟须一个可以连接通信系统与计算机系统的中间设备，在其间传递数据、协同工作。

于是，第二代电话联络中心系统横空出世。

第二代电话联络中心

应该说，第二代电话联络中心系统是最成熟的一个系统。2000 年，客服系统基本采用第二代客服的技术，以至于当年所建的系统直到现在还在发挥作用。

第二代客服系统的通信平台基本由以下 4 个模块组成：

PBX（语音程控交换机） 第二代电话联络中心系统依然以电话为渠道，所以其核心设备仍旧是语音程控交换机。所不同的是，第二代客服系统新增了许多新的能力，如排队功能、路由功能、第三方数据接口、标准的 CTI 接口、第三方开发接口等。

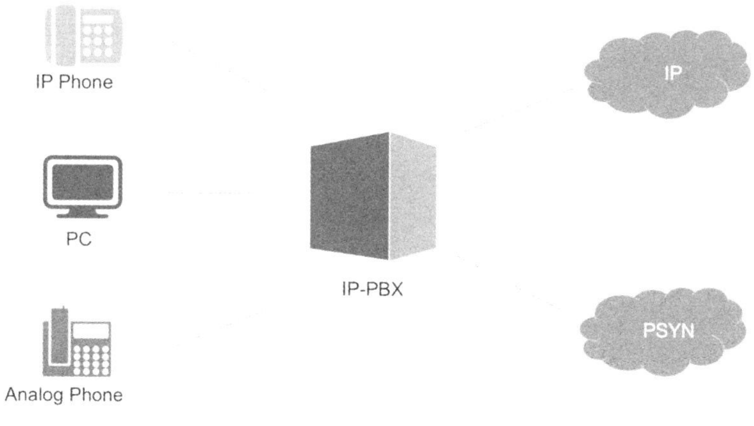

PBX（语音程控交换机）示意图

IVR 系统（交互式语音应答系统） 这一代的 IVR 系统从功能上已经趋于完善，可以进行多级语音播报；具备数据库与业务系统的标准接口，可以直接进行业务办理；具备 TTS（文本语音转换系统）接口，可以进行人工合成的语音播报；甚至具备了图形化的开发界面，让非专业人士也能够进行 IVR 系统流程的设计。

但是，这一时期的 IVR 系统必须依赖于装载在电脑上的语音板卡，一台电脑支持的端口仅 120 个上下。可以想象，中国的大型银行动辄上万路的 IVR 系统端口需求，需要多少台电脑，又需要多少块专用的语音板卡？这可害苦了当时的运维者，当时的 IVR 系统往往是他们失眠的主要原因。

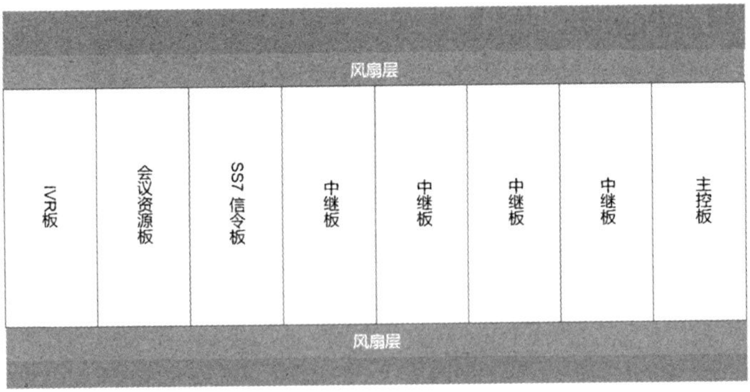

IVR 系统示意图

录音系统（录音过程中相关的器材组合） 电话服务中心的大规模应用，使得电话服务渠道成为了客户与银行沟通的重要途径。在这种情况下，保存电话录音就成了保护双方权益的重要手段。为此，监管机构还专门出台了相关指导意见，要求所有银行的电话客服系统必须录音，并长久保存，作为未来解决纠纷的凭证。

这个时期的录音系统存在和 IVR 系统一样被人诟病的问题，就是需要大量物理板卡的支持，而板卡的损坏则意味着录音数据的丢失，这是银行所不能容忍的。

CTI 系统（计算机与电话系统集成） CTI 系统是第二代呼叫中心的重要发明，也是其领先性的重要因子。CTI 系统是从传统的计算机电话集成技术发展而来的，这是一个装在通用服务器上的软件系统，将计算机系统与专用的通信系统连接在一起。有了它，电话客户服务中心随即完成了一次华丽蜕变，对电话渠道的支持日趋完美，可以通过客户的主叫号码识别客户的身份，甚至可以从数据库中读取客户相关资料。而复杂的电话系统也终于变成了上面展示过的电话条，永远镶嵌在客户业务系统的上方，成为了电话客服人员使用最为频繁的一个按钮集。

第二代电话联络中心就电话服务渠道的支持来说已经非常完善了，尽管这是一套专用而复杂的设备，出现故障后也必须由专业的团队维护，如语音程控交换机出现故障；尽管数量庞大的硬件板卡故障频出，如IVR系统、录音系统等，但是这些问题都将转由科技维护部门处理，没有给业务人员增加负担。这个时候你询问业务人员以及客服管理者的需求，无非是报表的丰富与优化、现场监控系统的优化、业务系统的优化等。

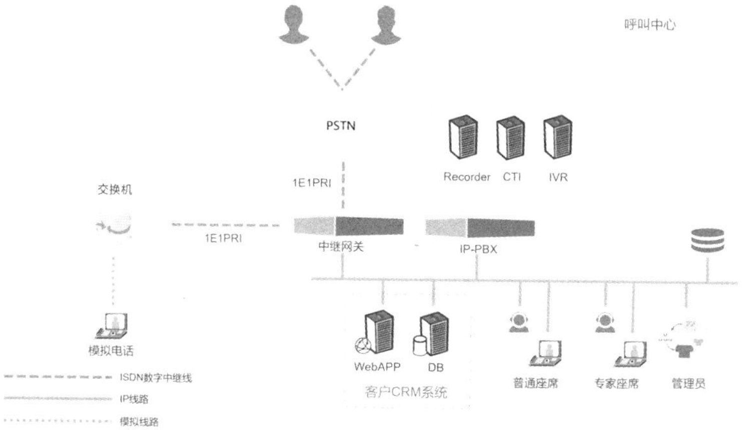

第二代电话联络中心架构图

应该说，中国银行界的大型电话客服中心始于第二代，其间经历了分布式向集中式的过渡。所谓的分布式，源于各省业务相对独立，因此，各自为政建设电话客服中心。后来，随着业务的大集中，电话客服也就整合成了一个集中的系统，服务人员也随之集中到一个或多个职场。

全国集中的电话客服中心分为呼入平台与呼出平台，其主要功能如下：

呼入平台，主要用于客户服务，接受客户的来电。先用 IVR 系统过滤，IVR 系统不能办理的业务通过路由系统转接到人工座席。由于人工座席接听以前，已经通过 IVR 系统的按键提示进行了业务分类，因此，客户的服务求助将被直接分配给对应技能的服务人员，进行针对性精准服务。

呼出平台，主要用于产品销售、信用审查、信用卡催款等业务。根据自动化程度，外呼系统又分为：

- ▷ 预览式外呼，是指将电话号码与相关信息预先推送给座席，由座席确认后再进行呼叫的模式。
- ▷ 预测式外呼，是指系统根据座席的繁忙程度，自动按照系统预设的电话号码进行呼叫，并判断是否是人工接听。在确认人工接听后，将话务转给空闲座席，或是预留的座席。
- ▷ 渐进式外呼，是指预览式外呼与预测式外呼的结合业务场景。根据路由规则以及座席的忙闲程度确定不同的外拨机制。

至此，我们已经将流传多年，为传统银行立下汗马功劳的第二代电话联络中心介绍得差不多了。第二代电话联络中心确实是以电话系统为核心，但是并不意味着电话是唯一的沟通渠道，配合的渠道还有传真、短信、电子邮件等，但是几乎所有的服务请求都是由电话系统发起的。

▷ 如果摩尔定律没有成为现实；

▷ 如果通信技术的进步没有这么快；

▷ 如果互联网没有蓬勃发展；

▷ 如果 IP 交换网络没有成为通信的主导协议；

▷ 如果这个世界的节奏可以慢一点儿。

那么，银行的服务途径将停留在网点的高低柜服务，再配以电话客服，其实也是够用的。毕竟 80% 以上的服务请求通过一两个电话都可以解决，实在不行，跑一趟网点，接受面对面服务也未尝不可。这种服务体系也许会延续很多年，直到我们老去。

然而，没有“如果”。我们所处的时代上了发条，从来没有停下来的意思，它在疯狂扬鞭，高喊着“快一点儿，再快一点儿”，刹那的犹豫懈怠就有可能被时代的车轮碾个粉碎。20 世纪末，互联网迅猛发展，也推动了 IP 通信技术的进步。通信底层技术领域，传统厂商所主导的线路交换技术，毫无悬念地被新型通信公司的 IP 交换技术取代，从此开启了“网络就是计算机”的时代。

第 2.5 代电话联络中心

IP 交换技术，是互联网中的底层通信协议，在初期主要用于计算机之间的数据传递。随着互联网的普及，IP 技术的通用性与开放性得到了广泛支持，语音技术在 IP 网上的应用也快速发展。几乎所有的通信厂商都推出了 voip（基于 IP 的语音传输）产品，使得传统的 PBX 开始支持 IP 语音。经历一段短暂的过渡时期，SIP 协议就成为了 IP 语音通信的标准协议，并迅速普及。

SIP（会话初始协议）是由 IETF（互联网工程任务组）制定的多媒体通信协议。它是一个基于文本的应用层控制协议，用于创建、修改和释放一个或多个参与者的会话，广泛应用于 CS（电路交换）和 NGN（下一代网络）以及 IMS（IP 多媒体系统）的网络中，可以支持并应用于语音、视频、数据等多媒体业务，同时也可以应用于 Presence（呈现）和 Instant Message（即时消息）等特色业务。可以说，有 IP 网络的地方就有 SIP 的存在。

基于 SIP 的交换硬件与软件一亮相，传统的语音交换机很快退出了历史的舞台（当然，还有一些被技术遗忘的角落依然用昂贵的价格购买传统的 PBX，如酒店行业）。基于 SIP 的语音交换系统不再是一个里面插满复杂而昂贵的板卡的专用盒子，而摇身一变成为了通用服务器中的一个软件，顿时通信的门槛降低了。

我们在前面说过，第二代电话联络中心已经将基于电话渠道的服务流程与服务体验发展到了一个相对完善的地步，但是由于系统非常复杂，需要大量的专用设备以及专用板卡，而成为了运维人员的噩梦。基于 SIP 的软交换系统有易维护、易部署、接口开放等诸多优点，如果能用于电话服务中心系统，也将翻开新的篇章。

2009 年冬天，北方的雾霾尚未扩散到全国，杭州的天气尽管有些阴冷，但是全城迸发出生机勃勃的互联网势头，当时的阿里巴巴已经得到了全世界的关注。那年，易谷网络刚成立不久，总共加起来也就 20 名服务人员和 5 名研发工程师，但是却信心十足地准备改变中国电话客服行业的事儿。

公司核心人员都是有着多年丰富行业经验的老员工，发现了基于 SIP 软交换的系统撕开的口子，以其势不可挡的迅猛态势掀起快速替代传统语音交换系统的序幕。舞台下观众已经就绪，阿里巴巴为了满足其客户爆炸式的增长，更新客服中心通信平台的项目已经立项完成，并向全球供应商发出了邀约。易谷网络自然不会错过这次机会，Peter 带着公司唯一的一位女销售赶到了充满活力的杭州，与众位高手狭路相逢于西湖。

当时的阿里巴巴已经成为了中国互联网的一面旗帜，谁能拿下这个项目就等于获得了一个新兴市场，客服行业对此项目的重视程度可想而知，所有巨头摩拳擦掌，势在必得！Peter 当时非常清楚，采用传统解决方案一点儿赢的机会都没有，他非常推崇基于 SIP 的全软解决方案，这是一个没有语音交换机、没有 IVR 系统板卡、没有专用录音板卡，甚至连传统的接入网关都没有，直接和运营商的 SIP 对接就可以解决所有呼叫问题的解决方案，这是一个非常大胆的方案！但是问题来了，这种解决方案在国内尚没有大型的案例，用户能认可吗？

互联网行业的创新魄力不容小觑，讲究的是最新的解决方案，是先人一步的行动。Peter 认为这个方案凭借其简洁性、易维护性、易部署性以及毫不逊色的可靠性与安全性，一定可以吸引到像阿里巴巴这样敢于吃螃蟹的互联网公司。果不其然，4 个月以后，中国第一个（第一期上线2200座席）基于SIP软交换的大型系统成功上线并投入运营。这个系统甚至没有采用硬件的话机，而是耳机配合软电话使用，得到了座席们的一致认可。这个软电话是易谷网络的首席程序员牛国超的作品，一直到今天还有几万座席在使用。

从IT架构来说，基于SIP的全软联络中心解决方案是革命性的，因为它一举解决了通信系统与计算机系统的融合问题。从此以后，CTI系统的主要功能不再是连接电话系统与计算机，而是成为了联络中心的一个核心管理者、一个路由的分配者。从此以后，联络中心尽管还是非常复杂，但是其可维护性与易用性提高了一个数量级，运维人员终于可以踏实了。

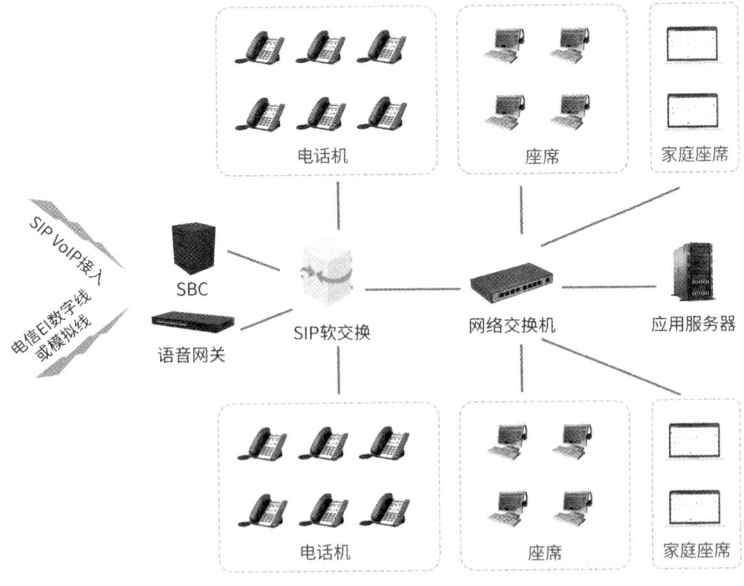

基于SIP软交换的联络中心整体架构图

发展到现在，电话联络中心不仅仅功能趋于完备，其 IT 架构也已经基本完善了，似乎可以一统江湖了。事实的确如此，截至 2016 年，各大银行的电话联络中心大都改造成这样的架构，支撑着动辄几千人的客服职场。

B 银行当时采用的也是第二代电话联络系统，在第二章所表述的 B 银行的痛点，其实也是第二代电话联络中心的通病。时间拉回到当下，B 银行不仅需要解决遗留问题，还要进行革命性的创新。目前，它已经踏上了征程，顺利完成了第一步——技术验证。

体验时代的来临

在银行内部，通信属于科技，所以，之前的联络中心平台建设基本是由科技部门负责，而客服或营销的业务软件系统则由业务部门来负责。前面提过，连接通信平台与业务系统之间的桥梁是一个软电话条。即使在 SIP 软交换成为主流解决方案之后，软电话条依然在业务系统中占据一小块区域，但是，其背后却隐藏着复杂的通信平台技术。

当时，不仅银行的业务部门与科技部门分工明确，围绕银行的科技公司之间的协作也泾渭分明。像易谷网络这样具备联络中心背景的通信集成商负责通信平台的搭建，这包括 CTI/SIP Server/IVR/录音设备等，而类似宇信、信雅达、文思海辉等业务软件公司则负责业务系统的开发。唯一需要争执一番的是软电话条由谁来开发，如果边界模糊，则由客户来裁定。在招投标的过程中也会分得清清楚楚，通信厂商负责平台，业务厂商负责开发与定制。

B银行的这一波操作却不走寻常路，它根本不关心技术实现，只专注于业务需求，30万字的需求说明书完全从业务出发。更让人觉得不可思议的是，经过严格的技术验证发现：技术手段实现这份业务需求，完全可行！

由于易谷网络参与了整个技术验证的过程，并与B银行的业务人员多次面对面沟通，已经基本了解了需求说明书30万字的主要内容，而且在技术认证的过程中开发了很多接口模块。如果能够再完善一下，是否可以用系统勾勒出主体的业务需求呢？

第二节　智能服务与营销的顶层架构设计

在技术验证的过程中，易谷网络Peter、岳欣、孙媛、王博等人经常聚在一起，讨论完整的智能服务与营销平台的组成与业务逻辑。在技术验证后期，已经基本形成了一个完整的框架，这个框架就是易谷网络多媒体智能联络体验中心第一版的智能服务与营销的整体顶层架构设计。

这个顶层架构设计由五个智能化体验组成，分别为：

▷ 客户的多媒体联络智能化；

▷ 员工的业务处理智能化；

▷ 管理者的管理智能化；

▷ 决策者的决策智能化；

▷ 运维者的运行智能化。

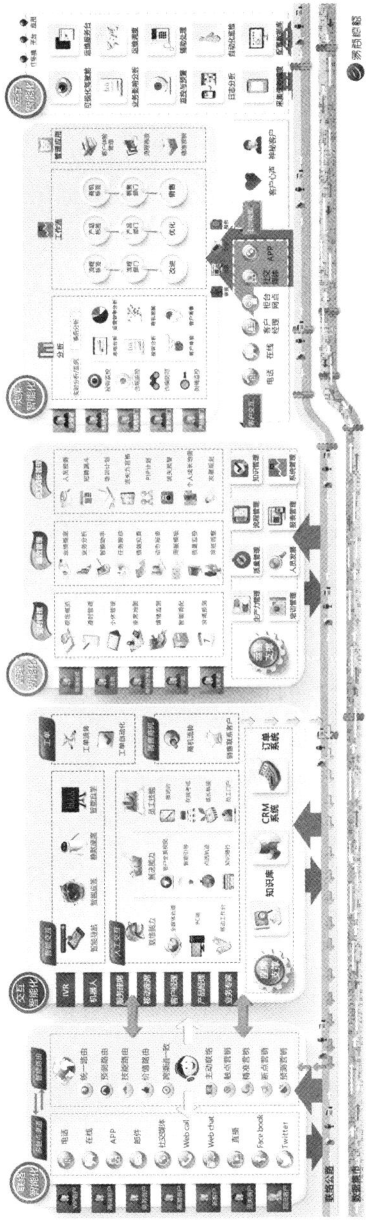

全媒体智慧联络方案图

全媒体智慧联络方案图二维码

我们可以通过以下六个步骤来了解整体的顶层架构：

第一步：客户带着自己的画像通过不同的渠道用合适的媒体进入银行进行服务请求。这其中涉及以下 3 个概念：

客户画像　客户画像指通过银行的大数据系统、业务系统、第三方数据、联络过程中获取的标签、客户代表的主动标记等抽象出来的客户特征。如果能将客户画像应用到服务与营销的过程中，将给客户带来更好的体验，更有助于联络的业务目标的达成。

渠道　渠道指由银行提供给客户的服务通道，包括但不限于客服电话、银行的数字网点、网上银行、手机银行、微银行、银行的官方网站、第三方的 APP、第三方的网站、小程序等。

媒体　媒体指的是语音、文本、视频、IM 等。

第二步：客户的语音服务请求进入智能 IVR 系统进行交互，可以对客户的意图进行识别；客户的文本服务请求进入智能机器人系统，由机器人进行服务应答。

第三步：客户意图识别完成后，将由语音机器人或文本机器人为客户提供服务，如果机器人的服务置信度不能满足客户要求，则转由静默座席处理，其次是服务托管或转接人工服务。这一步涉及客服机器人和静默座席两个概念：

客服机器人　客服机器人由语义识别引擎、问答知识库、相似问、扩展问、多轮问答等系统组成，其服务流程是先识别客户语义，然后推送答案。文本机器人直接推送文本，语音机器人会通过 ASR/TTS 转换成语音后再推送。

静默座席　静默座席会在机器人置信度低于阈值或在对话过程中识别出客户满意度下降时，介入智能机器人的服务流程中，提供人工服务。另外，静默座席也会以人工智能的训练师身份出现。

第四步：如果机器人或自助服务能够满足要求，则视为服务请求完成，否则，转接到人工服务。服务请求路由（如基于技能的路由、基于价值的路由、预测式路由等）会有几种不同规则，然而，不管是采用哪种规则，都强调多媒体多渠道统一路由以及跨渠道路由的一致性。其中涉及以下 4 个概念：

技能路由 技能路由即服务请求会被路由到相关技能匹配度最高的座席。

价值路由 价值路由即服务请求会被路由到对银行产生最高价值的座席。

预测路由 预测路由即先设定服务目标，然后机器学习所设定的规则，规则会根据客户画像与座席画像进行服务匹配，最终实现目标最大化。

统一路由 统一路由指所有渠道与媒体的服务请求都按照统一的路由规则执行。

第五步：赋能人工座席，协助座席精准服务。赋能方式包括：多媒体联络、知识随行、实时辅助、成长辅助等。

多媒体联络 多媒体联络是座席会通过统一的多媒体工作台来应答服务请求，多媒体工作台可以支持多种渠道的媒体，如：电话渠道中支持语音，APP 和在线渠道中支持 IM、IP 语音与 IP 视频，微银行渠道中支持 IM 等。

知识随行 知识随行是任一媒体渠道过来的服务请求，系统都能识别客户请求中的关键信息，并在多媒体工作台中给出建议的答案，答案分为碎片化的知识以及结构化的知识库。座席可以选择直接推送系统的建议答案，或编辑后再推送。

实时辅助 实时辅助是一种能实时监听服务会话，分析客户情绪、意图、关键词，并推送座席建议辅助，甚至在特殊情况下班长席能直接介入或接管沟通的座席辅助工具。

成长辅助 成长辅助指在座席服务的过程中识别出座席的技能图谱，即时推送合适的教程，辅助座席在闲暇时间学习成长。

第六步：工单小结和价值输出。座席完成服务请求后会进行工单小结，形成几种不同形式的工单。一是可以关闭的工单，指一次性服务解决问题，本次服务请求可以关闭，服务小结存档。二是往下流转的工单，指需要后续流程才能完结的服务。

两种工单内容都可能会产生价值输出，价值主要分两类：一类是对于客户之声系统输出舆情，或是客户对产品与流程的改进意见等。另一类是商机信息，会直接纳入商机信息库，流转给营销、销售部门，将服务请求转化为营销机会。

以上六个步骤展示的就是一个完整的客服流程，在这个过程中又将产生两种数据：一种是结构化的数据，另一种是非结构化的服务媒体数据，用这两种数据可以构建管理者体验与决策者体验。

视频联络体验二维码　在线联络体验二维码　微门户体验二维码

管理者的运营智能化

智能运营管理，以联络中心的结构化数据为依托，以服务认证标准为基础，以客户服务业务场景为指引，从客户、交互、业务、智能服务、人工服务等维度建立联络中心专业的运营能力评价和分析体系，以客观反映联络中心的运营能力水平和客户满意度。

贯穿客户接受联络中心服务的全流程，每一个服务触点都将连接起来共同绘制出完整的联络轨迹，包括与全渠道平台、业务、智能服务、座席等服务联络的痕迹。最终，这些海量数据都将如涓涓细流一般汇聚到服务历史数据中心的浩瀚大海。

智能运营管理系统就是基于这个数据中心，通过定义运营应达成的战略目标、设计运营管理指标体系，实时监控和分析各项指标的运营趋势，如客户满意度情况、各渠道来话分布、业绩数据发展趋势、智能服务准确率、20 秒业务服务达标情况、服务目标值达成情况等，以便运营管理者随时掌握服务情况，及时优化运营策略，保证目标达成。

精准地找出问题是关键的一步，如果还能辅助问题的解决，那么系统的价值就能大大提升。智能运营管理系统就是这样一个好助手，它能提供现场调控和处理措施建议。通过现场调控，可及时调节座席的技能和配备，快速干预排队数多和接听率低的业务，避免客户满意度问题。系统还能根据自助服务、智能服务、外呼等业务数据分析出服务效率、应答准确率、任务完成率等关键指标的运营趋势和达成比，并提出改进建议。因此，智能运营管理系统也就具备了为 IVR 系统路径优化、机器人训练、业务流程改进等工作提供数据依据和决策支持的能力。

智能运营管理系统将多维度的实时数据监控和历史数据分析相结合，实现了联络中心运营管理的数据化、精细化、智能化。

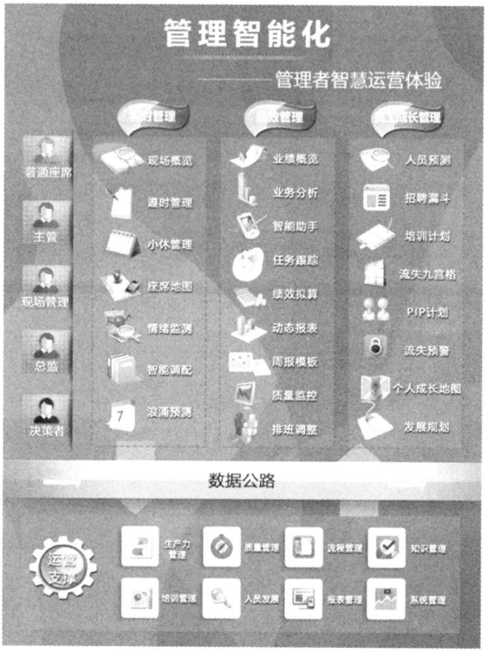

管理智能化架构图

管理者体验二维码

决策者的决策智能化

管理智能化是对联络过程中结构化数据的提炼，而对于大量非结构化的数据，如语音交互、视频交互、文本交互等，这些数据中同样包含了大量有用的信息，但却最容易忽略。它们就像含金量极高的黄金矿石一样，稍加提炼就能产生决策价值。

非结构化数据的提炼分为实时提炼与事后提炼。实时提炼关注的是客户来访原因、舆情分析、突发事件警示、紧急状态预警等。事后提炼可以得到客户来访原因，客户对银行业务流程的意见与建议、对产品的意见与建议，是否存在进一步的销售机会等。这些信息能丰富客户心声，为决策者提供流程改进依据、产品优化依据，还能为银行的销售部门提供更多的商机。

决策智能化架构图

决策者体验二维码

运行智能化

联络中心所有的软硬件资源的稳定性与可靠性是其稳定运营的基础，包括中继、语音网关、多媒体网关、CTI/IVR 系统、智能系统、业务支撑等。运行监控系统实现了从平台到应用的统一监控、故障的关联排查、业务运营和资源运行数据的整合分析，使得运维工作更专注于保障联络中心业务的可用性和连续性。

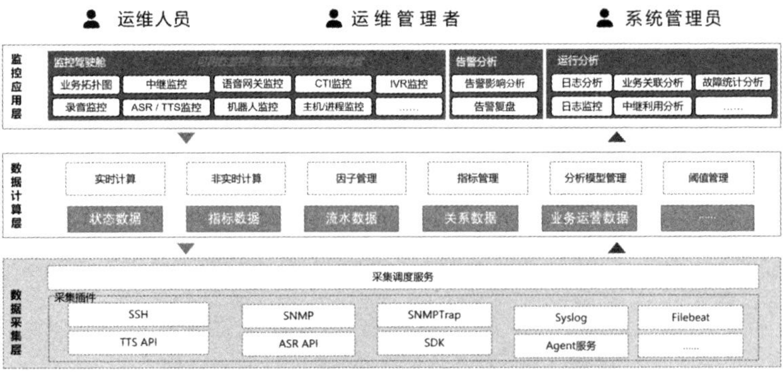

运营管理架构图

运营管理演示二维码

由此可见，上述智能服务与营销的顶层架构设计基本上是专注于服务场景，除了对服务转营销的商机获取与管理场景有所描述之外，对营销场景的描述很少。这和当时易谷网络的技术储备相关，所以这个“智能服务与营销的顶层架构设计”改为“智能服务顶层架构设计”更为准确。

易谷网络在前期已经积累了上述顶层架构的大部分流程，通过这次 POC 测试，更深刻地认识了智能化场景以及管理相关的场景，并在技术验证中进行了相关的开发工作。如果仅仅是为了测试而测试的话，这段时间突击开发与演练的结果就得不到最大程度的发挥，而如果能将测试中的案例优化与提炼，并能直观地展现出来的话，势必会在市场上引发积极的效应。

于是，在完成 B 银行技术验证测试以后，参与的主要团队成员在上海集合，他们要在易谷网络的体验中心重现所设计的服务与营销的整体架构及相关场景。

第三节　智能服务与营销体验中心

易谷网络的总部在上海，有一整层楼，员工并不是很多，所以，在办公室装修的时候将大约 800 平方米的空间按照智能联络中心的整体架构进行了空间分割与动线设计，改造成了一个智能服务与营销的体验中心。体验中心分为以下 6 个空间：开场视频与整体解决方案介绍厅、客户的多媒体智能联络厅、员工的智能业务处理厅、智能管理厅、智能决策厅、方案讨论厅。

体验中心展示图

当时设计并部署体验中心的初衷是希望给客户一个直观的体验。电话联络中心时代的联络非常简单，复杂的是业务处理系统，企业在建设以前就很清楚建成后客户的体验会是什么，所以电话联络中心的建设基本上是由银行的科技部门牵头，他们关注的是安全性、可靠性、可扩展性、大容量等这样一些非功能指标。而当客户服务的承载转到互联网与电话并行时，客户联络就多了好几个维度，其复杂性呈指数级增加，这个时候的客户联络体验已经很难用简单的描述或PPT来表达清楚，再加上智能化应用的部分，进一步加大了企业客户的理解难度。

如果能有一个沉浸式的空间，能获得多渠道全媒体的交互体验，能清晰地感受到智能化应用所带来的价值，能所见即所得地看到管理数据的展现与大数据分析结果的展现，就一定能带客户踏上一次难忘的、有震撼力的智能服务与营销之旅。另外，一般情况下，如果没有体验到实实在在的产品，客户很难提出改进的意见，只有看到实实在在的产品后，建议才会更中肯，沟通才更有价值。根据客户的实际需求不停地去优化体验设计与顶层架构，一定能诞生出更优秀的产品。所以，体验中心不仅可以用在营销上，还能加速产品的升级完善，既是一个客户的需求提炼中心，又是一款产品测试中心。

一个完整的智能服务与营销解决方案包含众多的子系统与引擎，易谷网络不可能独立完成所有的系统模块，秉承开放的公司文化，非常欢迎更多的合作伙伴将产品引擎连接进来，一起为客户呈现更完整、更极致的体验。在这个过程中，还能评测不同的产品组件与引擎，从而为客户提出最佳推荐方案。

体验中心先于B银行的技术验证建成，在业界激起了波澜。建成前期，客户参观后已经给出了非常积极的反馈。而当结束B银行的技术验证之后，公司的顶层架构师以及产品经理们对中心的设计已经不满意了，于是又经过了一个多月的回炉，一个崭新的体验中心终于对外开放了。

新的体验中心完全重现了智能服务与营销中所设计的五个智

能化场景，并对每个场景进行了体验的深化设计。联络方面，突出展现了视频联络以及视频联络所带来的业务价值，并将电话联络、多渠道互动与协同场景融为一体。智能化方面，重点表现各渠道智能化的协同、人机耦合、智能辅助等场景。管理方面，则添加了多维度的展现元素，让管理由传统的话务扩展到了全媒体与多渠道。

改进后的体验中心再一次得到了众多客户的认可，成为了易谷网络的营销利器。

预约体验小程序

2016 年和 2017 年，整个联络中心的市场弥漫着非常悲观的气息，易谷网络业务也出现了下滑。由于传统的电话客服中心系统还在发挥作用，尽管有诸多痛点，但是升级成软交换的解决方案改善的仅仅是 IT 运维，并不对客户的联络体验产生改变，银行的投资意愿自然不大。偶有标书出来，厂商们趋之若鹜，最后却以一个不可思议的低价中标，结果当然是以不可忍受的客户满意度收场，很少出现精品工程。这又进一步降低了银行的投资意愿，为了消除痛点又增加了更多痛点，非常划不来。

这期间，互联网行业的电话联络中心开始发力，G 厂在这一波互联网浪潮中收获颇丰。一方面是其全软的解决方案与互联网企业力求简洁的文化符合，另一方面，其单价已经下降到让那些互联网公司不愿安排团队去开发的地步。这一波互联网的发力不仅体现在大的互联网公司购买成套私有化系统上，基于公有云的电话服务系统也发展快速。对这个现象进一步了解，发现几乎所有的互联网公司的电话联络系统全部都是用于营销，而不是客户服务。

这个时期的营销变得简单粗暴：通过广告或购买数据获得营销数据，然后通过电话进行销售。这种情况下，电话仅仅是一个销售渠道，根本不需要复杂的路由与管理。应该说，互联网公司所购买的G厂产品连产品的基础性能都没有发挥出来。

Peter非常不看好电话营销平台，认为电话是一个非可视化的沟通渠道，传递信息不可视、不够直观，而且极容易打搅被呼叫者，并引起反感，进而错过营销机会。所以，Peter认为：互联网电话营销这波风口很快会消失，社交群与社交媒体的主动营销方式将成为互联网营销的主流。两年后，这个观点得到验证，互联网电话营销模式逐步走向没落。

首先，电话外呼系统的兴起，让智能化再次成为主角；机器人自动呼叫。其次，通过语义引擎以及预先所设定的规则，进行话术设定和自动应答，从而识别出有意向的客户。再次，人工销售介入。最后，提高营销效率。这看起来是一件非常有效率的事情，也就是说，以前是人工拨打营销电话，现在改由机器人进行自动营销；以前是一个活生生的人与你交流，现在换成机器人与你交流。这种营销体验注定没有生命力，但是在银行业，却屡试不爽，非常实用。

作为银行的信用卡客户，如果有欠费情况出现，以前是短信提醒、人工提醒，现在换成机器人提醒，又如何？这本来就是银行的权利和恰当的行为，可以理直气壮地通过机器人进行。再如信用卡分期的业务，银行可以通过短信、手机银行等进行营销，当然也可以在机器人还款提醒的时候，给客户一个更好的选择。看看这些智能外呼场景，功能确实很实在呀！盲目的机器人营销的价值会越来越低，但是在特定场景下，机器人自动外呼能发挥很大价值，效率也相当高。看到这一点，易谷网络也推出了机器人自动外呼系统。

在易谷网络的体验中心硬件与软件基本完工的时候，B 银行的立项工作已经基本完成，将在短时间内发出标书。

第四章

招　标

B银行组织的技术认证轰轰烈烈，震惊了全行业，调动了市场占有率最高的5家多媒体联络中心的通信厂商，以及业界最大的4家（易谷网络除外）系统集成商，同它们工作了两个月的时间，占用的人力资源达到了150人。对B银行而言，结果不错，因为最终验证了30万字业务需求的技术的可实现性！

然而，这项工作才刚刚拉开序幕。参与的厂商盯着的都是后面的项目，没有这个巨大诱饵，谁会没事干陪着玩呢？如果就此结束，B银行未来的号召力和形象都会受损，作为国有六大银行之一，B银行必须做好。当然，最关键的还是业务需求使然，原有系统痛点加剧，新的业务需求层出不穷，而这份看似超前的业务需求设计又已经被验证是可以实现的，所以正式立项势在必行。

第一节 服务与营销平台的常规项目流程

尽管现在看来，当时30万字的需求说明书还有很多可以完善、采用更领先技术的地方，但是在2017年，其解决方案的设计领先于几乎所有已上线的系统。它如一道曙光照进联络中心界，经过多年的沉淀，终于迎来了成功的希望。

B银行的解决方案相当完整，涵盖了通信平台的SIP化改造、业务系统的重新设计与开发、多渠道全媒体应用、运营管理与运营支撑系统的完整应用、质检排班培训等管理套件、价值输出系统、智能IVR、智能机器人、智能知识库等16个子系统。业界都猜测它一定会分成若干个独立的项目，最后集成在一起。如果按照常规的做法，应该按照下面几个阶段完成：

联络中心平台的SIP改造

这个改造并不是很困难，将语音交换机换成SIP Server，将基于板卡的IVR系统换成全软的IVR系统，将录音板卡去掉，更换成软件方式的录音，这样就可以解决了。

由于专用硬件板卡以及硬件设备所带来的系统维护痛点，这一步的关键点是改造后的IVR系统流程与IVR系统业务的重新开发。加之银行业务的复杂性，这部分的开发量非常庞大，开发完成后的验证工作以及数据报表的重新整理更是一个非常大的工作量。这部分工作如果由一家专业的平台服务商来做的话，最快也要50个人未完成。

全软的联络平台与业务系统对接倒是一件简单的事情，将软电话更换一下就可以完成通信平台与原有业务系统之间的对接。但是业务系统的重构又是一个巨大的工程。新的业务系统叫多媒体工作台，可以在SIP改造的中期开始开发，这部分内容的开发需要很长的时间。完整的多媒体工作台是新一代系统的整体体现，智能化、座席赋能、多媒体联络、质检、排班、培训、业务处理等子系统都会涵盖其中，所以其开发步骤应该和系统的建设步骤一致，先业务，然后联络，再智能化，最后做总体的集成。

SIP改造过程中需要建设一个数据中台，可以记录联络过程中的所有结构化数据，处理这些数据可以获得实时的业务监控与运营数据，而总结、分析、归纳与展现这些数据又可以为现场管理的不同角色提供不同的数据分析结果和展现方式。现场管理者也可以根据数据进行业务调控，以适应客户体验要求。

平台的多媒体改造

平台的多媒体改造，这一阶段主要是在联络平台的核心增加网关设备，由此可以将不同渠道的媒体接入核心联络与路由平台，然后开放客户服务接入通道，如手机银行、微信公众号、微信小程序、官方网站等，并根据各通道特点选择所支持的媒体。这期间的工作台需要具备支持多媒体的能力，能应答任何渠道过来的任一形式的媒体。多媒体改造和未来运营效率提升的关键，是强调路由的统一性，其核心含义就是语音、文本、视频等多媒体的沟通手段作为一个服务人员的基本技能，不应该按照多媒体渠道划分，而应该进行工作技能、多语言能力等的技能区分。多渠道全媒体改造完成后，现场运营监控数据的维度也会随之扩展，运营监控也呈现多渠道与全媒体化的状态。

智能化改造

第一个关键点是门户的智能化，在服务场景中，门户是为了快速识别客户意图。所以，在门户中增加智能化，就是在不同渠道上增加客户意图识别引擎。意图识别引擎又分为两个部分：业务逻辑识别和交互识别。业务逻辑识别是一系列的规则，通过已经办理过的业务来判别客户的本次来访目的；而交互识别就是语义理解，通过语义理解引擎，用相似问、扩展问等方式来识别客户意图，这一流程在电话通道是智能 IVR 系统，在互联网通道是文本机器人。

第二个关键点是业务处理的智能化，这部分的工作主要由智能机器人或是开放给客户的智能知识库来完成，对于机器人无法完成的工作需要人工辅助完成。这个流程之前提过，叫静默座席。

第三个关键点是座席的智能化赋能，就是在座席端通过智能机器人与语音识别等手段实现知识随行、座席助手等功能。这就需要在多媒体工作台上增加智能化的元素，让智能机器人与智能知识库等智能化工具为座席代表赋能。

管理组件的建设

经过前面的三步，我们已经有了一个全软的交换与路由平台，具备了多渠道全媒体的服务能力，同时可以通过智能化手段来服务客户、赋能座席代表，已经构成了一个完整的智能多媒体服务平台，客户体验也得到了完整的展现。现在还需要进一步提升管理者的体验，让管理更加智能化，主要体现在全量质检、预测排班、具备技能图谱能力的培训考试。让我们看一下每一个管理组件的特点。

全量质检 全量质检在语音识别与语音分析尚未普及的情况下，传统质检是采用事后人工抽检的模式，即质检员调听极少量比例的录音样本进行质量检测与监督，这种方式覆盖面低、公平性差。而语音分析引擎则大大优化了这一流程，针对语音与视频媒体，它能转译语音交互全量，同时结合意图识别、智能模型、情绪分析等对全流程服务自动打分。文本媒体同理，只是省去一个转译的过程。如此一来，人工质检师只需要对针对自动评分的结果中的特殊情况进行复检就能达到全量质检目的了，如过高、过低评分或投诉与舆情等。在复检的过程中添加人工标注，语音分析引擎还可以通过智能学习来进一步优化完善自己的分析能力。

预测排班 预测排班主要分为长期预测、中期预测、短期预测、排班、请休假管理、调换班管理、遵时管理等工作。长期预测至少需要提前1年，目标是根据业务发展规划联络中心的场地资源，确保工位数量满足高峰月、高峰日、高峰时段的业务需求。要想做好长期预测工作需要考虑两个风险点：一是场地建设的周期往往比较长，二是非常考验业务发展部门、信息技术部门、联络中心三个部门之间的协同能力。

中期预测一般提前一个季度，目标是根据员工招聘、培训、上岗周期、业务高峰等情况，提前组织人力资源调配工作。涉及的外部核心部门主要是人力资源部，部门内的核心岗位则包括一线班组长、现场主管、值班经理、培训岗和质检岗。

短期预测比较理想的情况是提前一周进行，目标是将预测颗粒度精细到每天的每个时段，最常见的预测颗粒度是每半小时，短期预测工作是后续排班的关键输入。为了提高短期预测的准确率，需要跟市场营销部门协同作战，第一时间了解各类市场活动推出的确切时间和影响的客户群体，从而准确预估业务量的影响。除此之外，跟信息技术部门的协同也很重要，任何对客户使用产生影响的系统升级、变更、故障都需要第一时间通知联络中心。排班虽然是排班师的主要工作职责，但是，为了在员工需求和业务需求之间找到最佳平衡点，也需要跟一线员工及现场管理团队有很好的沟通互动能力，及时了解培训部门的工作计划、员工个人的排休需求和班次偏好。请休假管理、调换班管理、遵时管理更是涉及联络中心的每一位员工的日常工作。因劳动力管理流程涉及众多跨部门协作，与联络中心内部所有岗位员工的日常工作又息息相关，所以，绝不是仅靠一个“排班系统”就能实现全自动管理的。在劳动力管理流程上表现优异的企业往往都得到了最高管理层的大力支持，从而推动业务发展部、人力资源部、市场营销部、信息技术部的通力合作。同时，需要联络中心管理层高度重视，将劳动力管理流程的意义和价值宣贯到包含一线员工在内的每个岗位，通过排班系统、排班辅助系统等一系列工具实现集中、透明、标准的劳动力管理流程，达到以最优成本交付服务速度承诺的根本目标。

具备技能图谱能力的培训考试　大型的联络中心动辄成千上万人，且流动率也高于其他行业，在这种情况下，人力培养就成为联络中心运营管理者的一项核心任务。培训，需要的是工具，员工能够跨地域、跨时间随时随地参与培训，同时，还必须具备分享培训课件的能力。这样，通过视频方式进行多点、多职场接入就成了一个很好的选择。培训必须有针对性，主要表现在能识别员工技能图谱并匹配相关课件。建立这样的匹配关系后，就能轻松给员工推送个性化的培训课件，进行有针对性的培养。而培训与考试也是对员工进行成长轨迹发现的一个最好手段。

管理组件建设完成后，座席的多媒体工作台应该增加个人中心的功能，座席可以通过个人中心进行质检评分的查阅与申诉、班表的查看、请假换班申请、个性化的培训考试以及个人运营数据的展现。

工作细化

这包括业务指标的参数化管理以及统一的用户管理。经过以上阶段的建设，所有的子系统建设都已经完成，现在应该做一些细化工作。细化工作是为了方便管理与使用，减少系统使用的费力度，这就要求业务参数应该由业务人员根据业务流程进行调整。多个系统都采用统一的用户与权限管理，只需要一次登录就能打通所有系统。

以上阶段工作完成后，一个智能的多渠道全媒体智能联络平台就非常完整了；如果再增加呼出与营销的模块，就会成为一个智能服务与营销平台。当然，为了便于维护，系统还应该增加运营监控的部分，智能化地监控整体平台中的设备运营情况、软件进程的运行情况、各系统之间的连接情况以及整个系统运行的健康度等，这属于 IT 的范畴，也是系统服务的联系中所必备的。

对任何一家大型银行来说，完成以上系统建设少则需要花 3 年左右的时间，多则 5 年以上。2017 年，这样一个完整的系统在银行界并不存在。如果一定要找一个对标的案例，应该是某保险公司集团，该集团非常重视服务系统的建设，然而从其 2014 年启动 SIP 化改造，一直到 2017 年底，整个集团的 SIP 化改造也没有完全完成。当然，这期间它并行了视频联络、管理套件、智能化改造等多个系统的建设。在这个过程中其非集团内部人力的投入达到了每年 3.5 亿元人民币，应该说投入巨大，而且步伐很快，就这样巨额的投入，完成以上阶段的建设，也需要 5 年左右的时间。

第二节　运作

当时业界普遍认为 B 银行在轰轰烈烈的技术认证以后，会整体立项，分期建设。但是又经过了 5 个多月的立项过程，招标文件发布下来后，却让业界所有参与者大跌眼镜。如果要平行建设所有系统，用两年时间完成系统的所有功能，并用一年半左右时间推广到全国！疯狂，简直是疯狂的计划！业界判断，谁成为主建设者，谁就有可能成为这样一个激进计划的牺牲品。

但不管怎样，因其空前的影响力，即使是风险重重，这个项目也能引起各大厂商前赴后继的血腥拼杀。

大型项目的招投标是个非常折磨人的过程，特别是一些公开招标的项目，标书发下来后，所有的资质符合者都可以去购买标书进行投标。在这种投标模式下，甲方是不能向外透露标书购买者情况的，所以在公开唱标以前，所有投标人都不会知道竞争对手的任何情况，一直等到唱标会上才会获得相关信息。唱标完成后，甲方的评标小组会进行封闭评标，所有消息再次被严格封闭，直到公示出第一推荐中标人为止。也就是说，对乙方来说，这个过程是完全不可见的，很有可能因为一个小的失误而被废标。易谷网络就经历过由于放在投标文件上的营业执照不是最新年审过的、明细报价的格式没有严格按照招标文件要求、盖章不合规定等各种原因被废过标。同时，投标文件中相关表述不够清晰而被扣分也时有发生。公开集中的招标模式还有一个致命的缺陷，就是甲乙双方交流的唯一媒介只有应标文件，一旦应标文件的表达没有与评委的专业性评审完全符合的话，很有可能就失去了中标的机会，甲方也有可能错过一个优秀的方案提供商。

标书一般分为商务标以及技术标，应标人首先需要对商务文件与技术文件进行点对点应答，其次需要提供相应的应标文件、技术方案、开标文件、价格明细表等。做点对点应答很有技巧，所有问题的标准答案都应该是“理解并满足”。即使有明显不满足或部分满足的条目也要回答“理解并满足”，最后用迂回的方法进行辩解，因为你的竞争对手对所有的问题回答一定也是“理解并满足”。在短短几个小时的评标现场，评委哪有时间去一点点抠细节，一个“部分满足”或“不满足”都将成为投标失败的原因。

标书制作有两大原则，第一原则是不能被废标，因此标书完成后，需要不同的角色来检查其中废标项的应答与提供情况，标书做得再好，价格猜得再准，如果被废标，一切都归零。同理，被废标者往往其他方面做得都很好。在这里，细节确实能决定成败，再小心谨慎也不为过。

第二原则是让综合得分最高。正规的标书在标书公开的时候都会一并公布评分规则，评分规则一般由三部分组成：商务得分、技术得分和价格得分，商务得分与技术得分其实都是为价格得分服务的。对于乙方来说，关键是赢标，而比赢标更为关键的是以什么样的价格赢的标，一个投标人的所有工作都必须围绕这一点进行。大型的2B业务基本是采用招投标的模式，招标人的期望是通过招标流程找到最佳性价比的产品或服务提供商，投标人希望通过投标获得为甲方提供服务与产品的机会，并获得最大可能的利润。所以说，招投标本身就是一个博弈的过程，不仅仅是甲乙双方的博弈，更多的是多个乙方之间的博弈，这是一个零和游戏。一般来说，中标人只有一个而投标者有若干个，从流程上来看，赢家只有一个，也就意味着其他所有参与者做的都会是无效工作，这是一件非常残酷的事情。

这个游戏的残酷性是由其本身存在的矛盾点引发的，我们来简单分析一下。先看甲方的预期——最高性价比的服务或产品，这是一个彻头彻尾的伪命题！在企业技术服务领域，所谓的最高性价比就像家庭购买汽车一样，奔驰和宝马谁的性价比更高呢？专业的评判是如果你追求乘坐舒适就买奔驰，如果你追求驾驶乐趣就买宝马。或是另一个标准，你认可奔驰给你传递的价值观就买奔驰，宝马同理。当然，还有一种富人的玩法是买两辆，自己开宝马，司机开奔驰，或是一会儿开宝马一会儿开奔驰。然而，非要把奔驰的 S600 和 C200 拿出来比一下性价比，这也简单，如果你钱足够，肯定会认为 S600 性价比高，如果预算有限，则 C200 更好。对于家庭买车这件事情，大多属“预算代表决策”，很难出现这种情况：自己的预算是 200 万元，结果去买了一台号称性价比更高的凯美瑞！这非常不可思议。

然而，这样的事情却经常发生在企业决策上，A 银行需要去购买一台接待客户的乘用车，预算在每一部车 80 万元左右。由于数量较多，按照流程规定必须通过招投标的方式进行，于是技术标准如下：

乘坐 5 人或 5 人以上；

最高时速大于 120 公里/小时（这是国家规定，如果写大于 200 公里/小时，则有不公平竞争嫌疑）；

百公里油耗不大于 18 升。

现有两家汽车商前来投标，奔驰 E280 和昌河面包车，技术标部分答标结果表如下：

技术标部分答标结果表

序号	指标	昌河面包车	奔驰 E280	结果
1	乘坐 5 人或 5 人以上	乘坐 6 人，超过技术要求	乘坐 5 人	昌河胜
2	最高时速大于 120 公里/小时	最高时速 140 公里/小时，超过标书要求	最高时速 220 公里/小时，超过标书要求	奔驰略胜一筹
3	油耗	百公里油耗 6 升	百公里油耗 15 升	昌河胜

最终招标结果如下：

技术标：昌河面包车胜；

价格标：昌河面包车价格远远低于奔驰，昌河面包车胜；

商务标：昌河面包车是国产车，符合自主可控的要求，奔驰是进口车，未来自主可控维护、维修有风险。

结果：推荐中标人是昌河面包车，于是A银行接待高端客户专用车改成了昌河面包车。

这种看似荒诞的结果在招标界屡屡发生，客户几千万元的预算，最后被几百万元的投标人中标，几百万元的预算被几十万元的投标人中标，还有千万级别的预算产品1万元、1元的情况发生。那么，这些看似不合理的投标结果到底是怎么产生的呢？是因为这些中标人的成本真的很低，还是中标人的品德高尚，愿意去补贴这些大型国有银行呢？当然不会，投标人都是聪明人中的聪明人。所有结果皆有缘由，所有决定必为利益。用超低价去获得中标机会的有以下几种情况：未来扩容利润丰厚，可以弥补本次的损失；在行业中创造案例；中标后通过对标的物进行修改、增减等加价，获得更大的利益。

所以，投标是一个技术活，其攻防策略机会可以囊括“三十六计”，简单举几个例子：

瞒天过海，通过各种方式给对手制造烟幕弹，来掩盖自己的真实意图；

围魏救赵，同时多个项目和对手相遇时，佯攻对手最为看重的项目，然后获得谈判的筹码；

借刀杀人，诱导相关利益方相互厮杀，等他们两败俱伤时，再行出手；

以逸待劳，做好甲方的关系，提前获得标书内容，待乙方准备充分后，再将标书发出，给竞争对手留下很短的准备时间；

趁火打劫，在竞争对手的公司出现问题时，打劫其既有阵地。前一段时间一家跨国企业在申请破产保护时，几乎丢掉了所有的阵地，都是因为被趁火打劫；

无中生有，此计谋经常与声东击西配合使用，在测探虚实时，发现对方的空档期，佯攻变成真斗；

隔岸观火，投标时出现混乱局面时，暂不出手，等对手们拼完体力，经过了几次投标废标后，再出手；

……

以后有机会我会将参加过的投标案例进行总结，看看招投标中的“三十六计”是如何在商业竞争中发挥作用的。写投标，是因为投标的水实在是很深，看似简单的招投标流程，其实酝酿着暗流涌动、惊涛拍岸、石破天惊。就B银行项目在业界的影响力而言，这个过程必将步步惊心。

第三节　议标

公开投标是一次性决胜负，其过程简单，但是因为甲乙双方接触很有限，容易造成严重的信息不对称，乙方可能对甲方真实的意图理解得不够透彻，甲方也有可能对乙方的解决方案有误解或偏见，而导致招标结果的不公平。所以，公开招标适合简单的产品采购，不适合复杂的解决方案。

邀标，就是甲方首先筛选业界有能力的解决方案供应商，然后邀请它们进行投标的过程。和公开招标不同的是：议标不是一次性的，是要经过甲乙双方多轮沟通，最后确定一个合适的投标方。这个过程可长可短，有些议标一周内就有结果，而有些议标过程则需要持续很长时间。B 银行的招投标对投标人更是长时间的折磨。

2017 年 10 月，B 银行的邀标流程正式启动。11 月 6 日第一轮商务谈判开始。与前期预料的一样，技术验证过程中的最后两名未获邀请，易谷组合、ZX 组合、HW 组合成为被邀请人，参与议标流程。有意思的是，在开始议标的第一轮，ZX 参与技术验证的系统集成商与 HW 出现在一个组合里，而 ZX 组合的系统集成商并没有参与过技术验证。这是一个非常有趣的事件，它证明了一个事实，就是这两个主导厂商都对其技术验证中所选择的系统集成商不够满意，但是，不管怎样，它们仍然非常强大。

按照 Peter 的分析，如果我们最后陷入价格、公司实力、国产化之间比拼的话，则必死无疑。在这个夹缝中唯一的机会就是专业度。作为一家在联络中心领域耕耘了近 10 年的专业公司，易谷网络在联络中心技术平台上的优势比其他系统集成商更大，这一点也恰恰是客户最为关注的。业务能力并非易谷网络的优势，另外两家系统集成商反而占优，因为它们都是 5000 人以上规模的公司，具有多年银行业务软件的开发经验，如果将这方面的优势发挥出来，易谷网络成功的机会很渺茫。

既然已经站在擂台上，就要全力以赴，背水一战。首要的是组建投标团队，原则是保证优势放大，劣势弥补，不能出现技术盲点。以下是项目组成员的工作分工：

Peter，项目总指挥，确定每一阶段的打法与策略，同时，要在现场中识别客户的问题，指挥现场答辩；

王博，方案总监，任项目总方案经理，负责点对点应答、技术方案的编写以及报价书的制作，王博团队下设两名方案经理，专注于联络中心平台的技术；

李颖，项目业务咨询经理，具备联络中心运营管理经验，下设一名业务顾问；

吕辰，负责技术实施方案的编写；

珠珠，项目客户经理，负责消息的收集，在投标现场记录每个评委的反应，进行正反向分析，并确定应对最佳方案。

项目组8名常务人员全部集结完毕，他们能否在两个月的时间内创造奇迹？

这个团队最强的是联络中心通信平台的能力，最弱的是银行业务能力，此点是易谷网络团队的致命缺陷。尽管之前易谷网络已经有了邮政储蓄银行、平安集团等大型金融客户的案例，但提供的都是联络中心的平台解决方案，不涉及业务系统，其业务系统要么是专业的技术公司提供，要么是银行自己的软件开发团队完成。如果竞争对手抓住这一点，不断放大的话，易谷网络将处于非常被动的境地。还好，友商在这个方面表现得非常友好，根本没有找到攻击的要害。

团队组建完成后，要进行战术部署。根据消息人士透露，对于这样一个大型项目的议标，B银行一般会进行五轮，前三轮是技术澄清，后两轮是报价与商务澄清。根据这样的节奏，易谷网络设置合理的战术安排：第一轮展现整体解决方案能力，强调联络中心平台能力的重要性，同时深入挖掘既有系统的痛点，针对痛点提出解决方案，让客户认可易谷网络的专业能力。第二轮继续加深客户对联络平台能力的认可度，同时展现易谷网络独有的运营与运行监控能力。这一轮要展现对新一代系统的体验设计，将客户所关心的多渠道、全媒体能力发挥到极致。第三轮抛出复用原有平台软件的策略，在技术上强调原有平台应用的连续性，突出所选择的合作伙伴技术的领先性，同时强调自己平台集成的经验。这三张牌的内在逻辑是解决现有痛点、展望未来应用并保证自己有经验、有能力完成客户新一代的规划。

2017 年 11 月 6 日，第一轮议标，易谷网络一行 8 人着职业装，到达客户答标现场后，所有人齐刷刷翻开笔记本电脑，王博将电脑连上投影仪并调试完成，等待客户开始。

经历了一个多月的技术验证，现场 B 银行的评标委员会成员也基本认识了。评委 10 名、业务骨干 2 名、软件开发中心技术骨干 3 名、数据中心专家 1 名、网络中心专家 1 名、科技部专家 2 名，还有 3 名陌生面孔，后来才了解是集采中心干事。落座后，客户的业务骨干要求我们按照招标文件的要求，讲述一下整体解决方案。这时，两位西装笔挺的易谷网络业务咨询经理顺势起身展开了一幅 3 米乘以 1 米的整体解决方案图，这是在技术验证后易谷网络提炼出的智能服务与营销整体解决方案架构。整个解决方案由五个智能化部分组成，是在客户整体解决方案架构基础上的细化与补充，其中包含了用户全部的规划，又在业务运营监控、培训考试、智能运营方面进一步深入展开。

打印这样一幅大型的架构图，并且在客户的招标现场展开，是 Peter 在几天前就已经设计好的一个场景，也不全是为了制造噱头，起因是架构图元素多、像素高，投影仪展示效果非常不好。而打印出来，客户就能看得非常清楚。架构图讲完之后，还能直接留给客户，待进一步研究。这样就可以给客户留下一个印象：易谷网络不仅细致地研究了他们的需求，而且在需求的基础上做了进一步的深化设计。在招投标的过程中，这样的印象是非常关键的。用户并不希望厂商仅仅是可以满足其业务需求，更希望厂商能提出更为领先的解决方案。所以，易谷网络先把一个智能服务与营销的完整方案展现出来，这样就可以和客户在一个更大的范围内来讨论问题，把单纯的技术应答变为一个整体解决方案的探讨。Peter 花了大约 15 分钟的时间详细介绍了易谷网络所理解的智能服务与营销整体架构，紧接着王博与业务咨询经理、项目实施方案经理等花了两个小时的时间，将易谷网络就业务需求所设计的整体方案、管理套件、实施计划等都做了详细介绍。应该说，易谷网络的第一次亮相是比较成功的，先是用从客户技术验证中提炼并升华出来的整体解决方案作为开始，给客户留下一个专业平台集成公司的形象，后来的针对性解决方案的介绍也比较充分，在专业性的基础上叠加了认真踏实的公司形象。

第二轮的议标将在一个星期以后进行，要完美地展现，需要准备做以下工作：一是要了解竞争对手在第一轮的情况，有的放矢；二是要认真准备第一轮中客户提出的所有问题，并按照重要程度进行针对性的回复；三是设计第二轮的亮点，再一次加深客户的印象。很遗憾，客户的口风很紧，根本探听不到一丁点儿消息，在这种情况下只能做好自己了。投标小组所有成员早已推掉了其他工作，专心致志地准备客户的问题回复。

第二轮的亮点应该怎么设计呢？联络中心关注的是体验，体验包括客户体验、座席体验与管理者体验，能否在议标现场让评标小组体验一把呢？如果用现场演示的形式将解决方案中的亮点进行一场流畅的展示，岂非是打动现场评委的最好手段？尽管前期客户已经通过1个月左右的时间进行了技术验证，但是在技术验证过程中验证的都是一个个功能点，并非是一个服务交互的全流程，也没有用全流程的方式来展现客户体验、座席体验与管理者体验。正好，技术验证完成后，易谷网络在自己的体验中心进行了B银行验证案例的重现，在此期间已经设计出了各个环节体验的相关流程。Peter决定将全套的体验流程搬到客户的议标现场，作为第二轮技术交流的亮点。当易谷网络在招标现场完整地将智能IVR系统、机器人应答、静默座席、多渠道协同等场景演示完成以后，客户给予的反馈是非常正面的。事实再一次证明，抓住每一次与客户正面沟通的机会，并认真地展示自己的能力，是招投标过程中最为关键的成功因素。

事情自然不会一帆风顺，墨菲定律发挥了神奇的作用，所有不想发生的事情都会发生，易谷网络在第三次议标现场再一次领略了这一定律的威力。前面两轮，易谷网络一直在引导客户关注新一代的整体架构，关注联络平台的总体功能，并通过对多媒体跨渠道的联络演示，进一步加深客户对其优势的认可。然而，在第三次议标时，客户的一个技术专家提出了两个对易谷网络来说最为致命的问题，一个是关于国产化的，另一个是业务系统定制。

2017年的国际形势并不像2019年那么紧张，但是主流媒体已经开始就支持国产IT解决方案发出了非常明确的声音，当时是“去IOE”，也就是在银行的核心系统中摆脱对IBM、EMC

（易安信）等国外大厂商的依赖。这个声音的主旨就是国产化。由于没有明确的规定，每一个银行都有自己的尺度。B银行国际化程度很高，其IT平台上已经采用了大量的国外产品，在国产化原则上持开放态度。当然，如果是在同等性价比的情况下，他们一定会倾向于国产化。

技术专家的第一个问题就是针对国产化的。当然，他并没有明确表示不能使用国外的产品，而是提出了一个更为尖锐的问题："贵公司在整体解决方案中用到了两个关键的国外产品，一个是G厂的路由，这是整个联络中心的核心产品，我们现有系统也在使用；另一个是V厂的录音录屏与语音分析产品。贵公司应该非常清楚，我们银行对于定制化的要求非常高，任何国外的产品到我行后，基本都要进行深度的定制化。请问你们能得到这两家公司的源代码支持吗？如果不能的话，如何满足我们对于定制化的要求？"这一问题之所以尖锐，是因为国外厂商一定不会提供源代码供集成商进行定制化。这是一个胜负手！易谷网络必须对这个问题进行没有瑕疵的回复，否则，这就是一颗可以击中要害的子弹。当时，Peter是这样回答的：

"首先我们可以肯定的是，一定拿不到这两款产品的源代码，它们都属于闭源产品，源代码就是它们最核心的知识产权，是不可能交给任何一家第三方公司的。但这并不会阻碍我们对这两款产品进行深度定制化。好的平台产品应该具备一个包容的核心、可定制的外围以及经过众多客户测试过的成熟版本。我们选择的这两款产品就具备这三个特性。贵行是G厂多年的客户，请问你们需要对其路由策略进行定制化吗？当然不需要，因为它对路由策略的考虑几乎达到了穷尽的地步，你们可以用其系统本身的可视化路由配置工具，配置出您需要的任何路由。这一点您是技术专家，相信您比我更加了解。另外，我们用V厂主要是用其录音软件，录音系统要求的是大容量、高可靠性与稳定性，V厂在这几个方面的领先程度，您也非常了解。对录音的定制化主要体现在录音文件的调听上，这一点它们是完全开放的。即使有问题，我们也能解决，可以给您分享一个我们在G行的录音调听案例。当时我们采用的是N厂的产品，N厂的录音调听系统并没有开放出来，而是嵌入在其核心系统中，我们的开发工程师用3万行的代码重新开发了一个录音调听系统为G行业务系统进行嵌入，一举解决了其开放性的问题。试想一下，如果因为定制化的要求，我们改写了一个成熟产品的核心系统，又没有得到很严格的测试的话，会不会对我们的核心平台产生影响？我相信一定会的，所以请各位专家相信我们的选择，在联络中心系统中，平台的稳定性比什么都重要，只有保证一个稳定的平台，定制化才能发挥作用。不知我的回答您满意吗?”这位专家对Peter的回答比较满意，这从其他专家的眼睛里能感受到，他得到了正向的反馈。

事实证明，这位专家对自己银行需求的理解是非常到位的。到了项目开发实施阶段，这两个核心问题成为了易谷网络项目执行中的最大障碍，最后不得不对一些关键子系统进行重新开发。正是因为这些号称成熟的产品存在的问题，让整个项目的执行出现了很大的风险。当然，这是后话。

前面说过，项目的招投标阶段是一个零和游戏，这阶段只有一个目标就是获得为甲方服务的机会。当中肯定有各种陷阱、障碍与风险。没有办法，只能兵来将挡、水来土掩，要么将风险消除，要么将风险后移，在项目执行阶段解决。

通过三轮的技术应答，Peter 相信，从技术方面，易谷网络已经确定了自己的优势。不管是竞争队伍的组成，还是现场甲方的反馈，都能佐证他的这一猜测。通过很多渠道了解到，HW 原厂商并没有付诸太多的技术力量，它们组合的主要成员来自系统集成商，其集成商的优势是了解客户业务，但是在对客服的整体架构的掌控、运营管理等方面的经验并不丰富，而集成商的优势又恰恰是甲方的专家所擅长的，所以这个组合让厂商的优势无法发挥。ZX 组合则恰恰相反，其成员几乎全部来自原厂商，原厂商擅长的是通信平台，业务、运营管理等是其弱项，这也是现场技术交流的大忌。

邀标，也叫竞争谈判。首先谈的是技术，其次谈的是商务。如果技术落后的话，再好的商务条件也很难打动客户，特别像 B 银行这样的顶级客户。很多项目的指挥者认为：技术谈判的要点是发挥自己的优势，攻击友商的劣势。这种策略很多时候并不能起到很好的效果，因为乙方的优势并不一定是客户所看重的，而友商的劣势也并非客户所关注的。客户关心的是以下几点：

▷ 痛点如何解决？

▷ 是否有更优的方案来满足业务需求？

▷ 技术的领先型如何？如何保证行业引领？

▷ 承诺有效性如何？

所以，在技术应答的过程中需要找到以上问题的答案，并给予客户一个相信自己的理由。客户关注的是自己不太擅长的领域，在这个领域中充分表现自己的专业性，表现得越自信越容易获得客户的认可。在客户所擅长的领域（如客户的业务）千万不能指手画脚，而要虚心请教，越谦虚就越容易获得好感。易谷网络团队就是按照这样的一个应答策略来组建的，充分发挥自己在联络平台集成的优势，表现自己在运营管理方面的积累，对于客户的业务实现，则表达出希望能够在甲方软件开发中心指导下完成的意愿。事实证明，这个策略在技术应答过程中非常有效。

由于本项目是B银行近年来最大的外包项目，其重视程度可想而知，事实上，本来三轮的技术答疑最后进行了四轮。技术应答后，客户对每一家的解决方案状况、专业服务能力、报价清单中每一个栏目的含义有了详尽的理解。这就是竞争性谈判的好处，多轮的答疑能真正了解乙方所提供的解决方案细节，极大程度地避免由于信息不对称所造成的误判。了解清楚技术方案以后，就进入了商务环节。

竞争性谈判的商务答疑一般是两轮，但这个项目进行了三轮。前两轮针对商务报价，确认乙方所提供的产品与服务清单是否吻合甲方招标文件的要求。这个过程非常重要，甲方可以确认清楚乙方是否利用信息不对称以次充好，是否有遗漏的配置会增加项目执行过程中的成本等。B银行的采购部门在这个方面不仅经验丰富，而且做得滴水不漏。在商务谈判的过程中需要乙方提供大量的承诺书，这些承诺书包括：

▷《后续扩容价格承诺》；

▷《第三方维保承诺》；

▷《授权据实结算承诺》；

▷《需求不变总价不增加承诺》；

▷《资源投入承诺》；

……

承诺文件一共33份。每一份承诺都是一个紧箍咒，一旦双方发生纠纷，甲方就会出示相关文件，而乙方只能无条件接受。

前两轮的商务谈判主要是审核甲方对乙方的报价清单，最后一轮报价将是各位竞争者的角逐时刻，但也不表明乙方在前两轮的商务谈判中就只能被动应对。优秀的竞标者会抓住每一次与客户交流的机会，尽最大可能发挥自己的优势与善意。客户的招标过程并不是为了选出一个十全十美合作方，因为完美并不存在，而是要在竞争者中找到最出色的那一个，所以，竞争者的目标是比对手表现更好、更强就可以了。因此，抓住任何一个能够打动甲方评委的机会就显得尤为重要，于是，易谷网络又利用第二次商务谈判的机会，设计了一个客户感动点。

第二次商务谈判现场交流场景如下：

客户集采中心经理："为什么你们提供的耳机这么贵？其他厂商的报价不超过1000元，而你们的报价是2900元，是其他厂商的3倍以上。"

耳机选型是Peter已经事先安排好的，这也正是他设计好的。这个项目将购买8000多副耳机，其成本在总价中占不小的比例，正常的选型应该是能用就行。市面上500元左右的产品基本都能满足客户的招标文件要求。但是，他特意找到了全球知名座席耳机厂商，并选择了其中最为高端的一款。

见到客户发问，Peter站起来，接过客户经理递过来的三个盒子说："这是一个很好的问题，请让我借用这个机会来阐明我们本次报价的原则。作为全球超一流银行，本项目建设的本意是给用户更为极致的服务体验，提高服务与营销的效率，而不是以降低成本为主要目的。如果仅仅是为了降低成本的话，原有的系统根本没有更换的必要。那么，是谁在为客户提供服务呢？是我们的服务座席。他们每天佩戴着耳机超过8小时。各位专家都有佩戴耳机的经验，大家都知道，一副好的耳机不仅在音质上会给耳朵带来舒适感，而且在长时间的佩戴过程中不会给身体带来任何不适。我们希望贵行新一代的客服系统不仅能够给客户带来极致的服务体验，也希望能给我们广大的座席代表带来极致的体验，用更为舒适的耳机就是座席体验的一个非常关键的部分。”

说着，Peter打开盒子，取出其中的3副耳机，递给了集采中心经理：“这3副耳机都是我们推荐的，其价格从700元到3000元不等，建议贵行在现有客户座席中找3个人进行轮流盲测，让他们提供测试体验，评测可以涵盖佩戴舒适感、音质和操控灵活性。我们将为贵行提供座席体验最好的一款，而不管是否会由于成本问题影响我们的商务评分。另外，我也想和各位专家表达一下我们的第三方产品选择原则：选用最好的与最适合的，而不是成本低的。也希望各位评委在评标时能够给予关注。谢谢。”

这是一个很好的铺垫，因为从技术验证、解决方案、现场答疑等方面来看，易谷网络的表现应该是领先的。如果按照综合评分法则评标的话，很有可能是因为价格原因而功亏一篑，毕竟，“价格”是竞争对手手里的一张王牌。随着最后一轮出价截止日的临近，所有的竞标者都在计算着自己的和他人的综合得分情况，都在思考这张价格牌怎么打。

综合评分法这是几乎所有公开招标或竞争性谈判中甲方普遍使用的评标原则，即甲方会事先公布其得分原则，最终各项得分相加，分数最高的竞标者将被推选为第一候选人。公示后，没有其他特殊理由的话，第一候选人就是中标人。本项目公布的评标原则主要由以下 6 个维度组成：

- ▷ 公司资质，包括：系统集成资质、注册资金、CMMI 认证、公司规模、服务网点等；
- ▷ 案例情况，大型国有银行案例、股份制银行案例、大型联络中心集成案例等；
- ▷ 技术验证，即技术验证的结果；
- ▷ 技术方案，主要考察技术方案的完整性与技术领先型；
- ▷ 点对点应答情况，根据应答表现给出分值；
- ▷ 价格，价格最低者得分最高。

从上述的评分项中可以看出，前三项是客观分，每个投标人很清楚自己和竞争者的得分情况；第四、五项是客观加主观分，对于技术表现突出的竞标者，评委给出的评分都不会太差，除非是其违背了公平性原则。同时，这两项也很主观，要看评委的专业度与主观印象了。

这种情况下，价格分就显得尤为关键了。在有多名竞标者的情况下，价格分可以有 4 种得分模式：最低价者价格分最高、次低价者得分最高、平均价得分高以及甲方自主设计的得分原则。在任何情况下，有实力的投标人都不喜欢第一种模式，即最低价者得最高分，这是大张旗鼓地鼓励打价格战，但是，这一评分原则又是甲方最常见的选择。这并非是由于甲方预算不够或想省钱，而是在实际企业操作中没有人愿意为高价中标承担责任。因为在任何情况下，为企业节省费用都是没有任何毛病的。也许正是由于缺乏这样的担当，中国 2B 应用软件公司与系统集成公司集体沦陷。

第四节 中国企业软件服务业现状

发达国家的2B软件市场是非常成熟的，主要分为两类。一类是系统软件提供商，最有代表性的一个是提供桌面操作系统的微软，另一个是提供大型企业数据库与业务系统的甲骨文。这两家公司的主要业务收入都源于向企业客户销售其软件产品，其获利模式有3种：软件使用授权、维保服务与专业服务，这样的3种收费模式造就了两艘巨型航空母舰。当然，前提是企业客户愿意为软件产品付费，也愿意每年拿出预算来购买软件维保。这些发达国家的软件公司在全球各地，包括中国的收费模式都如出一辙。也就是说，是全球的企业客户为它们提供源源不断的资金支持。这些资金转化成了利润，加速了它们的研发投入。而研发出来的新产品又成为其利润来源，如此形成良性循环。对这一类公司来说，其核心的业务模式是软件复制，研发投入是一次性的，而复制却几乎是没有成本的。当然，为了保证客户满意度，它们也为客户提供基于自有产品的专业服务，专业服务的价格同样很高，又由于其专业性，用户也会为其买单。易谷网络在本项目的合作伙伴G厂，也是这样一类公司，不同的是其专注提供与联络中心相关的产品，就是这样一个垂直专业领域的产品也足以支撑起每年20亿美元的营业额。

另一类是为企业提供服务类型的公司，其服务包括咨询服务、专业定制服务、集成服务等。比较典型的代表是IBM与埃森哲，IBM的全球服务部门就是这样一个机构。当年在IBM面临危机的时候，郭士纳走马上任，用“大象也会跳舞”的理念拯救 IBM 于危难之时，采用的药方就是加强 IBM 的专业服务能力。在这方面，埃森哲更为细分专注，它一直专注于企业的服务与系统集成市场，甚至连自己的软硬件产品都没有。全球很多联络中心平台都是这两大集成商集成的，它们用自己的专业度，为客户提供解决方案咨询，将甲方选择的核心产品集成在一起，成为一个完整的解决方案，同时提供项目管理、专业化定制等服务。中国银行业联络中心建设的第一波浪潮中，担任系统集成商角色的也主要是 IBM、埃森哲等大型跨国企业。这种企业的获利模式主要是咨询、管理、定制与销售第三方产品。这类企业技术服务型公司的成功取决于其专业度，专业度越高，用户对其价格的敏感度就越低，而其专业度又来源于经验，是一个个案例积累出来的，用在美国的案例经验服务全球其他区域的企业客户。

在中国，也可以分为这样两种类型的企业软件公司，但是际遇却完全不同。2015 年以前，中国没有自己的大型数据库，没有大型的企业 ERP（企业资源计划）和 CRM 解决方案。中国成规模的企业软件产品公司基本是服务于中小企业的，如用友、金蝶等公司。当时这片土壤里长不出大型软件的原因是格局已经形成并呈板结之势，大型银行的软件投资都投向这三个方向：购买国外大厂商的成品软件、建立自己庞大的软件开发中心以及购买外包软件公司的人力。

在 IT 建设的初期，大型银行根本没有选择，所有的基础设施与软件产品只有国外的软件大厂商们具备，花巨资购买了软件授权以后，还要在每年的维保费用上投入大量资金，所以，国有大型银行花费大量外汇去购买国外大厂商们的成品软件和运维服务也实在是迫不得已。而 2015 年开始的“去 IOE”，仅仅去了部分 IBM 和 EMC 的硬件，甲骨文的大型数据库地位依然不可动摇，一直到中国大型互联网企业在核心技术领域的成长，才开始逐步撼动这些国外大厂商的地位。现在，人工智能、云计划、大数据等新兴的金融科技几乎全部实现了国产化，从这个层面而言，银行业真的应该感谢中国的 2C 市场，是它们养育了这些大型的互联网公司，让它们不仅有创新的动力，而且获取了创新所需要的巨额资金支持。其实，互联网公司下决心搞核心技术的创新也是被逼无奈，如果不创新，就意味着它们也需要像银行业一样给国外的大厂商们输出巨额成本，所以很多时候创新，真的是被现实逼出来的。互联网公司创新成功后，其成果赋能于政府、银行业、大型央企，又能获得利润继续研发投入，长此以往，民族复兴指日可待。

由于跨国技术服务公司的本土化程度不高，以及本土技术服务公司的专业化程度欠缺，各大银行纷纷建设了庞大的软件开发中心，它们用仅次于互联网公司的薪水、大城市户口、高稳定度承诺、高大上的办公环境网罗了大批优秀人才。无论是人才素质、规模，还是待遇水平等方面，都远远超过了那些传统的 2B 技术服务企业，这就把企业逼到了一个非常尴尬的境地，成了“三无”企业。它们没有巨额利润来源，没有优秀的人才储备，更没有像国外大厂商一样的专业经验，最终，它们沦落成了银行的人力外包。在中国，就出现了一类非常可笑的公司，这类公司靠为银行提供程序员外包赚取中间的差价，这就是马克思在《资本论》中描述的典型的靠榨取劳动者剩余价值的公司，我们名义上称之为软件公司，其实，从严格意义来说，这种公司就是人力资源公司。

这类公司不会去招聘成本更高的优秀员工，因其高流动性也不会刻意进行人力资源方面的培养，更不会拥有自己的产品。它们就做两件事情，获得外包项目时快速地招聘员工，人员冗余时即刻裁员。它们的核心竞争力就是人力资源能力。很显然，靠这样一类公司做专业服务或提供交钥匙工程的系统集成，是非常不靠谱的。于是，银行的软件开发中心就开始承担项目管理、系统集成的功能，银行也不再外购应用级的产品，而改为自己开发，这样就形成了中国的大型银行每家都在造着重复的轮子往自己的列车上装的局面。长此以往，中国的应用软件与系统集成公司将难有出头之日。

中国的软件崛起得益于 C 端互联网的发展，而 B 端的低价竞争又在损伤互联网企业服务 B 端客户的热情。大的银行自己做集成、做应用，小的银行购买应用软件，依赖系统集成商做集成。如果也采用低价竞标策略的话，这些应用软件公司除了沦落为银行的外包资源，别无其他生存的空间。这个趋势正在形成，大型银行人才往中小型银行流动加剧，现在中小型银行的人头计费模式业已成为主流。

央企 CIO 们的使命

中国政府一直在支持技术型企业发展核心技术，并大力补贴软件、芯片、人工智能等领域具备核心技术的企业，希冀造就中国的微软、甲骨文、英特尔、谷歌。但是这么多年过去了，像样的高技术公司没看到，反而经常会听到股东私分国家补贴的负面新闻。而真正的具备核心技术的企业并没有享受到补贴的红利，都是在市场中成长起来的，特别是2C市场中成长起来的BAT（中国三大互联网公司），已经成为了民族的翘楚。而2B市场，仍然没有成长出多少出色的高科技公司。

企业高新技术的投资很大一部分来自国家电网、“三桶油”、三大电信运营商、前二十大的银行等。这些巨型企业几乎占据了中国高新技术60%以上的采购，它们如果能够策略性地联合起来，有针对性地扶植国有产品，造就出优秀的企业只是时间问题。

20世纪90年代，电信运营商快速扩张的初期，需要采购大量的核心交换设备，当时所有的技术都掌握在AT&T、阿尔卡特、爱立信这些跨国电信巨头手里，每路交换资源的采购成本可以高达140美元。即便如此，它们在上海与青岛等地的合资厂门外还是排着等待设备的运营商车队，国产的同类设备一度140元人民币也无人问津。这当然有当时的国产设备质量问题的原因，然而当像华为、中兴这样的国产品牌得到运营商扶植的时候，它们快速崛起。用了短短几年的时间，就将运营商的每路采购成本降到了10元人民币左右，降价幅度达到了100多倍。而这种成本优势也迅速让中国的运营商成为了全球运营成本最低，但运营效率最高的企业。华为、中兴这两个民族品牌也由本土开始了海外扩张之路。

后来，中兴、华为凭借在中国市场形成的巨大成本优势，快速占领了海外市场，那些养尊处优的跨国巨头们节节败退。先是诺基亚和西门子合并，变成诺西，然后是阿尔卡特与朗讯科技合并，变成阿朗，最后诺西与阿朗抱团取暖，企图躲过来自中国军团凌厉的攻势。最终结果如何，我们不得而知，但是中国电信设备制造商的崛起已经成为事实。试想，如果没有民族产品的替代，中国的电信运营商成本应该会是现在的很多倍，那些跨国公司继续用高昂的价格剥削着我们，而我们毫无还手之力。

现在，国企的CIO们肩负着更大的使命，让中国的科技公司站在世界之巅！这一使命要求它们把握以下几个关键点：

建立客户认证体系。认证体系的目标是：识别出有愿景、有战略的高技术企业并加以扶植，也识别出假大空的企业加以遏制。可以根据客户的流程复杂程度、项目大小、难易程度等设立技术与服务的评价标准，在每一个项目完成后进行公正评价，评分进入公共数据库。

建立价格共识标准。根据服务级别设立价格标准，价格标准应该考虑到科技企业的利润与研发投入。招投标阶段的主要目的是对解决方案与技术进行评估，投标价格应该吻合价格共识标准，剔除太高与太低的投标人，除非投标人可以证明自己价格的合理性。如果这样的标准得以执行，那么投标价格的绝对值与计算公式将不再是重要的考量指标，价格的合理性将作为重要的评价标准。

购买产品，鼓励交钥匙工程。大型银行与技术公司的定价模式不应该是人力外包模式，而应该是产品提供与交钥匙工程模式。在人力外包模式下，每家企业都在不停地重复着造轮子，造成了社会资源的极大浪费。正确的方式应该是由科技公司来提炼客户的共性化需求，将其固化成产品，深度定制客户的个性化需求，让客户的解决方案更加适合其战略与愿景。对于集成项目不应该单纯关注其人力资源的投入，在关注过程的同时更加关注结果。

建立社会视角。大型企业的 CIO 们肩负着民族的使命，这就要求他们不应该仅仅是关注自己企业的成本，而应该是站在更高的高度，去关注科技企业、产业的发展，在技术、产品解决方案等方面给予指导，在现金流、运营方面给予支持。

如果央企的 CIO 们成立一个联盟，明确自己的使命，定期检验成果，中国的科技企业也会像电信设备制造商一样崛起。期望这一天尽快来临。

第五节　报价

最后时刻终于到来，B 银行给出了最后一轮报价的通知，要求于周五下午 6 点给出最终报价，然后进行封闭式评标，随后的一周内对外公布评标结果。最后一轮的报价策略 Peter 已经制定好了。制定策略并非易事，在这个项目上，出价越低，总分会越高。但是多低算低呢？没有人知道。另外两个竞标者是巨型公司，完全可以用巨额的补贴来打破易谷网络在技术方面已经形成的优势。而易谷网络没有这个实力，这个项目微亏还可以接受，但是如果发生巨额亏损的话，很有可能会影响到公司的正常运营。

在商务谈判的初期，其中一家竞标者就已经作出了不要预付款的承诺，这一承诺当然能得到客户的认可，并要求另外两个竞标者跟进。说实话，这是很不合理的，尽管很不情愿，也不得不从。作为一家专业公司，易谷网络的所有资源都放在了公司专注的专业领域，根本没有补贴本项目的其他利润来源，如果强行低价投标并中标的话，后果不堪设想。所以，Peter 只能决定用公司能够承担的最大风险作为出价的依据。即便这样，最终价格很有可能还是三家中最高的。

周五下午递交了最终价格以后，煎熬了两个多月的投标团队解散，大家都回到了各自的工作岗位，等待进一步的消息。

直到第五周，Peter 接到了公司的电话，客户经理在电话中告知客户要求和易谷网络进行沟通。

在得到通知以前，Peter 已经了解到了 B 银行的常规流程，如果一个候选人以最高价格中标，需要协商下一步的优惠政策，然后才能发放中标通知。现在的情况已经很明显了，也就是说，综合评分最高的一定是易谷网络，没有宣布其中标的原因也很清楚，易谷网络是最高价格。

果然，客户提出了降价的要求，这对易谷网络来说是非常艰难的，最后一轮价格已经是微亏的状态，而现在每降一次价格就意味着亏损的进一步加大。客户采购部门的策略也很简单，采用“拖字诀”，并暗示如果成本得不到有效的控制，本项目甚至有不做的可能。最终结果是，易谷网络以原报价降 10% 达成了最终成交价格。经历两个月的鏖战，易谷网络拿下了这个具有革命意义的项目！

第五章
交　付

招投标就像一个公开选“驸马”的过程，有志者皆放手一搏。处在成长关键节点的易谷网络，怎么可能不尽全力抓住这次飞跃的机会！相对其他投标者而言，易谷网络显得更有梦想。

一次次踮起脚跟，渴望被看见，展现出最光鲜亮丽的一面，只为让B银行相信易谷网络就是一家优秀的公司，有实力、拼耐力、加强表现力、提高说服力，被选中的结果也算功夫不负有心人。

而现在，到了交付阶段，荷枪实弹、刀光剑影，各路人马严阵以待，是骡子是马，到了该拉出来遛遛的时候了。

实战是面不会撒谎的魔镜，它能不辜负客户满格的期待值吗？各方都在拭目以待。

第一节 P805 批次——谷底

2018 年 3 月 14 日，易谷网络团队正式进场。比 B 银行原计划晚了 3 个月，时间耽误在了招投标结束到获得正式中标通知这个过程。照理说，计划的第一批次上线时间也应该往后顺延 3 个月，但是 B 银行的管理层在年初就将新一代客服项目作为行内 2018 年的 4 个重点项目之一，因此，2018 年一定要见到效果。这是一项政治任务。

2018 年 11 月 17 日，按照计划，项目第一期上线。这是行内年度第 5 次大型项目上线批次，在行内的代号为 P805，也就是 2018 年第 5 批次的意思。2018 年 3 月初，易谷网络拿到中标通知书后，第一时间成立了项目管理团队，并于 3 月 8 日与 B 银行的项目管控团队、业务需求团队召开了项目启动会，讨论工期安排。

B 银行指派的项目经理是任远，一位 40 岁左右的男人，个头不高，身材匀称，举手投足间有着军人气质。任远在技术验证阶段就是甲方项目领导，当时不太说话，给人一种沉默寡言的感觉。在制订工期安排的初期，他也没太多发言，然而在所有人都不能给出一个明确计划的时候，他站了起来，给会议定了基调：调动资源确保 P805 批次成功上线，所有安排必须符合这一前提，如有已识别的风险，立刻上升到更高级别的领导小组决策。

有了这样一个目标，任务排期就不能按照正常情况来了，而是用倒排期的办法进行资源的倒逼。在银行方确保网络资源、云计算资源全部到位的情况下，易谷网络必须在规定的时间内完成开发工作，进入功能验证阶段。

在任远的主导下，一份项目排期表出笼，按照这个时间表，易谷网络必须用不到 6 个月的时间完成第一期所有系统的开发以及内部的测试工作。这是一项涉及 17 个子系统、几百个业务交易流程、几千个 IVR 系统开发流程、多个系统对接的工作，这几乎是不可能完成的任务。此时此刻需要的正是担当、勇气与信念。任远已经代表银行方作出了资源到位的承诺，如果此时易谷网络“掉链子”，就会出现一个没有信任的开始。Peter 代表易谷网络给出了全力以赴的承诺。

组建团队

面对这几乎不可能完成的任务，易谷网络立即组建团队。李宝江被选任为第一任项目经理。他被选中的原因有两个：一是符合客户要求的项目经理必须拥有 PMP（指项目管理专业人员资格认证）证书的条件，二是他具备与大型客户打交道的经验，一直是平安集团的项目经理。作为项目经理，他的缺陷是对解决方案的了解不够，就需要在团队中加强整体解决方案的人员配备，当时在公司中的最佳人选就是万海荣。

万海荣在读研究生期间就已经进入邮政储蓄银行项目组，并作为主力干将成功交付项目。在公司已经工作 10 年，时任公司的专业服务总监，公司几乎所有的大型项目中都可以看到他的身影，他是本项目总架构师的不二人选。这个项目架构师的角色非常关键，不仅需要梳理清楚几百台虚拟机组成的 IT 架构，还要负责整个的通信架构、路由架构设计，需要清晰了解与银行方业务系统、既有系统、管理系统对接的所有接口。应该说，选对架构师是整个项目成功交付的关键因素。

本项目最大的开发量主要集中在三个部分，第一个部分是客户的入口，即 IVR 系统与智能 IVR 系统。既有系统经过了十几年的演进，在系统上开发的 IVR 流程多达几千个节点，要把这些节点重新做一遍，同时增加智能化组件，相当于是用短短 6 个月的时间完成既有系统的所有工作。后来的情况也证明，这是整个系统开发中最为艰难的部分，对于易谷网络来说，最大的困难是银行的交易系统，这方面的经验是它最为欠缺的。这个团队的技术骨干是平安集团项目组中负责 IVR 系统开发的宋明利，管理者是 B 银行旧线系统的维护项目经理侯敬辉，其余开发者 6 人，组成了一个第一期 8 人的 IVR 系统开发团队。

第二个部分是座席的入口，即多媒体业务工作台，这部分体现了新一代客服中所有的功能。它由 4 个子系统组成，分别是座席的多媒体联络、业务与交易系统、智能系统和工单。这个团队负责人的选择同样非常关键，因为这个系统是整个解决方案的核心，最能够代表易谷网络集成能力与通信软件开发能力，易谷网络的核心管理层一致认为，这个系统的开发负责人非刘杰莫属。

刘杰，身形精瘦，但全身上下充满能量，典型的极客形象。入职公司 3 年，毕业于西安电子科技大学，师从易谷网络创始人之一的杜军朝教授攻读软件硕士。研究生期间就作为主力参与了公司多媒体联络平台 Freelink 的核心开发工作，毕业后拿到了 BAT、华为等多个大厂商的邀约函，最后选择加入易谷网络，继续领导 Freelink 的开发工作。刘杰不仅自己具备很强的开发能力，在研发管理、团队培养方面同样表现突出，其带领的团队也是公司敏捷开发的试点团队，他作为这个核心系统的开发经理，应该会带领团队交出一份满意的答卷。

刘杰的多媒体业务工作台开发团队几乎调用了西安开发整个建制，团队有 30 多人，这个团队又分为几个小组，赵伟良带领的在线与 APP 联络团队、张龙带领的外呼团队、刘杰带领的工作台团队。赵伟良是刘杰的师弟，集才华与英俊于一身，他马上需要踏上为期两年的项目开发征程。

易谷网络刚刚成立的时候，在西安只有一个专职研发工程师，就是现在公司的首席程序员、副总裁牛国超。其他兼职的研发人员都是杜军朝教授的在读研究生，杜军朝教授是易谷网络的创始人，也是国内最早研究服务器的高手之一。公司前几个大型项目，如阿里巴巴、邮政储蓄银行、上海电力等都是牛国超带领这些师弟们完成的，直到 2012 年公司开始交付国家电网集中客服中心项目时，才开始建设和扩展西安研发团队。国家电网的集中客服中心分为南北两个分中心，座席规模达 6000 人以上，是全球最大的公共事业联络中心。易谷网络负责整个平台的集成，当中涉及大量的定制化与接口开发工作，以此为契机，西安研发团队的规模发展到 30 人左右。从 2014 年开始，研发团队在杜教授的带领下开发新一代的多渠道全媒体联络平台，刘杰、赵伟良、李国雄等高手陆续加入公司，团队开始发展壮大。B 银行项目的启动，占用了大量 Freelink 项目组的研发资源，但是这个项目并没有停下，仍然在牛国超、李国雄等人的带领下继续进行。

第三个部分是运营管理与报表系统，这个系统又分为参数管理、用户管理、单点登录、运营监控、运行监控、报表等多个子系统，是各系统之间的粘合剂，也是所有系统的数据集中地与数据处理中心。这个系统的开发工作落到了武汉研发团队的头上，由陈黎任研发经理，杨晓东任产品经理。

2014 年，武汉研发团队成立。当时联络中心系统由大量的专用硬件与软件组成，发生故障后，要找出故障原因并排除故障往往是一项很大的工程。为此，易谷网络依托一个原设备监控研发班底，成立了武汉研发团队，开始研发联络中心平台监控系统。后来，武汉团队又接管了平安集团的运营监控系统的开发工作。运营监控，就是对接联络中心中所有子系统所产生的数据，加以整理，为现场管理与历史报表服务。这套系统最初的想法来源于易谷网络当时的首席咨询师，现在是美团副总裁的孙媛。孙媛有多年的客服中心运营经验，在多个知名互联网公司担任过客服总监。她加入公司以后，就利用武汉的研发资源使其管理思路落地。后来这套理论说服了平安集团的客服中心管理者，准备加上公司的管理理念在平安集团落地。结果很遗憾，由于客户的管理机构发生变动，项目最终下线，但是易谷网络并没有放弃这套投入了大量研发费用和资源的系统，而是让武汉团队继续完善，并且也配套联络中心的平台集成进行销售。

陈黎是在平安集团项目运作的时候加入公司的，他是原用友软件的产品总监，加入易谷网络以前创立过一家游戏软件公司，当时易谷网络请他加入公司的目标就是产品化，希望一个有产品思维的主管带领武汉团队尽快实现在管理类产品上“零”的突破，而不是去做一个个项目。陈黎在内部团队的管理与培养方面有一套自己的方法，在B银行项目上，他主要发挥的是粘合剂的作用，需要和所有内部与外部的团队紧密合作，这需要很强的沟通能力，从前期的几个项目反馈来看，陈黎及武汉研发团队在沟通方面并不擅长，这会不会成为障碍呢？

不管怎样，在入场B银行合肥软件开发中心时，易谷网络的团队基本成形，他们是李宝江带领的项目管理团队，6人；万海荣带领的架构师团队与安装实施团队，15人；宋明利带领的IVR系统开发团队，8人；刘杰带领的多媒体工作台与业务开发团队，30人；陈黎带领的运营管理开发团队，30人；外加质检、排班、培训等产品经理与实施团队，共计100多人，启动996工作制，开始了B银行新一代客服的交付工作。

在新一代联络平台集成标竞争性谈判的同时，新一代客服智能化引擎的招标工作也在紧锣密鼓地进行，最终选出了3家智能化引擎的提供商和易谷网络一道进行智能化部分的交付。它们的分工如下：腾讯云提供基于语义理解的客服机器人引擎，科大讯飞提供智能IVR系统引擎，平安金服提供智能知识库。2018年3月14日，在易谷网络进场的同时，这3家厂商也派其交付团队进驻B银行合肥开发中心现场。

至此，合肥开发中心的新一代智能客服团队建制完成，列队如下：

▷ B银行软件开发中心的项目管控与质量管理团队，领队人是甲方的项目经理任远，任远也是整个新一代智能客服项目的总负责人；

▷ B 银行独立开发的工单软件团队，以及与易谷网络联合开发的业务软件开发团队；
▷ B 银行软件开发中心的测试团队；
▷ B 银行的业务分析师团队，一共 15 人，领队人是被年轻的女分析师称为大叔的汪毅，这是一位不到 30 岁的大叔；
▷ 项目总集成商易谷网络的上百人团队，项目经理是李宝江，总架构师是万海荣；
▷ 腾讯云的机器人交付团队；
▷ 科大讯飞的智能 IVR 系统交付团队；
▷ 平安金服的智能知识库交付团队。

以上各组组成了一个 300 多人的项目团队，这是一个营的规模，团队成员个个身怀绝技，开始了他们为期 600 余天的协同。

易谷网络团队

团队集结完成以后，Peter 召集易谷网络所有驻扎合肥现场的员工，在 B 银行软件开发中心体育馆的露台上，召开了现场动员大会，易谷网络的 100 多名员工聚集在一起，Peter 做了一场誓师演讲，以下是当时演讲的内容。

各位易谷人，中午好！

欢迎来到美丽的巢湖湖畔，非常抱歉，没有时间带大家去爬黄山游巢湖，而是聚集在这里进行封闭式开发。首先恭喜各位，你们是被挑选者，你们被挑选出来去交付中国甚至是全球技术最为领先、功能最为完整的一个大型银行智能服务与营销的整体解决方案，这是何等的荣耀！当然也代表着各位肩负着重大的责任。

在未来很长的一段时间内，你们将和中国最有影响力的客户以及最优秀的科技公司一起奋战。我们都是为了一个共同的目标，这个目标就是在实现 B 银行的业务需求的基础上，凝练出产品，形成核心的解决方案，打造有竞争力的智能服务与营销平台。你们不是在写代码，不是在安装操作系统，你们是在打造世界领先的智能服务与营销解决方案。

易谷网络倡导领导精神、勇于创新、卓越执行、坦诚沟通、精诚团结、善于分享的核心价值观，认可这些价值观并在实际工作中践行的易谷人组成了一个核心组织，这个组织就是易谷网络的精英俱乐部。你们当中有很多都是精英俱乐部成员，希望你们在团队中发挥领导作用，在工作生活中传承我们的核心价值观。也希望你们勇于担当，因为在这个过程中，我们会遇到很多意想不到的困难，克服这些困难的法宝就是我们的公司文化，就是我们所倡导的核心价值观。

你们在这个过程中将非常辛苦，为了追赶工期，项目组将启用996工作制，也许在冲刺的时期，你们的工作时间会更长。我非常不忍心你们这么劳累地工作，我们的客户和所有合作伙伴都会在一起，都会坚持到最后。但是，我相信一点，你们今天的坚持，一定会为公司和自己带来意想不到的结果！

是的，在所有的关键项目中都能够涌现出一批可以影响行业发展的精英。从大的方面来看，在中国的电信行业变革的时期涌现了马化腾、任正非这样的精英，也造就了腾讯、华为等一大批伟大的公司。从小的方面来看，现在活跃在联络中心业界的精英分子，基本是第一代联络中心的参与者。B银行的智能服务与营销平台建设项目是一个分水岭项目，这是业界第一次将智能化、全媒体、多渠道、互联网应用、业务应用等多个技术真正结合在一起集中交付的项目。本项目成功交付后一定会造就出一批智能服务与营销的精英分子、一个精英的团队和本领域中卓越的公司。希望你就是这群精英分子的一员，希望我们这个团队就是这个精英团队，希望易谷网络就是未来这个领域中最卓越的公司。

这个过程一定不会一帆风顺，你们会被客户质疑、被领导批评、被同事误解，在最艰苦困难的时候，也将是我们这个团队被质疑最多的时候。在这种情况下我们要始终坚持我们的服务理念：卓越执行，感动客户，要始终去做我们认为对的事情，要相信风雨过后，一定会阳光灿烂，山重水复之际一定是柳暗花明之时。我承诺，我会陪大家度过那些最困难、最黑暗的时期。

现场的管理人员要发挥领导精神，管理不仅仅是制定规则与执行规则，管理更多的是通过协同完成目标。现场的精英俱乐部成员也要发扬领导精神，你们要成为团队的核心力量，遇到困难的时候，你们应该站出来，带领兄弟们去克服困难。希望项目完成后，你们所有人都是精英俱乐部成员。

长时间、高强度的工作，需要的是健康的体魄，希望大家坚持锻炼，注意休息。项目经理以及团队中的大哥哥大姐姐们请关注团队的健康情况，一旦发现问题，紧急处理。

谢谢大家！

Peter 讲完以后，邀请了项目经理李宝江、总架构师万海荣、团队主管刘杰、陈黎等人分别发言，大家一致表示，即使任务再艰巨，也一定会全力以赴。这是一个集中的项目动员会，会议结束后，每一个团队也分别召开了自己的动员会和第一次的敏捷开发冲刺会议。第二天，项目交付正式开始。

事实证明，项目启动前期的会议非常重要。在开发前，如果能将所有的核心成员用更长的时间集中在一起，讨论清楚各自的任务与协同的方案，会事半功倍。这个项目前期的磨合还远远不够，这也是项目过程中出现协同问题的根源。

SOW 的解读

拿到中标通知书，召开项目启动会，组建交付团队，进场交付，这些事情一气呵成。但是，直到交付开始后的 1 个月，易谷网络仍然还没有与 B 银行签订正式合约。B 银行的组织架构复杂，其流程繁琐冗长在业界是出了名的，根据其需求制定的 SOW（工作说明书）是乙方开发的依据，按理说应该在充分分析的基础上才能签署，但是如果把 30 万字的需求说明书详细研读，讨论清楚以后再开始开发，时间可能已经过去了一半。修改后的 SOW 能否得到甲方的认可也是一个值得商榷的问题，很有可能无法符合其流程，根本不可行。在这种情况下，易谷网络决定不去纠结 SOW 的细节，先动手开发，在开发的过程中如果遇到问题就和甲方的业务分析师协商解决。这是一种敏捷的指导思想，但是要求现场的 BA（业务咨询师）具备决策能力，如果现场不能立刻决策的话，则会更浪费时间与资源。事实证明这种方式是有效的，很多需求问题都能在现场协商解决，当然也带来了一些边界问题，为后期的沟通带来了障碍，但是并没有影响到大局。

原厂商产品的深度定制化

真正棘手的是易谷网络在投标过程中所引进的管理套件，这是一个无法预计的问题。招标时，客户并没有给出详细的 30 万字需求说明书，仅仅提供点对点技术应答书。根据点对点要求，易谷网络采用了国外成熟的管理套件，当时并没有过多考虑定制化这些成熟软件会产生的开发费用。然而，等拿到详细的需求书以后，发现客户需求与成熟产品之间有相当大的差异，仅仅靠产品本身的功能根本无法满足要求。风险识别出以后，易谷网络的工程师立即找出其中的差异点，并与原厂商的专业服务团队进行了多次沟通，希望可以通过原厂商提供的开放接口进行定制化开发来满足客户的所有要求。但是沟通后发现，这样的方法仅仅能处理 60% 的差异化需求。这时还有一个办法，就是要求原厂商修改其产品，尝试后发现这简直是天方夜谭，原厂商修改区区 6 个汉化问题竟然要花去 1 个月的时间，如果要求其对成熟产品进行重构，不仅会耗费大量的时间，其要求的开发费用也将是一个天文数字。

为此，易谷网络项目组和客户召开了一次专项会议并达成一致：第一批次先按照产品的既有功能上线，从第二批次开始，易谷网络将利用原厂商提供的接口进行深度定制化，以满足客户的需求。对于通过接口开发也不能支持的功能，易谷网络将为客户重新开发。这是一份沉甸甸的承诺，很有可能让易谷网络既要付出原厂商产品的采购成本，也要对某些产品重新开发。尽管过了眼前这一关，但是成本不可控风险的种子也已经埋下了。

当然，对易谷网络来说，任何增加工作量的承诺都不见得是坏事，对原厂商产品深度定制化的承诺可以加强对原厂商产品的理解，定制过一次以后，再遇到类似的需求就轻车熟路了。如果原厂商产品确实满足不了客户的要求，需要重新开发的话，对易谷网络来说，也是一件好事，这就相当于客户提出需求，开发出产品后，由客户负责测试，等到客户使用以后，又可以获得一个宝贵的客户案例。从充实公司产品线、获得经验、增加案例的角度来看百利而无一害，这就是产品公司的思维。

但是，如果将自己看成是项目公司，其目标是用最小的成本完成客户交付，所有增加工作量的任务都会变成公司的成本。项目经理就必须不停地就开发范围问题和客户进行无休止的争论，最后在双方都极度不满的情况下，费力地推进项目。

如果将自己看成是人力资源外包公司，思考问题的角度又会不一样，目标又变成了用最低的人力成本实现利益的最大化。乙方不仅仅不关心产品的丰富与经验的获取，甚至也根本不关心项目是否成功，其关心只有一条，能否招到更便宜的人力用更高的价格包给客户。

易谷网络是一家“产品 + 项目”型的公司，既关注产品的丰富性、经验的获取、案例的增加，又关心交付成本。尽管有时候这是一个两难的选择，但是也必须找到当中的平衡点。后来发现，这个点应该由产品经理与项目经理共同把握，也就是说，必须能够识别出什么是产品，什么是定制化。说起来很简单，客户的共性需求是产品，而个性化需求是定制化。但是，在实际操作中的把握尺度却很有讲究，需要长时间的磨合才能适应。

这也是本书前面的一个观点：客户应该鼓励科技公司开发产品，而不应该仅仅是外包项目，或是外包人力。在项目中很难开发出好的产品，但是好的产品却需要在多个项目中历练。优秀的人才也需要历练，对人才来说，其基本素质很重要，企业应该用合理的待遇去招收高素质人才，给予其历练与培训的机会，不断提高其能力。当然，在这个过程中要动态提供与其能力相匹配的待遇，不然容易造成人力资源的流失。

不可否认，当时的决定也有将问题后置的嫌疑，后期的流程证明，在大型银行中引进成熟的管理产品是不明智的。先不说中外差异，各家大银行的业务流程也往往是独一无二的，流程固化的管理类产品根本无法通用。**大型银行的管理类产品适合轻引擎、大中台的开发方式**，所谓的轻引擎，是指产品的核心引擎一定要轻量化，要独立于流程又能够被所有流程所调用，这样的引擎一定要完全开放；所谓的大中台，就是将流程管理模块标准化、组件化，以便快速实现业务流程的开发，这一特点是易谷网络在 1 年后悟到的，当时并没有这么清晰的认识。

业务框架

多媒体业务工作台的开发团队率先进入开发状态，项目冲刺会以后，他们制定了用 7 次迭代完成一期项目开发的敏捷计划。多媒体工作台中有 5 个关键的组成部分：多媒体联络、智能化、工单、个人中心和业务处理。多媒体联络是易谷网络的传统强项，在前期就有很多的积累，这次基本上是将前期形成的产品模块进行重新组装，这个难度不大，但是要设计出好的体验，就需要有很深的功力。智能化就是将客户所购买的智能机器人、智能知识库、智能质检等产品应用到座席赋能上，用这些智能化的引擎开发静默座席、知识随行、座席助手等应用。这个方面尽管不像多媒体联络那样有经验，但是易谷网络已有积累。工单由银行自己的软件开发团队完成，易谷网络不用操心这部分的内容。个人中心是难点，本来的设计是将所购买的管理套件与自己开发的运营系统作为后台，在座席系统中开发个性化的个人应用，让座席可以在自己的工作台上看到班表、质检状态、培训课程、服务数据等，并可以进行请假换班、质检申诉、碎片化培训等操作。要实现以上功能，就需要对所引入的几个原厂商产品进行深度定制化。但是，由于原厂商产品与客户需求存在很大的差异，在第一期很难实现完全的融合，于是和客户的 BA 商定出一个临时的解决办法：用页面跳转的方式完成第一期上线的开发。

业务开发是易谷网络的短板，客户也早已考虑到了这一点，在招标时就已经安排妥当，这部分内容将由银行软件开发中心与易谷网络合作开发。易谷网络开发业务应用的前端操作界面，软件开发中心提供其业务框架供前端页面调用，业务框架中规定了接口协议与通信协议，这样易谷网络的开发工程师根本不需要了解具体的业务实现流程，将银行的核心业务平台作为一个黑盒子，只关心其中的输入输出项就可以了。

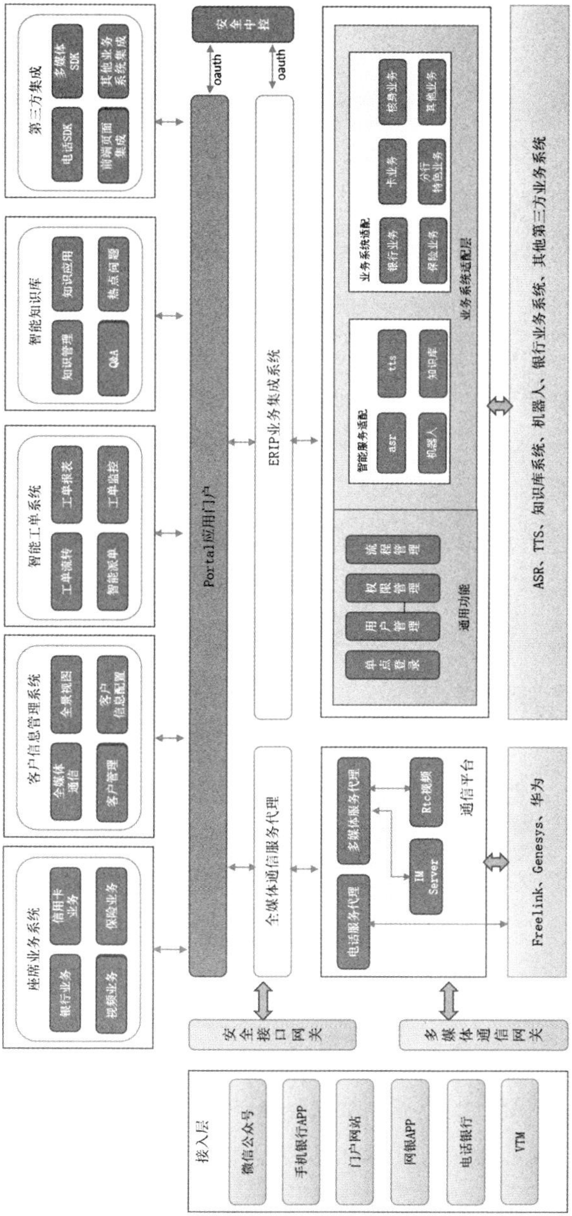
接入层
微信公众号
手机银行APP
门户网站
网银APP
电话银行
VTM
安全接口网关
多媒体通信网关
座席业务系统
银行业务
信用卡业务
视频业务
保险业务
客户信息管理系统
全媒体通信
全景视图
客户管理
客户信息配置
智能工单系统
工单流转
工单报表
智能派单
工单监控
智能知识库
知识管理
知识应用
Q&A
热点问题
第三方集成
电话SDK
多媒体SDK
前端页面集成
其他业务系统集成
Portal应用门户
安全中控
oauth
oauth
ERIP业务集成系统
全媒体通信服务代理
电话服务代理
多媒体服务代理
IM Server
Rtc视频
通信平台
单点登录
用户管理
权限管理
流程管理
通用功能
智能服务适配
asr
tts
机器人
知识库
业务系统适配
银行业务
卡业务
核身业务
保险业务
分行特色业务
其他业务
业务系统适配层
Freelink、Genesys、华为
ASR、TTS、知识库系统、机器人、银行业务系统、其他第三方业务系统

业务框架示意图

B 银行的业务框架是其软件开发中心的核心产品，前前后后用了 10 年时间才完善到了今天的地步。如果没有它，而是让座席工作台直接和其核心业务平台打交道的话，不仅复杂程度呈指数型增长，而且存在很大的安全隐患，可以说，这个业务框架是业务系统开发成功的关键。

在 B 银行项目开发的过程中，浦发银行率先在业界发布了其 API（应用程序接口）银行的产品。所谓的 API 银行，就是银行将其业务 API 化，然后开放给内部的应用系统（如客服、网上银行、手机银行等）、合作伙伴以及外部的第三方应用。

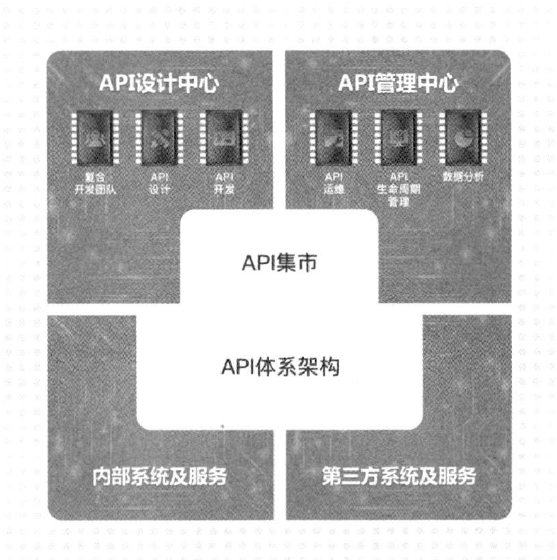

API 银行示意图

其实，B 银行的业务框架就是 API 银行的内部应用版本，在这个框架的基础上增加更多的安全封装、H5 封装以及不同的操作系统封装后，就可以成为 API 银行或银行的开放平台。业务框架很好地解决了业务系统开发所遇到的障碍，但是同样的问题也出现在了 IVR 系统业务流程的开发上，看到了座席系统的解决方案以后，IVR 系统开发团队也向银行方提出了使用业务框架的申请，但是遭到了拒绝。拒绝的原因很简单，座席工作台是合作开发，使用银行方的产品天经地义，而 IVR 系统是易谷网络单独开发，不能使用银行方的产品。在这里不得不吐槽一下这个僵化的体系，我们知道，业务框架升级后就会成为银行的开放平台，所谓开放平台，必须是开放的，而“开放”指的不仅仅是软件接口上的，更是文化上的。开放是很重要的互联网精神，拥有开放的文化才能拥抱互联网，用互联网赋能。既然 API 银行的目标是将业务系统开放给第三方，让第三方应用可以嵌入银行的业务，为什么连开放给为自己定制业务系统的集成商都不能呢？这让人不解。当然，银行是非常尊重流程的，只有流程合规的方案才能行得通，否则就难以实现。

易谷网络不可能在短时间内开发一个银行方用了 10 年时间完善的业务框架，但是可以在银行方专家的指导下完成一个简易版的、适合 IVR 系统业务流程的接口平台，这个接口平台的开发占用了 1 个月左右的时间，于是 IVR 系统业务的开发也耽搁了 1 个月，为后期 IVR 系统开发造成了很大的压力。

思路决定出路，事情总有两面性。如果从前面所说的产品思维来看，这是非常值得的，正是因为银行方拒绝了 IVR 系统开发过程中的业务框架使用请求，易谷网络才不得不下决心去开发一个适用于 IVR 系统的业务框架，而这个业务框架也能够适应座席业务系统的开发。由于涉及开发工期问题，银行方的专家用效率最高的方法对易谷网络的软件架构师进行了指导，让易谷网络用短短 1 个月的时间就理解了银行方优化了 10 年的业务框架精髓，并开发完成，一下子将易谷网络的银行业务开发能力提高了一个档次。这种能力在大型银行中并不会成为很核心的竞争力，因为大型银行都有一个能力强大、人数众多的软件开发中心，它们对业务框架的理解远超像易谷网络这样的系统集成商。但是在中小型银行中，这种经验积累就会像金子一样珍贵，未来的多媒体工作台产品的演进也证明了这一点。事实又一次证明了“向用户学习”是多么重要！

有了业务框架的 IVR 系统开发团队度过了第一个难关，当然，这才刚刚开始，往后道阻且长。第二只跳出来的拦路虎是业务开发的工作量，这次的困难和管理有很大的关系。

在 IVR 系统开发方面，易谷网络擅长通用流程的开发，而非 IVR 系统业务流程的开发，尽管有了业务框架的支持，还是要求开发者对业务流程要有很好的了解。为此，IVR 系统开发小组安排了 4 个人了解并开发业务流程，安排了两位高手开发公用模块，另外两名工程师开发其他流程。每位业务开发工程师进入业务流程开发状态，需要经过两到三周的学习熟悉过程，这种情况下，从管理上，应该安排冗余的业务开发者在团队中，以降低人员变动对项目进度的影响。但是当时易谷网络的人力安排已经非常紧张，根本没有冗余的资源可供调配。更糟的情况还是发生了，不可预测的人力变动出现在了很难被代替的 IVR 系统业务开发团队。

IVR 系统团队的开发经理是宋明利，易谷网络精英俱乐部成员，有着深厚的 IVR 系统开发功底。在平安集团 SIP 改造项目中，他就作为技术骨干支持平安集团成都开发团队进行了 IVR 系统流程的迁移。作为一个金融集团，平安集团的 IVR 系统流程复杂度远远高于B银行，当然，他们投入的时间和人力也数倍于目前易谷网络在B银行项目上的投入。当时选择宋明利也是因为他的能力与经验，但是在项目进展过程中由于家庭原因，他不得不来回奔波于合肥与西安两地，这对于大型项目交付的影响不言而喻，其实在这个过程中他既是主要的开发者也是管理者，尽管在疲惫的奔波过程中没有影响到他的开发工作，但是对管理工作一定会有所忽略。最初IVR系统采用的开发模式是竖井式，就是每个人都开发完整的流程，这种模式效率高、质量好，但带来的问题是，初级开发者效率低，代码质量也低。当业务框架方案代替了这种业务的竖井式开发模式以后，宋明利就与另一位开发高手合作开发供所有人调用的公用模块，这种类似中台的理念将开发效率大大提高。然而，996工作制的节奏、持续的高强度工作，再加上管理关怀工作的缺失，业务开发人员申请离职的状况还是出现了，导致了IVR系统开发工作状态进一步恶化。

对于人员流失导致项目风险的严重程度，甲乙双方的理解并不完全一致。银行是求职的热门单位，挤破脑袋才能进得去，尽管其待遇水准不见得比外界的科技公司高，但是由于户口、福利、稳定性等原因，人员流动性极低。银行的科技团队很少会考虑到由于工作强度大、工作地点改变等所带来的流动性问题，但是，这对科技公司来说却是致命的。

像易谷网络这样的科技公司，对于人力资源的要求是很高的，和互联网公司、银行的科技部门、大型的通信厂商的要求别无二致。但是，在稳定性上与银行相差甚远，薪资待遇上又与互联网大厂商、电信制造大厂商有一定差距。大型国企与银行的就业优势自不必说，互联网和电信大厂商以其超强的盈利能力能高薪养人，这些企业要么是在发展阶段根本不在乎成本，要么早已是千军万马中杀出重围的成功企业，它们人均毛利起步就是100万元人民币，所以50多万元的人均成本是很正常的。即便如此，它们的人均净利润依旧高得可怕。相对而言，易谷网络这样的企业在人力资源的招聘方面是非常尴尬的，它不能像初创互联网公司那样烧钱，因为没有一个动听的故事去说服投资人。对于投资人而言，做“系统集成—积累产品—为大型企业提供技术服务”并不是一个性感的商业模式。易谷网络也不具备大型互联网企业的超强盈利能力，如果按照人头提供专业服务的话，每人每天2200元人民币已经是很好的价格了，按照这样的计价方式，达到人均40万元的毛利是运营的极限。在这样的盈利能力下，与互联网公司竞争人才是根本不可能的。

既然不能用高待遇去吸引高端人才，就要想办法通过人力培养的方式，让自己具备造血能力，来提升公司的人力资源能力。所以，易谷网络的基础员工都通过了一定时间的培养，才能够在项目中发挥作用。对于大型项目来说，往往需要一边招聘一边培养上岗，这样就很容易造成人员流失，一是已经培养出来的员工具备了互联网公司需要的技能，被这些不计成本的公司用2倍甚至3倍的薪水挖走；二是新员工尚未被公司文化熏陶，在项目组996工作制的要求下，紧张的项目气氛和高强度的工作压力下产生了恐惧感，甚至有的入职不到两周就匆匆忙忙地离职，这样就进入了一个恶性循环。2010年至2015年，易谷网络从一个地方性的学院招聘了大量的应届本科生，经过一定时间的培养后，这些员工很快进入了工作状态，成为了公司的技术骨干力量。后来，他们中相当多的一部分被正在建设联络中心的互联网公司用

3 倍甚至 5 倍的薪水挖走。应该说，易谷网络的凝聚力是高于同类企业的，但是对于毕业两年左右的本科生来说，年薪 30 万元的诱惑力是无法想象的，足以让他们过上更有尊严的生活。从某种意义上来说，应该感谢敢于高薪挖人的互联网公司，它们让普通大学的毕业生看到了希望，而这对易谷网络项目造成的影响不言而喻。

就这样，在一个复杂度很高的大型项目中，易谷网络 B 银行项目组面临着高强度的工作、紧张的工期，同时又深受人力资源流失带来的极大困扰。

各开发团队

运营管理团队

陈黎是将整个武汉研发团队都带到合肥的，看起来这个团队的建制非常完整，有架构师、产品经理、测试员、程序员等，而这个团队也是被甲方、合作伙伴与内部团队抱怨最多的。这个团队是所有产品的入口与数据集中地，也是数据处理中心，这个团队需要与所有的其他团队打交道，与其他团队是紧密依存的关系，这就要求团队中的所有成员必须具备良好的沟通能力，但是这一点恰恰是这个团队所欠缺的。陈黎自己就是一个话不多的人，尽管其内部管理的分工协作搞得不错，但是横向沟通能力有所欠缺。在项目的前期，运营管理团队就变成了甲方与易谷网络项目管理团队眼中的“黑盒子”，在系统没有对接以前，没有人知道其中隐藏着多大的风险。在开发环境对接完成以后，所暴露出的问题让甲方的管控者与易谷网络的管理者几乎抓狂。在开发阶段的中期，运营管理团队是大家关注程度最高、问题最多，当然也是被指责最多的团队。

可想而知，当时陈黎和他的团队承受了多么大的压力。到了开发的后期，易谷网络的管理者也识别出了问题产生的原因，并作出了调整。但是贯穿整个交付过程，运营管理中的报表问题，一直是整个项目组最为头疼的核心问题。

运营管理团队的主要产出物都与其他系统有关系。参数管理子模块，管理着所有系统的参数，其目的是将系统中的参数进行分类，主要分成系统参数与业务参数两个部分，系统参数由运维人员维护，而业务参数则由业务人员根据审批流程维护。参数管理解决的是原有系统业务参数调整不够灵活的痛点，也是新系统的创新点之一。用户管理，管理着新一代系统中所有与用户相关的模块，客户系统非常复杂，联络系统、管理系统与业务应用系统等来自多个厂家，按照传统的方法就要建立多个用户管理系统，每进入一个系统都要采用不同的用户名与口令，而新一代系统要求用统一的用户管理来管理所有子系统的用户，这个模块和单点登录模块配合，可以大大简化新一代系统的登录过程。运营监控是监控运营过程中产生的数据与这些数据经过加工以后的展现，这些数据主要来自几个方面：

- ▷ 基表数据，数据基表是易谷网络的一款产品，它通过记录客户进入客服启动全部流程，形成数据详单，供报表与监控使用；
- ▷ 路由数据，指从 CTI 系统实时采集的数据，这些数据可以通过数据基表获得，但是为了追求更强的实时性，这也是一个重要的数据源；
- ▷ 业务数据，指座席业务工作台所产生的数据；

▷ 在线数据，指在线客服系统的数据；

▷ 机器人数据，机器人运营过程中所产生的数据；

▷ 知识库数据，智能知识库的相关数据；

▷ 工单数据，工单生成与传递过程中所产生的数据；

▷ 智能 IVR 系统数据，智能 IVR 系统运营过程中所产生的数据；

▷ 质检数据，质检子系统的数据，与运营管理系统质检存在相互传递关系；

▷ 排班数据，预测、班表等过程中所产生的数据；

▷ 培训数据，与培训考试相关的数据；

……

这些数据囊括了新一代系统的所有运营数据与过程数据，它们既相互独立又互为关联，找到数据之间的关联关系，加以整理与计算就能够产生实时和历史的运营监控报告。根据不同的角色，报告的呈现也有所不同，角色可以分为客服整体运营管理者、中心主管、班组长、业务单元主管、专家座席与普通座席代表等。历史数据的汇总与展现就是报表。

运行监控，监控的是设备运行情况。它需要展示设备的总体状况、设备之间的连接状况、设备上的板卡与主要部件状况、软件进程、告警信息等。

从以上可以看出，运营管理团队的工作内容是新一代系统运营的核心模块，需要在现场所有团队的紧密协同下才能顺利开展。在第一阶段，这个团队采用独立开发的模式，当然会大大降低协同效率。但这也不能全部归过于陈黎团队，这应该归属于管理问题，是总架构师应该关注的问题。P805 批次交付阶段团队的每个人都承受着巨大的压力，尽管已经识别出了协同问题，但是并没有找到有效的解决办法。运营管理系统的整体问题是在用户功能测试 UAT 阶段完整暴露出来的。

多媒体座席工作台与外呼系统团队

这是唯一一支在这个阶段有亮点的团队，一方面是因为它抽调了易谷网络西安研发团队中几乎所有的精兵强将，另一方面是易谷网络前期的积累。当然，还有一个非常重要的原因，是它的业务部分是合作开发的，与甲方软件开发中心的团队融合得非常充分。它是第一支对甲方的流程有充分了解的团队，得到了甲方充分的肯定。

路由团队

其功能是易谷网络的看家本领之一，现场的总架构师万海荣亲自带领该团队，前期出现的问题都能够得到快速而有效的解决。

质检团队

质检采用的是 Verint 原厂商的产品，按照前期的共识是不对本产品做深度的定制化，直接安装即可，但是 B 银行现场的业务分析师是一群非常严谨的业务专家，他们在产品的使用与研究中发现了很多问题，也怪这个原厂商不争气，产品上确实有一些很初级的问题，如：汉化不彻底、翻译错误、报告格式有问题、收件箱有 bug（计算机上存在的漏洞）等。现场业务专家的意见是必须改掉这些初级问题，才允许产品上线。如果这是易谷网络开发的产品，解决这些问题并非难事，但是由于它属于国外原厂商，协调其改动非常困难。改掉 8 个汉化问题，原厂商用掉了 6 周的时间，简直不可思议。

排班团队

排班用的是 G 厂的产品，现场业务也提出了优化意见，遇到的问题相对于质检还不算严重，基本能够协调解决，且为未来的深度定制化积累了大量的工作。

培训考试团队

培训考试也是G厂的产品，这又是一个令人崩溃的产品。在投标时，这款产品的设计理念打动了评委：通过运营分析，识别座席在服务过程中的技能情况，由此画出座席的技能图谱，可推荐培训内容，并根据考试结果，更新技能图谱，赋能座席不断进步。理念当然是好的，但是产品在系统上部署的那一刻，不仅客户的业务专家皱起了眉头，现场的易谷网络员工也被它震惊了，Peter在现场马上承诺：易谷网络将重新开发培训考试产品。当然，这又是一个庞大的工作量。

谷底

在做B银行的项目以前，易谷网络已经经历了很多大客户的考验，如中国乃至全球最大的国家电网、全球客户数最多的邮政储蓄银行、中国最大的网购平台淘宝等。这个名单在易谷网络获得B银行的订单以前就能够列出一长串，这也是B银行信任易谷网络，选择易谷网络担任总集成商这一重要角色的原因之一。初期，易谷网络并没有感觉这次的项目有多么不同，认为只是规模更大、范围更广、投入资源更多、工期更长而已，但是到了测试阶段，所有的不适应接踵而来。

B银行的测试分为以下几个步骤：

组装测试，验证各系统之间的连接情况，测试通过后进入功能测试。

准入测试，俗称冒烟测试，功能测试的第一个阶段。通过验证开发方内部的测试案例以及部分功能测试案例，来评判整体软件开发的质量以及问题修复能力等，决定是否对交付的版本展开正式功能测试。如果不准入，则代表前期开发工作的失败，版本将退回开发方。开发方需要进行整体整改，整改后方能申请进入下一批次功能测试。如果准入测试通过，则正式进入功能测试阶段。

功能测试，根据 SOW 编写测试案例，对所有开发的功能点进行全量数据验证。

功能测试准出，根据功能测试情况、缺陷修复情况等指标决定软件是否合格，准出意味着可以进行上线，不准出意味着软件开发失败，需要退回重来，或者将缺陷部分剥离。

演练测试，在上线前按投产流程部署演练环境，由投产实施人员和业务人员进行投产演练验证，演练成功，则进入生产环境部署阶段。

项目 P805 批次是一个很混乱的阶段，首先，必须在银行方规定的时间点上线，政治任务，不容有失。通过倒推制定激进的时间表，是否能顺利完成，甲乙双方心中都没有把握，所有人都知道这几乎是一项不可能完成的任务。Peter 心里一样没底，但是他经历过很多不可能完成的任务，如用 6 个月的时间上线国家电网全国集中项目，30 天的时间完成去哪儿网（全球最大的中文在线旅行网站）项目的整体上线。他很清楚，这种时候依赖的是团队的能动性，是所有参与者众志成城的决心。当然，也要有甲方的包容，仓促上线的项目一定会存在很多缺陷，需要在试运行过程中逐步修复。而且，计划中留下了 75 天的测试时间，他认为足够了，但是在准入测试中出现的问题，已经让他感受到了 B 银行各部门之间相互牵制所形成的严密流程，是多么地难以通融。

在其他大型客户的大型项目交付中，项目组内部会有一个决策机制，一般来说，现场的项目经理具有很大的管理权限，会统一协调与管理和甲方相关的业务、管控、测试等部门的对接工作。通过日例会，能协商与解决在项目执行中遇到的大部分问题。每周的领导小组会议，则拍板决定提交上来的关键问题，然后用会议纪要的方式将决定下发到各相关团队。这种决策机制非常敏捷，当然也会有为了快速上线突破管理流程的情况。

B 银行的项目现场在合肥，现场负责管控的经理是任远，他负责管控乙方研发与交付版本等。现场的测试组并不属于他的管理范畴，这样就形成了管理上的牵制，管控者不能以快速上线为目的指挥测试组放宽测试要求。业务需求解释由现场的 20 多名业务分析师负责，这个团队同样不归属于现场的管控经理，他们的领导者也不在项目现场，遇到问题需要通过远程解决，于是又形成了管理上的另一个牵制。按照职责与汇报线，现场的组织情况如下：

易谷网络的项目开发团队，分为管理、架构、开发、测试、部署等多个团队。

智能化产品项目组，由科大讯飞等公司的团队组成。

甲方项目管控组，负责开发过程管理、版本管理、质量管理与风纪管理。管控经理为甲方项目现场中的最高决策者，但是不负责决策测试、业务等相关事宜，在遇到上述问题时负责会议的组织与讨论，如果无法达成一致，则升级处理。

甲方项目测试组，负责准入测试、功能测试等，对项目是否准入以及是否准出具有建议权，决策权归属于其上层领导机构。

甲方业务分析师，对于现场遇到的业务问题具有解释权，决策权交由远程的领导者。

项目领导小组为项目最高决策机构，由业务部门和使用部门的领导、软件开发中心的副总、科技的副总等组成，负责决策所有核心事项，但是1个月也很难组织一次。

B银行的这套项目管理机制应该说是非常科学的，层层把关、相互牵制，任何人都很难突破严密的管理流程瞒天过海。问题就是不够敏捷，决策流程过长，且成本高。这对于易谷网络公司来说，很难适应，易谷网络追求的是“敏捷”，是遇到问题就去用领导精神解决问题的企业文化，倡导的是高效率、低成本。

遇到的第一个下马威是项目P805批次的准入问题。P805批次的工期已经紧张到了所有易谷网络的测试人员都参与了开发，自己开发自己测试，开发测试形同虚设，结果就是甲方测试组在验证易谷网络的开发测试案例过程中，发现通过率很低，直接导致了P805批次不准入。这可是件大事，不准入就意味着功能测试不能进行，项目不能如期上线，也将意味着由易谷网络所集成的、银行方最高领导所关注的，总共投入了300多人，每天工作12小时以上，历时200余天的新一代智能客服项目的第一期可能会以失败告终。这是一项艰巨的任务！

又是一个不眠之夜，Peter先是参加了现场的项目组会议，经过紧急协商讨论，最后，在各部门的努力下，领导小组决定延长准入测试的时间。

经历长时间的奋战，项目组的全体成员已经非常疲惫了，但生死攸关的时刻，容不得片刻喘息，新一轮的战斗动员又开始了。当时临近国庆，在所有人都在迎接长假时，易谷网络的核心交付成员在思考如何利用长假机会进行冲刺。

岳欣是易谷网络执行股东，时任公司COO，长假前两周到达合肥现场，他现场督战不仅仅是为了提高团队的士气，还要找出风险并迅速作出决策。为了确保项目可以如期交付，岳欣和B银行的业务部门沟通后，决定进行“瘦身”工作。此刻，识别关键的风险点尤为重要，即能够影响客服业务主流程的风险点，把所有的风险都指向了IVR系统小组。

岳欣在合肥现场紧急地和公司所有的项目经理召开了会议，以寻找解决IVR系统开发团队困境的办法，最后决定在国庆期间成立一个IVR系统攻坚小组，小组成员全是公司的IVR系统开发高手，他们从其他项目组赶来支援。公司专业服务总监查玮负责带队，和万海荣等4人一同加入易谷网络，公司中的大半IVR系统开发高手都是他培养出来的，他是攻坚小组组长的最佳人选。2018年9月30日，查玮带领10人的IVR系统攻坚团队来到合肥现场，他们要用一周的时间来扭转IVR系统的不利局面。查玮到达现场后，将IVR系统团队分为了ABC小组，各小组每天工作16小时，攻坚团队的高手到来，提振了原IVR系统团队的信心，工作热情高涨，工作效率的提高显而易见。到了假期的第4天，他们的工作成果就逐步显现出来，问题库中积累的问题数量开始下降，到了攻坚团队离开的时候，历史问题已经基本解决。

对于像岳欣与查玮这样的管理者来说，他们反思最多的是如何科学地提高效率。经验证明，正确的办法应该是将高手产品经理化，将他们的经验以及方法论提炼成工具化的产品，这样，业务人员就可以用产品来打造业务流程，工作效率自然就高了。有了想法，就马上执行，于是易谷网络的原子化 IVR 系统流程开发工具被提到了工作议程中。

基本解决了 IVR 系统的问题，P805 批次的功能测试开始进入有序状态，项目准出不成问题，上线也没有了障碍。B 银行的最高技术管理层在立项之初就知道这是一个异常复杂的项目，不可能像项目组制定的时间表那样一蹴而就。到了 P805 批次功能测试的后期，管理层对上线运行依然持谨慎态度，毕竟这是一个实时的通信系统，一旦发生问题，将影响到全行两亿多客户的服务，于是决定上线后先用白名单的方式对外提供服务。所谓的白名单，就是将系统开放给行内的使用人员，进行更大规模的测试。

2018 年 11 月 17 日午夜时分，B 银行北京数据中心大楼灯火通明，控制中心几百名工程师紧张地盯着电脑屏幕，敲击着键盘。这是 2018 年 B 银行 IT 系统规模最大的一次上线，当天晚上新一代客服白名单系统如期上线。

一波三折，客户满意度问题肯定会出现。P805 批次上线后的总结会议上，客户从几个方面表达了对易谷网络的意见：

一是前期计划与工作范围的问题，建议应根据实际情况评估、确定范围，可预先进行计划调整，再行排期；

二是管理与协同，项目经理应加强管控和协调能力，在开发、业务、测试、管控质检时起到桥梁作用，各团队质检的合作协同也要更紧密；

三是投入与组织，客户希望易谷网络加大在研发、质量、管理等方面的投入，同时在组织架构上增加一个管理中层，如项目经理团队，对所有研发团队行使管理权与考核权；

四是质量与控制，提高内部的测试与质量标准要求，建立公司级别的质量管理团队对研发质量进行整体把关。

可以说，客户的评价是非常到位、中肯的，发现的问题都是基于项目的，一个项目出现问题一定是和项目的管理、组织、人员投入、质量管控等有很大的关系。

对于易谷网络而言，所有的经验和教训都会沉淀产品与经验积累。快速而成功地交付像B银行这样的大型智能服务与营销项目，需要在以下方面具有足够的积累：

一是多媒体联络中心专业服务与技术架构，包括系统安装、IVR系统开发、路由开发、录音集成等，这是服务与营销联络平台的基础，也是本项目中最为关键的技术领域。这一点是易谷网络的强项，也是其成立10年来一直坚持的技术路线，易谷网络在本领域已经具备了较强的竞争优势。

二是联络工作台开发，从电话联络中心的软电话接口到多媒体时代的工作台。

三是业务监控系统与设备监控系统，为此易谷网络专门成立了武汉研发团队，前后投入了3年时间，产品得到了邮政储蓄银行、国家电网等客户的考验，已达到业界领先水平。

四是业务工作台开发，也就是本次开发最困难的，直接弥补了易谷网络的空白。

五是参数管理、用户管理、单点登录等模块。

六是报表开发，复杂、量多的报表系统很容易出现业务数据的集成与核对等问题。

每一次交付实践都在提醒公司的管理者，项目中出现的大部分问题与公司本身的积淀相关。因此，要有意识进行技术和产品的积累，以此为基础去完成项目的交付，每次交付又沉淀新的技术和产品，如此往复，专业度逐步提升，打造降本提效的利器，形成良性循环。那么，如何更快更好地积累呢？对这一问题的思考，促成了几个月后中台部门的成立。

第二节　P902、P904 批次——重振客户满意度

联络中心领域的客户满意度一直是个大问题，其最初的模式是“产品厂商 + 服务商 + 系统集成商”。产品厂商通过产品获得利润，也是最大利益的获得者；服务商往往是产品厂商的代理，其服务费用依赖于所代理产品的毛利水准，经常会出现产品厂商为了赢取项目而压榨服务商的情况，这也是客户满意度问题的根源；系统集成商不具备产品服务的能力，而服务商又不能获得足够的服务费用，如此恶性循环。这种模式还有一种情况：多家厂商 + 多家服务商，这种情况复杂度会更高，相互推诿的现象也会更加严重，客户满意度更低。

既然服务商与系统集成商是不可信赖的，客户就开始寻找新的解决办法，直接招投标产品提供商，由产品提供商承诺所有服务与集成工作。客户认为，产品厂商的规模相对较大，其承诺的有效性会远远高于其代理商或集成商，结果却并不尽如人意。某大型银行就深受其害。I 银行是一家大型银行，为了进行联络系统的 SIP 化改造，2013 年通过招标确定了某世界级别的大型厂商提供产品与服务，集成工作则由其自己的软件开发中心承担，但

就是这样一个梦幻组合用了3年的时间都没有完成。这种局面形成的原因很复杂，关键因素是价格、服务、需求之间的矛盾，厂商的销售部门与其服务部门在内部都是利润中心，是独立核算的。销售部门采用低价策略赢得了项目，而如此复杂的需求，服务部门的交付预算根本无法完成项目交付，结果导致项目上线一拖再拖。这个案例带来的结果是：客户起了个大早，却赶了个晚集，第一个做SIP化改造，结果反而成了最晚完成的大型银行之一，厂商本来想在大型银行树一座丰碑，结果却失败了。

易谷网络不是这样的公司，Peter和易谷网络的管理层早就对此达成了共识：出手要拿下，拿下就要做好，不管遇到多大的困难都要全力以赴。新一阶段开始了，重塑专业形象、挽回客户满意度，易谷网络必须为荣誉而战！

易谷网络的客户服务文化是从公司成立时就开始培养的，成立之初的易谷网络是一个“三无”公司，无产品、无市场、无技术储备，在这种情况下唯有将客户满意度做到极致，才能生存下来。于是，公司确定了“卓越执行，感动客户”的服务价值观，公司追求“仅仅让客户满意是不够的，还要用优质的服务让客户感动”的服务理念。为了进一步诠释这一理念，公司确定了服务的执行方针：

是自己的责任，坚决执行！

可能是自己的责任，坚决执行！

确定不是自己的责任，不推辞，不义务！

这一方针从公司成立开始，就在服务团队中宣传贯彻，并得到了较好的执行。可以说易谷网络的客户满意度整体保持得还不错，每一个员工都会将提升客户满意度作为自己的责任，一旦发生客户满意度问题，就会引起整个公司核心管理层的重视。

在与客户的一次非官方交谈中，客户这样说："我们当然知道这个项目的复杂程度，号称我们银行这几年'最大的外包项目'不是没有道理的，既然你们成为这个项目的总包方，就要全力以赴地做好它，不能留下任何遗憾。如果你们没有100%的完成计划，就说明有改进的空间，你们的努力我们也看在眼里，在这种情况下，我们就要关注项目的执行细节，关注整个流程，一起去扭转这个局面。你要知道，不管我们内部怎样质疑你们、指责你们，但是我们一直在向我们的同行推荐你们，如果给我们一次重新选择的机会，我们还是会选择易谷网络！"

那一刻，外表孤傲的Peter泪流满面。人生最痛苦的莫过于面对质疑却无法反驳，虽然识别出了运营风险却不能立刻解决，看着团队在拼搏却不能给他们成就感。那时，身边很多人都能感受到Peter身上的压力，而这一刻，他重燃信心。

项目进行到这个阶段，首要问题不是给团队加压，而应该从提高凝聚力、减压、改进工作方法、提高工作效率等方面着手调整，结合客户提供的工作报告和整改方案，管理层做了如下几个动作：

首先是提高团队的凝聚力，在这样一个大型项目中最重要的三件事：第一件是团队，第二件是团队，第三件依然是团队。只要团队在，项目就能成功。目前团队经过了300个日日夜夜的辛苦工作，相当疲惫，加上P805批次上线并没有享受到胜利的喜悦，反而感到了更大的压力，他们有很大的挫败感。提高团队凝聚力必须先鼓舞团队的士气，驱除团队的挫败感，从精神与物质两个方面进行激励。

易谷网络的核心价值观被精炼成"LIGHTS"精神，其实就是凝聚力文化，诠释如下：

领导精神（Leadership），勇于承担责任，识别问题并利用合理的资源去解决问题，这是我们应对挑战的万能法宝；勇于创新（Innovation），创新就是效率提升，不仅仅是革命性的突破，也是更有效的项目管理、更为快速的交付方法、更高的营销效率等；卓越执行（Getting things done），说到做到、注重过程、更追求结果，通过卓越的执行去感动客户；坦诚相待（Honest），让沟通更有效率，用礼貌的态度表达自己最真实的想法，坦诚的勇气，是胸怀，不是直白与伤害；精诚团结（Teamwork），相互支持、鼓励，承诺，是团队共同的担当，冲锋时相互依靠和团结，让力量更强；善于分享（Sharing），分享知识、感悟、成就，共担风雨。

文化宣贯通过公司的精英俱乐部、团队直播、日常会议、年度颁奖典礼等形式进行。精英俱乐部是公司的中坚力量，由中层管理者、加入公司年满 3 年的优秀员工组成，占整个公司总人数的 20% 左右，加入精英俱乐部，意味着进入了公司的核心层，精英俱乐部成员必须是“LIGHTS”精神的执行者与宣贯者，公司决定让 B 银行项目组的多名同事火线加入精英俱乐部，增加项目中精英俱乐部成员的配比。

春节前夕，公司年度感动客户颁奖典礼如期举办，这是为了奖励具备“LIGHTS”精神的优秀员工而举办的，活动充满仪式感，提名员工与获奖员工都有加入公司精英俱乐部的机会，并在股份激励时具备优先购买权。管理层特意将获奖名单向 B 银行项目组倾斜，不仅大力表彰，还播放了他们自己拍摄的心路历程短片，效果不错。

除了在精神上给予鼓励，在物质上，公司宣布：所有执行 996

工作制的项目组，基本工资上浮 30%；对于表现优秀的员工，在不执行 996 工作制安排后，上浮部分将成为其固定薪资的一部分。

通过一系列激励方案，团队的凝聚力有了很大的提高，又能以饱满的激情和昂扬的斗志迎接下一个批次的交付。

其次是给团队减压，长期处于高压下的团队是很容易出问题的，这就需要和客户沟通进度排期。

刚好 B 银行 P805 批次的项目经理任远需要回北京负责其他工作，接替任远的是长期在合肥开发中心的主管赵处，赵处是一位稳健型的管理者，接手后先调整节奏，把基础夯实以后再发力追赶进度。这一策略在当时是最稳妥的，可以在稳步交付的过程中稳固质量管理与管控流程，也符合 B 银行科技部门的作风。B 银行 P805 批次阶段的项目经理李宝江也接到了新的任务，被派往香港的一个项目组，他的管理风格与香港人严谨的风格更为匹配。在 P805 批次阶段的后期进入项目组的陈建新是宝江的 B 角，顺其自然地接替了项目经理的位置。2008 年，易谷网络的第一个大型银行平台集成项目是邮政储蓄银行，当时的业务开发商是新晨科技，陈建新就是当时新晨科技的项目经理，与易谷网络很有渊源，他有着非常丰富的工作经历与工作经验，对项目管理工作很有自己的理解与方法。应该说，陈建新的风格与 B 银行新项目经理赵处的风格是比较吻合的。赵处稳健而强势，行内人脉资源丰富，对于需要协调行内其他部门解决的问题，他都能找到相应的资源来解决，为易谷网络排除了很多障碍；陈建新处事稳重，善于变通，能够识别风险，遇到问题也会事先沟通并积极推动。

2019 年，B 银行的系统有 3 次大型的项目上线批次，分别是 6 月的 P902 批次、8 月的 P903 批次以及 11 月的 P904 批次，按照项目组提交的计划，经过业务部门的同意，决定按照以下节奏完成各批次工作：

P902 批次，集中解决 P805 批次的遗留问题以及所剥离的功能点，重新上线。

P903 批次，不做计划排期，8 月份打开白名单，试点行上线；9 月份在各分行推广上线；10 月份辖内全部分行推广。

P904 批次，完成所有功能点的上线，包括所有原厂商产品的深度客户化。

这份计划表确实可以减轻 P902 批次的压力，符合团队减压，夯实基础的既定方针，副作用是 P904 批次需要追赶所有进度。P904 批次最大压力来自 Peter 在 P805 批次初期向客户的业务部门所承诺的质检、培训与排班等几个原厂商产品的深度客户定制化，这个在当时看起来很痛苦的决定，最后为易谷网络丰富了质检与排班的产品线。

重塑客户满意度的第三个关键点是提高工作效率，这和工作方法和工作流程直接相关。要识别出前期阻碍项目快速交付的关键因素并提出解决方法，通过与团队的深入沟通，最关键的两个难点是 IVR 系统开发和报表开发，看似都是对业务理解的问题，实则是对共性模块提炼不够。

IVR 系统开发一直是个老大难问题，项目组采用了很多有效的办法，这些办法包括：提炼 IVR 系统开发中的公用模块，由高手开发完成，经过测试后在其他流程中进行调用，如：异常处理、报表数据、验密等；开发业务框架，在 IVR 系统流程与业务质检形成公用的 API，这一办法解决了 IVR 系统业务流程开发所遇到的主要问题，对整个项目进程的帮助是革命性的；采用助攻团队，

2018 年 10 月，助攻团队发挥了很大作用，后来助攻形成了一个机制，一旦其他团队有了空闲的资源，都会赶来 B 银行项目组帮忙。

应该说，P805 批次以后 IVR 系统的问题就不再是工作方法的问题，而确实是复杂度导致的，用 1 年多的时间完成客户积累了 18 年的 IVR 系统业务流程，难度可想而知。项目组开始想办法，怎样能化繁为简，让普通的开发者简单培训后也能从事 IVR 系统开发工作，通过人力的平行扩展来消化工作量。项目组快速作出反应，开发了 IVR 系统原子化服务工具，并规定了这个工具的主要功能是将复杂的业务流程包装成原子，普通开发者可以通过原子来组装成分子，而分子就是一个完整的 IVR 系统业务流程；所有组装好的分子能够通过挡板软件进行自我测试；IVR 系统的原子化服务应该是跨平台的，可以通过 API 支持所有的 IVR 系统平台；未来应该有图形界面，通过拖拉拽的方式开发 IVR 系统业务流程；利用这个工具，不懂软件开发的业务人员通过培训也能够掌握 IVR 系统开发。

项目组组建了一个由 4 人组成的 IVR 系统原子化服务开发小组，计划用 1 个月的时间推出第一个版本，为 IVR 系统海外业务开发服务。

数据中台和中间表

从 P805 批次的测试阶段开始，报表是另一块难啃的骨头，一张报表的数据来自多个系统，每一系统都需要进行数据核对，耗时耗力。P805 批次的报表是由一个单独的团队开发的，他们要负责数据的对接、展现以及数据的准确性。这种方法自然效率很低，由于报表在所有项目中都是最后完成的，前期很难识别出这个贯穿整个项目交付过程的风险点。直到最终决定自己开发质检系统，软件架构师张翼虎指出了这一报表开发流程的不合理。

张翼虎是资深软件架构师，全栈开发高手，加入易谷网络前在开发界工作多年，从事过企业软件、互联网软件等多种形态的软件开发工作，以资深开发顾问身份加入易谷网络，后加入中国银行项目组。在决定进行智能质检系统开发时，Peter 指定其为开发与产品总负责人，要求不仅实现产品功能，而且要作为一个未来通用的产品，可以独立销售与部署。质检系统需要与几乎所有的系统进行数据的相互传递与调用，这点和报表的数据采集系统是完全一致的。张翼虎发现，报表的数据采集用的是向其他系统去获取数据，然后进行计算与展现的方式。这样的数据传递模式在系统简单的情况下是没有问题的，但是如果需要对接很多系统的话，复杂度指数就呈增加趋势，于是，他率先在公司提出了“数据中台”的概念。

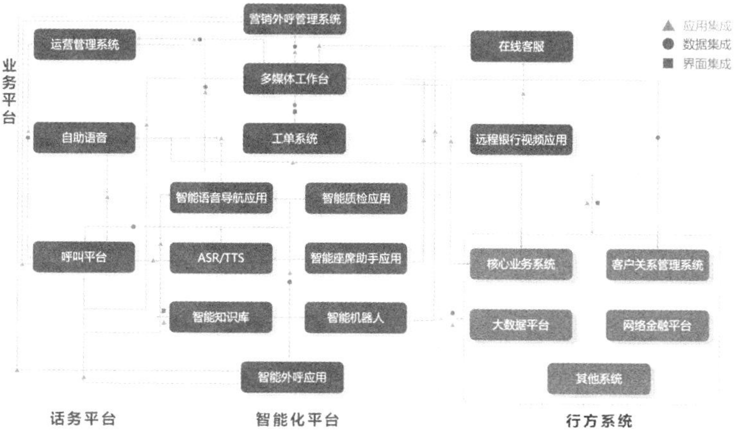

数据传递图

数据中台将存取智能服务与营销系统的所有数据，每个系统都通过事先定义好的数据网关与数据中台进行数据存取。按照这个新的架构，报表团队就不再需要和每个团队单独进行数据的获取与校验，直接从数据中台中获取就可以了，对于数据中台没有的数据，通知数据网关进行采集即可，这样就通过系统架构解决了协同的问题。

数据中台的数据准确性核对也是一个大工程，如果各子系统只负责存取数据的话，报表系统的准确性同样难以保证。于是，项目组要求每个子系统有专人对数据的准确性负责，后来这项工作的负责人由整个系统的总架构师万海荣负责。

万海荣接手后，又提出了一个“中间表”概念。所谓中间表，就是根据报表的数据要求，先进行数据整理，整理后的中间表可以直接供报表数据使用，或经过简单的运算后，成为报表数据的一部分。

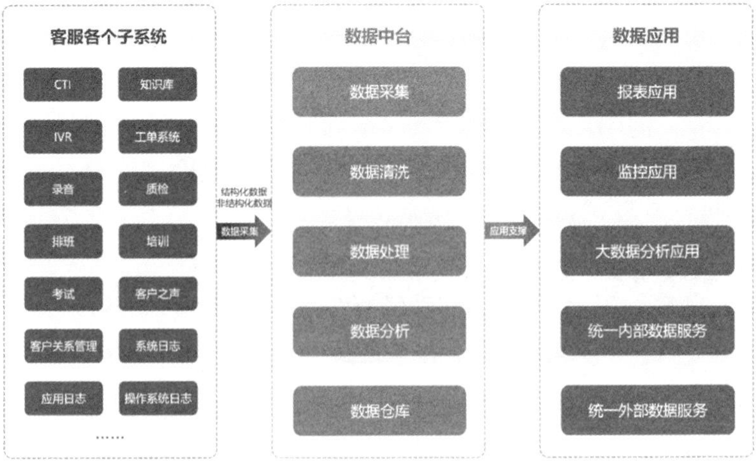

数据中台图

用数据中台和中间表去代替传统的基表与直接的报表展现，表面上看改变不大，但对系统架构来说是革命性的。在以前的大型项目中，数据传递要靠系统之间的约定与对接来完成，每增加一个子系统就要和其他系统重新完成一次对接工作。而数据中台，是通过数据网关这一产品化的架构来完成所有数据的对接工作，在这种情况下，增加一个新的子系统，只需要增加一个新的数据网关即可，而且对其他数据的读取接口已经固化到了新的网关上，数据的准确性以及读取效率都已经得到了充分的验证。中间表，则是将复杂的报表计算过程中间化，是对报表数据的一个预处理过程，可以大大提高报表的运算效率以及报表数据的准确度。后来，在中银香港、成都银行等几个项目交付的过程中这两个概念从一开始就采用，对交付效率的提高起到了显著的效果。

尽管报表的交付还有很长的路要走，还有很多未知的困难，但是通过架构的整理以及合理的分工基本走上了正轨。至此，团队稳定，进度可控，最难的问题也找到了解决办法。随着 P902 批次上线，试点运行，全国推广工作也在有条不紊地进行，等待项目组最大的考验是 P904 批次，在这个批次必须实现前期的承诺，就是完成项目的整体功能。

第六章

共享开发中台及架构调整

“成功的企业善于总结”这是被誉为“经营之神”的松下幸之助，在成立松下电器研究院时讲话中说的。他还说：“企业做到这个规模，一定要总结。我们要看看，我们究竟是做对了，还是做错了。对的，我们坚持，错的，我们改正。”

总结，就是在一个节点上对过去学习和实践过程的再思考、再认识。按照认识论的观点，人的认识要经历从感性到理性、从理性到实践的过程。任何企业在成长的路途中都要经过从无到有、由少渐丰、反复磨炼的过程。一个进取的企业应该是一个认真总结的企业，包括善于从经验教训中提炼组织智慧，勇于直面经营管理的弱点问题，能够找到障碍发展的主要因素。每一次总结都应该是去粗取精、去伪存真、由表及里、由外及内的系统深入的思考，是一次头脑的风暴、心灵的修炼、理念的创新、思想的升华。

成功是宝，教训是金。成功经验和失败教训都是企业的宝贵财富。对于当时的易谷网络来说正是如此，靠着坚持和强凝聚力的企业文化基本完成了B银行的项目交付，其中也暴露出诸多管理方面的问题，该如何从中总结经验，改善组织架构，这将是一场蜕变。

第一节 中台战略

“数据中台”概念的引进极大地提高了与数据相关的报表、监控、实时展现等子系统的开发效率，明确了各子系统之间的接口关系，是系统无限平行扩展的基础。这个概念让人眼前一亮，迅速将目光投向了当时炙手可热的“中台”话题中。

2017 年，“中台”概念出现，到 2018 年已经被多家互联网公司认可并实现，但是没有听说过传统的企业或给企业提供技术服务的公司实施“中台战略”。而“数据中台”只是“中台”的一个部分，但就是这样一个小部分就解决了很大的问题，不由得让 Peter 和他的管理层动了要实施“中台战略”的念头。

易谷网络作为一家小公司，不可能像当年的华为那样大笔一挥花费 3 亿美元，邀请 IBM 来进行战略咨询与流程再造，所有的管理创新必须从公司的核心层开始，核心层将自己说服了、理解清楚了，就可以向下传递，根据公司的实际状况逐步实施和调整，以符合公司的发展。Peter 先研读了能够找到的最完整描述“中台战略”的书《企业 IT 架构转型之道——阿里巴巴中台战略思想与架构实战》，尽管这本书讲的是互联网企业的中台战略实践，不是从企业技术服务公司的角度来说的，但是思想都是一样的，对他启发很大，现节选部分内容将“中台”的概念和大家分享一下：

2015 年底，当大多数企业忙着进行年度工作总结和下一年规划时，阿里巴巴对外宣布全面启动阿里巴巴 2018 年中台战略，构建符合 DT（数据处理技术）时代的更具创新性、灵活性的“大中台、小前台”组织机制和业务机制，即作为前台的一线业务会更敏捷、更快速适应瞬息万变的市场，而中台将集合整个集团的运营数据能力、产品技术能力，对各前台业务形成强力支撑。

与任何公司一样，阿里巴巴组织架构的战略调整势必对公司现有组织架构、部门间的协作等各方面都将带来深远影响。战略执行到位，3 年内达到战略调整所设定目标，对业务的创新和支持将带来巨大的影响，假若没能很好地控制战略执行过程中带来的风险，对组织架构的动荡过大，都会给现有业务带来不小的影响。

阿里巴巴为什么会在这样一个时间点作出如此重大的决定呢？这还要从一次商务拜访说起。2015 年年中，马云带领阿里巴巴的高管，拜访了位于芬兰赫尔辛基的移动游戏公司（Supercell），这家号称是世界上最成功的移动游戏公司，以《部落冲突》《海岛奇兵》《卡通农场》等游戏知名。Supercell 是一家典型的以小团队模式进行游戏开发的公司，一般两名员工，或者 5 名员工，最多不超过 7 名员工组成独立的开发团队，称之为 Cell（细胞），这也是公司名字 Supercell（超级细胞）的由来。团队自己决定做什么样的产品，然后以最快的速度推出产品的公测版，看看游戏是否受用户欢迎。如果用户不欢迎，迅速放弃这款产品，再进行新的尝试，在此期间几乎没有管理角色的介入。团队研发的产品失败后，不但不会受到惩罚，甚至会举办庆祝仪式，以庆祝他们从失败中学到了东西。这样的模式使得 Supercell

公司成为了年税前利润 15 亿美元的游戏公司。2015 年，APP 畅销排行榜上 Top 10 的游戏中，Supercell 公司开发的游戏占据了榜单的大半江山。在笔者撰写此书时，2016 年 6 月，腾讯公司以 86 亿美元收购了员工数不超过 200 人的 Supercell 公司 84.3% 的股权，每一名员工人均贡献的估值超过 3.54 亿元人民币。

笔者对 Supercell 公司模式的理解是，这家游戏公司经过 6 年的时间将游戏开发过程中公共、通用的游戏开发素材、算法做了很好的沉淀，企业文化充分鼓励员工进行创新，甚至进行试错，才使得他们在开发的众多游戏中以最快时间找到那些用户真正喜爱的游戏。这种强大的业务试错能力是 Supercell 公司相比于其他游戏公司最大的差别，也是最核心的竞争力。其他的游戏公司难道没有想到学习这样的模式吗？答案一定是肯定的。为什么其他游戏公司不具备 Supercell 公司这样的能力呢，我觉得很多人忽略了 Supercell 公司所构建的“中台”能力，抛开个人水平高低的影响，Supercell 公司在多年的游戏研发中积累了非常科学的研发方法，并构建了体系，使得今天公司可以支持几个人的小团队在几周时间就能研发出一款新游戏，并进行公测。

Supercell 公司的模式给参加此次拜访的阿里巴巴高管们很大的震撼，在大家的心得交流和反复讨论中，一个非常重要的问题引起了很多人的反思：信息时代的公司架构到底应该是怎样的？正是有了这次拜访才真正让阿里巴巴的领导层有了足够的决心要将组织架构进行调整，在此次拜访的半年后，集团正式启动 2018 年“中台战略”。

所谓的“中台”概念，并不是阿里巴巴首先提出的。从字面意思上理解，中台居于前台和后台之间。其实在阿里巴巴启动“中台战略”之前，有一个被很多外界熟知的“厚平台，薄应用”架构，说起这个架构则不得不说其中最为重要的一个部门——共享业务事业部，这个部门的产生、演变和发展在笔者看来都极具代表性和参考价值。

这就是“中台”的概念以及阿里巴巴实施“中台战略”的由来。作为互联网公司，阿里巴巴的“中台战略”是为其运营体系服务的，最终的结果也表明，“中台战略”的实施让阿里巴巴可以用很少的开发资源快速搭建出前端应用系统，让其在市场的快速变化中立于不败之地。

易谷网络是一家企业服务型公司，没有自己的运营平台，所做的工作都是为客户搭建应用系统，这样的业务模式对中台就提出了新的要求，但是中台的战略思想是一致的，就是提高效率。“中台战略”对阿里巴巴来说，提高的是运营体系的效率；对易谷网络来说，提高的是产品研发与客户定制化的效率。

本着这一目的，易谷网络的管理层对自己的“中台战略”提出如下目标：

▷ 定义整个公司的前端与后端的开发结构；

▷ 定义公共架构模块，使之成为公司 IT 架构资产，如：参数管理、用户管理、统一登录、审批流程、流转流程等；

▷ 提炼公用的开发模块，使其在公司层面得到统一应用；

▷ 提炼通用工具，供软件开发与专业服务部门使用，如原子化 IVR 系统流程开发工具、原子化路由开发工具、图形化流程设计工具等。

2019 年 7 月，根据这个目标，P902 批次上线以后，公司核心管理层召集研发部门与专业服务部门在合肥召开会议，进行研发与服务架构的调整，并发布部门职责要求。

在这以前，易谷网络的开发部门是由两个平行的开发团队组成：西安团队和武汉团队。西安团队依托西安电子科技大学，由公司的首席程序员牛国超逐步建立起来，所有和联络相关的开发全部由西安团队完成。其产品从基于第三方联络平台的软电话开始，先后积累了基表、IP 音视频联络、多媒体工作台等。

2015 年，公司开始了独立知识产权的多媒体联络平台的开发，多个研发高手加入，形成了以攻克难关、完成技术验证为主流的开发文化。从公司经营来说，这样的开发文化却存在致命缺陷，由于产品化程度不够，每次新的项目交付都面临着一次新的重构。于是，除了引擎方面的产品外，其他产品都存在着多个并不融合的版本。

当初设立武汉研发团队是希望发展出一个联络站中心设备监控软件。当时的联络中心核心设备基于复杂的交换机，外围的硬件设备是服务器、网络交换机等，如果开发一个能够监控语音交换机、服务器、网络交换机的监控软件，同时监控 IVR、CTI 等系统软件的运营状态，将对联络中心的运维产生巨大的价值。武汉团队主要来自一个本地的通用设备监控开发团队，在这个基础上叠加联络中心相关的专业监控可以很快见到成果。但是由于联络中心正在抛弃传统的语音交换设备，往软件化方向发展，这个监控系统即使开发完善，市场机会也不会太大。于是武汉团队的研发方向除了设备监控以外，又发展出了联络中心运营监控、精细化管理等几条产品线。这些产品都经过了客户的验证，但由于版本管理混乱、客户定制化程度较高等情况，始终没有形成完整统一的产品。

第二节　核心产品开发

研发团队调整的目标是先提炼出一个共享开发中台组、多个产品组以及一个核心后台开发组。中台组的定义已经清晰，后台组也相对明确。后台组负责公司的核心产品开发，由牛国超带领，主要针对两个方向：一个是公司已经形成了核心竞争力的多媒体联络平台，另一个是智能化引擎，这部分内容尚未开展，但是既然公司致力于智能服务与营销，就必须具备智能化引擎，这样解决方案才够完整。

新成立的共享开发中台组集中了公司除了后台开发以外的所有精英，中台组总监由4位开发高手轮值担任：张翼虎、刘杰、张涵（武汉软件开发团队总架构师）、王岩，要求每一轮值周期内都要给出中台的输出计划，轮值完成后由所有研发主管对结果进行评价。

由产品经理和产品开发经理组建产品团队，定义出公司正在研发过程中的所有产品，要求产品开发必须基于中台，每一款产品开发团队不得超过7人，产品经理们所定义的产品列表如下：

- ▷ 多媒体业务工作台与IM，这是在B银行交付过程中所提炼出来的最重要的产品，它集多媒体、智能化与业务处理为一体，是所有子系统的入口。IM是指客户端与座席端的应用，不包括IM的后端模块，IM后端模块由牛国超带领的后台部门负责开发；
- ▷ 智能外呼，依托于联络平台的智能外呼系统，由外呼规则、外呼流程、外呼应用、智能化引擎等组成；

▷ 智能质检，依托于B银行需要，与智能引擎配合的质检系统，可以做到全量质检，不仅可以质检人工座席，亦可以质检智能座席；

▷ 培训考试，依托于B银行需求，以视频会议为基础的培训考试系统；

▷ 运营监控与运行监控，将话务监控与设备监控融为一体，既能监控业务的健康度又能监控到设备的健康度，而且可以相互交叉分析；

▷ 工单，与联络中心相关的工单生成、工单流转与工单监控；

▷ Freelink 多媒体联络平台，这是唯一的后台产品，需要支持原生的多媒体多渠道，能够代替目前所有的联络平台。

经过调整后的研发组织架构图如下：

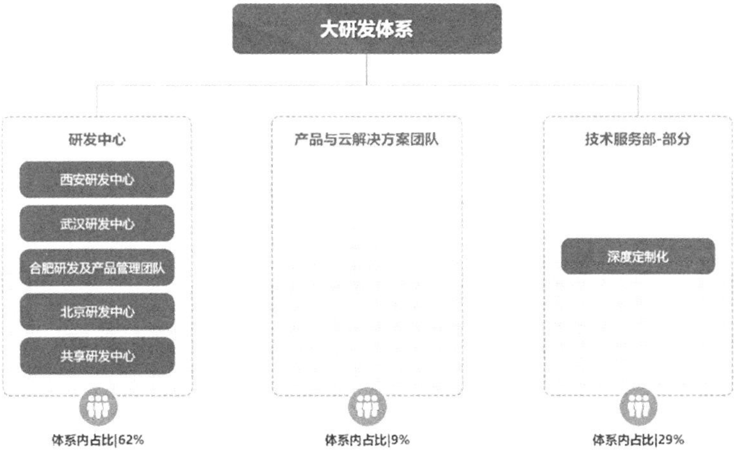

研发组织架构图

没有被划为后台、产品与中台的研发工程师，全部划归到专业服务部门，为客户提供个性化与定制化服务。

这次的研发组织架构调整强调效率、产品与核心竞争力。“中台”的概念很大很宽泛，易谷网络的共享研发“中台”概念比较实际，将高大上的外衣脱掉，“中台”就成了公司的公共模块、公共架构资产、共用工具的集合。这些公共的部分被限制在公司一个统一的框架中，所有产品的开发与定制开发没有特殊原因必须采用这个框架，以及框架中由“中台”概念开发出来的模块。这样至少可以保证公司的架构是统一的，大家不需要重复工作。

当然，易谷网络的共享开发“中台”针对的是智能服务与营销解决方案，这就将自己的特色给定义清楚了，目标也很清楚了：只为提高智能服务与营销解决方案中的产品与专业服务（客户定制化）的效率。

“中台”的目标是提高产品开发效率，而产品是为了提高交付的效率。有了产品，才能保证项目交付的快速和高品质，才能保证客户的强满意度。

所有研发团队办公室的墙壁上都会有对研发理念的陈述：**“到用户中去，向用户学习，凝练用户的共性化需求，将其沉淀成产品；深度定制用户的个性化需求，为用户打造个性化应用。”** 这个理念的前半句最重要，即将客户的共性化需求打造成产品。易谷网络认为，当实现客户的需求后，50% 的需求可能是共性化需求，另外 50% 是个性化需求，再去开发下一个同类客户时，又可以凝练 20% 的共性化需求，这样就变成了一个良性循环，产品功能会越来越丰富，定制化要求就会越少，交付效率就会越高，这个过程的关键点是凝练共性化，拥抱个性化。由此，可以成为这一领域的专家，通过松耦合的方式开发少量的个性化应用，就能轻松交付一个项目。

软件公司往往会走两个极端：一是希望只卖产品不定制，持这种观点的公司往往将微软作为效仿的对象，受到郎咸平所谓的“软件的本质是复制”这一口水话的影响，认为自己开发的是一个放之四海而皆准的软件，所有企业都可以用，开发完成后复制得越多，收入也就越多。这个观念没有问题，但是世界上只有一个微软，还没有另外一个仅仅靠通用软件就变成世界顶级企业的案例，即使是苹果公司也是依赖自己的硬件带动着软件的复制与销售。原因很简单，通用的软件要么像微软那样一统天下，要么像苹果公司那样与硬件绑定，要么像安卓那样开源。企业的软件市场也是如此，通用的软件只能像财务软件这样的工具化软件，任何能够体现企业个性化的软件必须定制，只是要分清楚产品与定制化之间的界限。

二是只定制不打造产品。这种公司将所有的项目都当成一个个独立的项目去完成，银行自己的软件开发中心、大型企业的 IT 三产、只为几个大客户服务的软件公司基本都是这种开发模式。它们不追求专业性，目标只是满足客户需求，它们认为一个项目成功的关键是需求范围、合理的计划、有效的组织、严格的质量控制体系，因为它们的每一个项目都是一个新的开始。

易谷网络立志成为一个“产品”加“深度定制化”的公司，将自己限制在智能服务与营销领域，在没有产品时通过为客户定制化进行学习与产品提炼，在具备产品形态时就不停地在交付的过程中打造产品，拥抱定制化。易谷网络要求所有的客户需求的研发评估要严格区分成两个部分：一个部分是可以完善产品的，这部分不管客户给不给费用都要去做，这种情况下，相当于客户在帮忙提炼需求，打造产品；另一部分是个性化部分，对于这部分需求则需要给出合理的报价。

再回头看一下 B 银行 P805 批次阶段的交付，让易谷网络在很短的时间内去交付这么复杂而庞大的项目，如果在项目交付的初期，易谷网络已经进行了智能服务与营销相关中台的积累，在一些主要的子系统上已经产品化的话，整个交付就会简单很多。

项目交付步骤：第一步是总架构师与子系统架构师设计并部署整体架构；第二步是部署所有业已成形的产品；第三步是在中台的技术上根据产品的 API 进行定制化。这样可以节省 80% 的产品开发时间，50% 以上的系统定制化时间，50% 以上的产品测试时间，测试可以专注于定制化部分进行。总体效率不仅能够提升 60% 以上，而且由于原子化开发工具的提供，业务流程开发不需要资深的软件工程师，略懂软件的业务人员也可以胜任，这样就会降低对交付团队软件开发能力的要求，让交付效率不受专家团队的影响。

B 银行项目交付的时间是一个逐渐悟到中台与产品的重要性的过程，易谷网络也才会下决心打造自己的智能服务与营销共享开发中台，下决心凝练相关的产品。截至 2020 年 6 月，易谷网络就应该具备比较成熟的共享开发中台，以及前面所定义的系列产品。当然，这个过程不会一帆风顺，做项目本身就很难，做产品更难，一边做项目、一边做产品难上加难！

第七章

智能服务与营销之集大成者

何谓企业愿景？

企业愿景是指企业的长期愿望及未来状况，组织发展的蓝图，体现组织永恒的追求。

企业愿景也是企业的发展方向及战略定位的体现，是企业家的立场和信仰，是最高管理者头脑中的一种概念，是最高管理者对企业未来的设想。

企业愿景更是对“我们代表什么”“我们希望成为怎样的企业”的持久性回答和承诺，不断地激励着企业奋勇向前，拼搏向上。

第一节　基于前中后台的智能服务与营销整体架构

智能服务与营销的探索之路

联络中心领域客户满意度低，属陈疾旧疴，根源在价值分配与服务的专业度上。用户预算的大部分利润被通信厂商拿走，留给服务商的残羹冷炙难以支持其圆满完成交付，自然也就丧失了提升服务的积极性。

易谷网络创立之初就是看到了这其中的机会，如果服务专业性和满意度足够好，就可以获得服务整个联络中心平台的机会，只需要一家服务厂商便能够支持联络中心平台中所有的子系统，为客户提供统一的、整体的服务。这样不仅可以为客户节省成本，同时提高服务商的服务收益，还能持续拓展服务的专业度与广度，大大提升客户满意度和服务商的价值。而不用像以前那样，将联络中心平台拆分成多个子系统，由不同的厂商带着各自的服务商自行交付，而导致质量参差不齐。

本着这样的理念扬帆起航的易谷网络，首要目标是秉承其服务理念，不断强化服务的专业性。于是，打出了“**依托全球一流资源，打造具备创新能力的服务型企业**”的愿景规划，说得直白点，就是做一流通信厂商的代理，为客户提供专业服务，由此发展了第一批客户。

做平台的服务只需要具备通信与 IT 技能，而用户预算的重头是在业务开发以及与平台相关的开发工作，要想提升公司价值并获得更高的服务收益，就必须让自己的服务能力再进一步，不仅提供服务，还要提供整体解决方案，提供与联络中心平台相关的开发服务。2012 年，国家电网整体平台集成项目开始交付的时候，公司下决心建立一支研发团队，开始布局联络中心平台的整体解决方案交付与开发。2014 年，易谷网络又成立了武汉研发团队，布局平台监控与运营监控。公司的愿景规划也随之调整为“**企业多媒体通信解决方案与专业服务的领导者**”，有几层含义：一是定位在企业多媒体通信领域，这个领域包含联络中心与企业内部通信，业界称为 UC&C（统一通信与协作）；二是产品专注于解决方案与专业服务上，“解决方案”指的就是系统集成，而“专业服务”是服务与开发能力。实践证明，在企业内部通信市场要想有所突破困难重重，一方面是由于个人通信技术的迅猛发展，使员工对企业通信平台的依赖越来越低，企业的投资意愿下降；另一方面是这个领域的竞争压力远超联络中心，投入产出比很难支持公司的发展。反而，在联络中心领域，易谷网络得到了长足的发展，特别是 2015 年左右兴起的智能客服领域，有了更大的机会。于是，整个公司的研发与解决方案完全投入了智能客服领域。

B 银行的技术验证后，易谷网络建立了智能服务与营销的体验中心，并提出了“五个智能化”的整体解决方案设计，进一步增强了在智能客服领域的核心竞争力。2018 年，随着 B 银行第一期项目的交付，易谷网络将其愿景定义成了“**智能服务与营**

销之集大成者”，借用的是孟子对孔子评价中的一句话“集大成也者，金声而玉振之也！”这一转变定义了未来5年的发展战略：第一是公司从通信技术领域转型到业务集成领域，服务与营销指的是业务，而技术是支撑；第二是智能化应用，不仅要在通信技术方面发展，还要发展人工智能的应用技术与人工智能的核心引擎；第三是集大成，智能服务与营销解决方案融合了多媒体通信技术、人工智能技术、云计算技术等多个技术领域，同时还需要对业务、运营等方面有足够的积累。要成为集大成者，就必须在以上所有方面具备核心解决方案与整合能力。这对公司的整体要求当然非常高，这也是客户热切渴望的一类公司，为其提供交钥匙工程的智能服务与营销整体解决方案，易谷网络立志成为这样的公司。

要想领跑行业，应首要提出集大成者的解决方案与整体架构。

通过总结B银行交付的经验，以及学习先进的互联网公司研发管理经验，易谷网络受益匪浅。一方面通过研发架构的调整让研发更有效率，另一方面对产品有了更为清晰的定义，所有项目交付围绕产品进行，而不是完全的重新开发与定制。

目前，国内的中小型银行也开始规划自己的智能服务与营销平台，其设计理念和B银行极为相似，但是其投资规模却与B银行有天壤之别，如果以B银行的投入来实施中小银行的解决方案，将血本无归。这时，已积累的成形产品和大型银行销售解决方案与专业服务立刻就有了价值，由此，产生了向中小型银行销售产品与引擎的思路。

已提出的“五个智能化”（联络智能化、业务处理智能化、管理智能化、决策智能化、运行智能化）的智能服务与营销的顶层架构设计在当时是领先的，并且非常符合业界对于智能客服解决方案的理解。经过了1年多的实际交付，在客户的业务部门、技术部门，以及科大讯飞、腾讯云、平安金服等众多顶尖高手与团队的激发下，经历了踩水坑、爬陷阱、遇困境、解难题的全过程，再加上银行业的开放平台架构、大数据精准营销等新的解决方案，以及金融科技赋能的新热点，公司正式提出了新的智能服务与营销整体解决方案。

新的智能服务与营销解决方案脱胎于“五个智能化”，又是其升级版，它弥补了在整体架构上的缺失，增加了精准营销、开放平台、智能门户等概念，是一个完整的、可交付的方案架构。整个解决方案分为前台、中台、后台三个部分，符合金融科技的核心思想。克里斯·斯金纳（Chris Skinner）在其《FinTech，金融科技时代的来临》一书中，对于这个核心思想是这样描述的：

新世界要求旧世界的银行必须转向一个属于新世界的，基于要素的整合模式。传统的、纵向整合的银行将经过一段时间，转向这个新的、基于要素的模式。很明显，有三步要走：

▷ 把后台转到云上去；

▷ 实现中间层的资源开放；

▷ 在前台提供出色的用户体验。

在云上的后台

为了回应FinTech的兴起和价值互联网的发展，金融、经济和世界正在通过数字化和技术发生巨大的变化。现存机构中的7个关键技术要素使巨变成为可能：后台的云和大数据，中台的API和即时连接，前台的社交媒体、手机和APP。

后台的两项重大技术改变与云和大数据有关。通过网上的集中服务，云赋予了在任何地方提供产品的能力。大数据使银行能够在连接上网络的任何地方使用服务，并提出目标精确度更高的一对一建议。

开放中间层

如果第一个基础材料是云和大数据，那么，第二个基础材料就是 API 和即时处理。

第二个基础材料有关通过优秀的运营来连接前台和后台的中间层。正是这一部分让公司得以把产品带到客户面前。在价值互联网中，有了数据分析，产品与客户的关联性会更强。

在此空间提供金融服务和价值的公司，需要确保它们的产品或服务，在每一个适合的时机都能出现在客户面前。特别需要考虑的是，公司不再和客户面对面，所以设计 API 是接下来要做的事情。

以客户为中心的前台

在价值互联网中，新的业务模式是通过开源即时 API，基于数据的云共享服务来打造产品。现在，让我们看看前台和客户层，即手机和社交。

很多人把这一层看得最重要，因为在这里供应商和客户的关系更加密切。但事实不是这样的，很多人误解了终端用户关心的价值。他们关心的是：“谁拥有客户？”但更重要的问题应该是：谁是客户？

通过选择，在个性化层面，做大量的金融处理，这才是争抢客户的战争真正发生的地方，而把人和网络连接起来则是业务战争发生的地方。20 世纪的战场是电话，以及把产品连接到电网之中。到了 21 世纪，关注的重点已经变成把人连接到网络上来。有些公司会专注人员层面，而有些公司则专注内容和过程。

如果没有合作的产品供应商（出版商、制造商、商店）和处理者（邮局和快递公司），亚马逊公司不可能成为今天的零售业巨头。在亚马逊公司的零售业务中，它既没有创造产品，也没有对产品进行处理，但它做得非常好的一点是通过专注于客户体验，从而平衡客户关系。

在未来，还会出现我们喜欢的银行。银行认识到，它们不需要创造任何金融产品，只需要以客户感觉最舒服的方式提供服务。

这是新业务模式的本质，每个东西都成为价值交换生态系统中的一个功能组件。如 API、APP，都是银行整合的价值交易中的功能组件。这就是未来银行业的蓝图。

基于前中后台的智能服务与营销整体架构

基于前中后台的智能服务与营销整体解决方案，与克里斯·斯金纳所描述的银行前中后台的概念是高度一致的。前台是客户的服务门户与营销触点，也是服务与营销的作业流程，强调客户体验与员工的业务处理体验；中台是管理、数据与工具，强调开放性；后台是能力平台，部署在银行的私有云上，提供智能化与多媒体的通信能力。

智能服务与营销前台　针对客户的服务与营销的整个处理流程，称为服务与营销前台。包括服务通道与服务门户、营销触点与营销门户、服务处理流程、主动与被动的营销流程等。其中智能化应用是为了提高服务效率、提升营销精准度、通过生物识别进行风控并为员工赋能。全媒体通信技术应用是为了在客户与员工之间建立沟通。

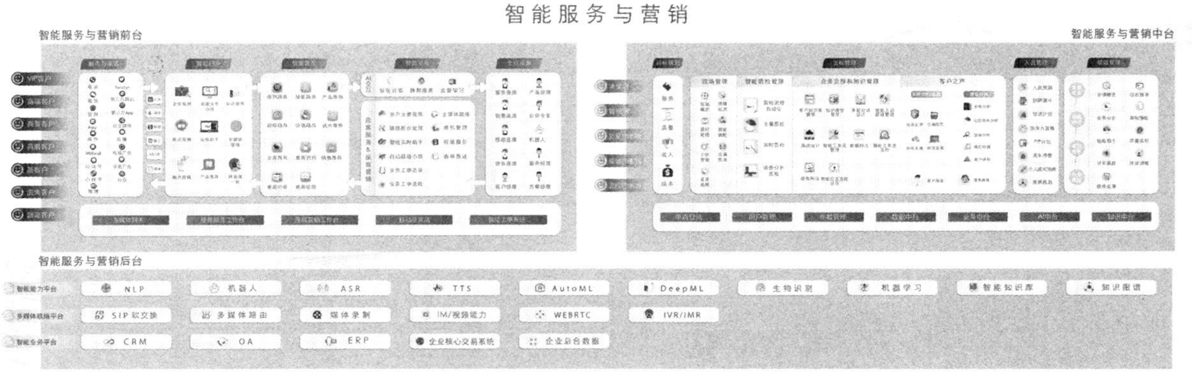

基于前中后台的智能服务与营销整体架构图

基于前中后台的智能服务与营销整体架构图二维码

智能服务与营销中台 包装后台能力为前台提供服务、从前台获取数据进行分析与展现的所有子系统，称为中台。分为数据中台、业务中台、工具中台、管理中台、智能训练中台等。

智能服务与营销后台 为前台与中台所提供的能力平台称为后台，包括智能化能力平台、联络能力平台、核心业务能力平台等。

下面就让我们从前中后台的架构出发，阐述一下各部分的详细内容。

第二节 智能服务与营销前台

智能服务前台

智能服务前台流程如下：

第一步：客户带着自己的画像通过服务入口进入企业的服务门户，去获取服务。这里面涉及两个概念，一是客户画像，二是服务入口。

客户画像 企业通过自有数据或第三方数据为客户提炼的个性标签，这些标签也可以在服务与营销的过程中由人工进行标注。

服务入口 是指客户的服务通道，通用的通道有电话、官网、APP、微信公众号、小程序、第三方网站、第三方 APP（如抖音、大众点评、美团）等，银行业的特殊通道有物理网点、手机银行、网上银行、微银行等。

第二步：意图预判与识别引擎，对于进入服务门户后的服务请求进行服务意图判别。

意图预判与识别引擎 用于识别客户的服务意图，以便进行服务资源的对接。预判依据来源于客户的历史服务记录与业务办理流程分析，可以基于规则，也可以基于机器学习。意图识别引擎在置信度不高的情况下，可以引导客户进行多轮交互，交互方式可以是语音、文本或点选。在电话通道中，用语音进行交互的识别方式就是智能IVR系统，它比IP通道的识别多了一步语音识别与语音播报功能。

意图静默座席 不管是在电话通道中还是在IP通道中，都有可能出现识别引擎无法识别客户意图的情况，出现这种情况后应该将会话转到人工座席进行识别。人工座席识别完成后，通过历史数据对识别引擎进一步训练。

服务门户 服务门户分为语音门户和IP门户，语音门户的功能比较单一，基本就是做意图识别，当然也可以根据客户的意图发送简单的语音推荐信息或推送短信。IP门户的入口为IP通道（如网站、小程序、APP等），其展现的信息比较丰富，可以根据客户的意图推荐丰富的营销信息，或引导客户进入智能知识库进行自助服务；也可以提供直接与人工座席沟通的音视频入口，直接完成服务请求。

第三步：服务资源匹配，根据客户的服务意图与服务目标，为其匹配相应的服务资源，服务资源可以是人工智能也可以是人工座席，这期间涉及的概念如下：

服务机器人 直接为客户提供服务的人工智能。

静默座席 在服务机器人置信度不高或客户出现负面表达时，辅助人工智能服务的人工座席称为静默座席，静默座席也是服务机器人的训练师。

规则路由　根据客户的服务请求按照技能、忙闲程度等规则设定的路由。

统一路由　无论从哪种渠道进来的服务请求都按照统一的路由规则路由，同时强调跨渠道的一致性。

预测式路由　一种新型的、基于人工智能的路由方式，可以根据预设的目标通过机器学习对路由策略持续优化，其关键点是业务目标的设定以及持续的比对优化，依据是客户画像与员工画像。

第四步：座席处理服务请求，系统会通过多媒体联络、人工智能、业务开放平台等为座席赋能，其中涉及的概念如下：

知识随行　根据客户的语音、文本等识别客户的语义，并根据语义从知识库中抓取知识，自动推送给座席，供参考、编辑或直接发送。

座席助手　识别客户的语义、情绪与关键字等信息，为座席提供服务建议，出现极端情况时会提示上一级别的服务资源介入或接管。

个人中心　展示座席的个人服务情况统计、班表通知、改换班申请、质检与绩效考核通知与申诉、培训考试、技能图谱等。

多媒体沟通　在渠道允许的情况下，座席可以随时根据服务状态在不同媒体之间进行转换。

多媒体服务工作台　将多媒体沟通、个人中心、座席助手、知识随行等模块集成在一起，并具备业务处理能力的座席应用系统。

第五步：处理完成的服务请求被打包成可以关闭的工单进入中台，或成为可以流转的工单进入下一个处理环节，同时生成价值信息进入中台或商机库，进入商机库的信息将被销售人员获取，完成服务转营销的流程。

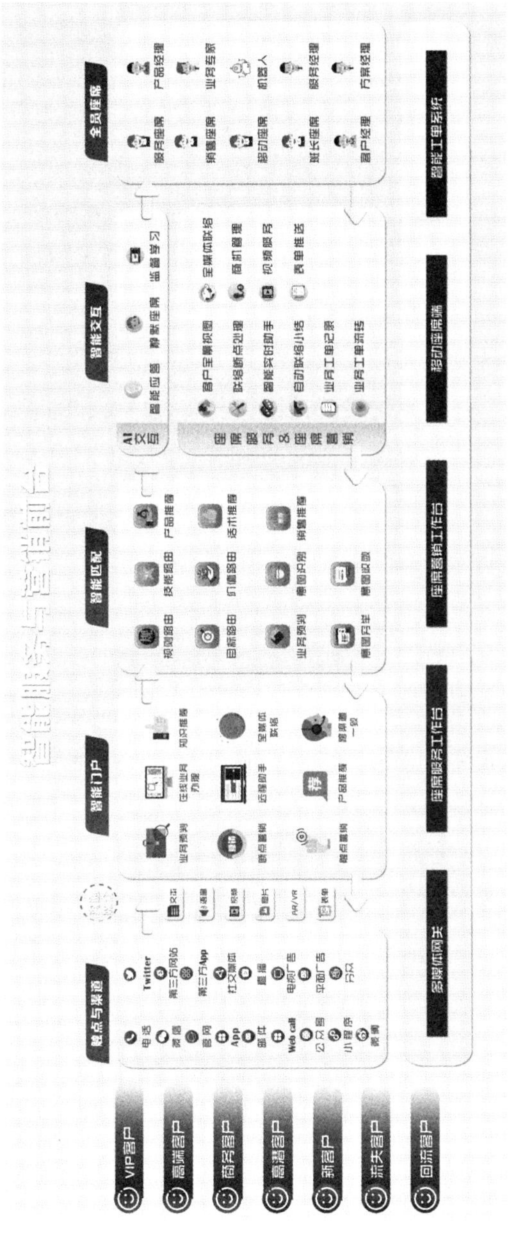

智能服务与营销前台流程图

智能营销前台

触点营销 在前台中，为营销而预设的入口称为营销触点，营销触点可以是视频或平面广告中的二维码、电话号码，也可以是自建IP渠道的连接、直播平台的连接或第三方网站与APP的连接等。客户通过触点进入营销门户，营销门户可以展示广告产品，可以留存客户信息，也可以直接与人工进行营销交互。客户留存的信息将转变成私域流量，由人工进一步营销。

主动联络 通过系统或营销工作台向客户发起的联络称为主动联络，主动联络可以通过传统的电话方式，也可以通过企业微信、微信公众号、短信、邮件等渠道。所有企业的员工都可以通过统一的主动联络平台和客户进行联络。

智能外呼 系统主动对客户发起呼叫，然后利用语音识别与语义理解识别客户意图，并按照业务规则进行引导，独立完成营销流程或为人工筛选出意向客户，然后转接人工完成销售，称为智能外呼。智能外呼一般可应用于信用卡分期、催收、活动信息发布等简单的营销场景。

预测式营销 通过人工智能找到客户画像与员工画像之间的对应模型，并找到完成销售目标的最佳匹配，在营销联络的过程中针对客户的语义找到相应的应对话术，以达到最佳营销结果的过程，称为预测式营销。预测式营销是以最大营销结果为目标，用人工智能建立客户与员工、应对话术的最佳匹配模型，并在营销过程中不断优化。

第三节 智能服务与营销中台

中台由这几个部分组成：数据中台、管理中台、业务开放平台、营销中台、管理工具中台等。

数据中台

数据中台是将智能服务与营销前台流程中的所有数据都集中起来，为管理及其他系统使用，这些数据包括多媒体呼入呼出的详细表单、机器人服务与营销数据等结构化的数据，也包括沟通过程中的音视频文件、文本、图片、表情等非结构化的数据。

所有子系统与数据中台之间的数据存取都通过接口统一的数据网关进行，数据网关定义了数据的格式、种类、接口、校验方式等，规定了系统中所有数据的存取逻辑与安全应用策略。

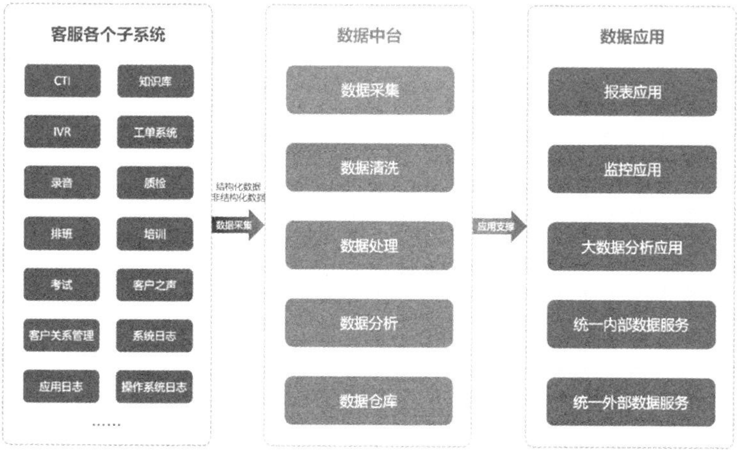

数据中台架构图

通过数据中台，可以完全打通智能服务与营销系统中所有子系统之间的数据屏障，让数据统一存储、统一获取、高效应用。数据中台之上是对数据进行二次加工的数据中间表，让数据应用更为高效。

管理中台

管理中台分为参数管理、用户管理、统一登录、运营监控、历史报表等几大模块。

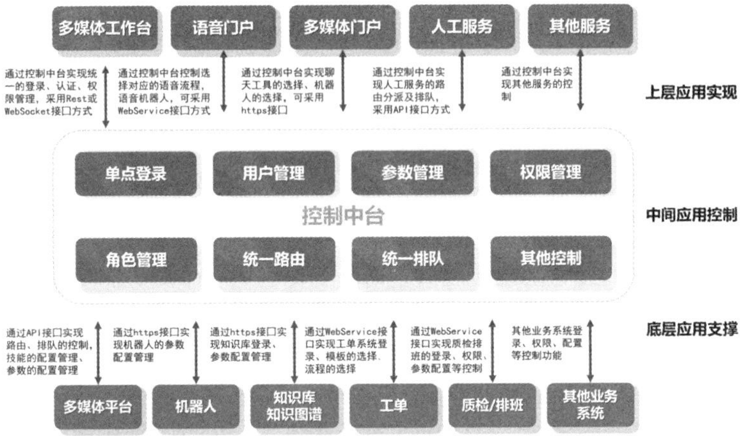

管理中台架构图

参数管理　将系统参数进行统一管理的架构资产，所有参数分为系统参数与业务参数两种，其中业务参数可以由业务人员根据预设的审批流程进行修改。

用户管理　将所有系统的用户进行统一权限管理的架构资产，用户管理对接企业的组织架构。

统一登录　所有子系统都可以根据统一的用户管理进行一次

性登录。

运营监控 展现实时的运营数据，预测、预警未来的数据，根据实时与预测结果进行服务资源调度的运营管理系统。

历史报表 通过数据中台或中间表获取历史数据，并进行统计分析与展现。

业务开放平台

将银行的核心业务进行封装，用 API 的方式开放出来为内部应用（如手机银行、网上银行、电话银行等服务）、外部系统（如第三方的 APP、网站、应用系统等）和第三方能直接获取银行的支付、风控、结算等信息的应用系统，称为银行的开放平台或是 API 银行。

开放平台是承接前台的多媒体业务工作台与后台的银行核心业务之间的桥梁，强调开放性、安全性、可靠性以及灵活性。

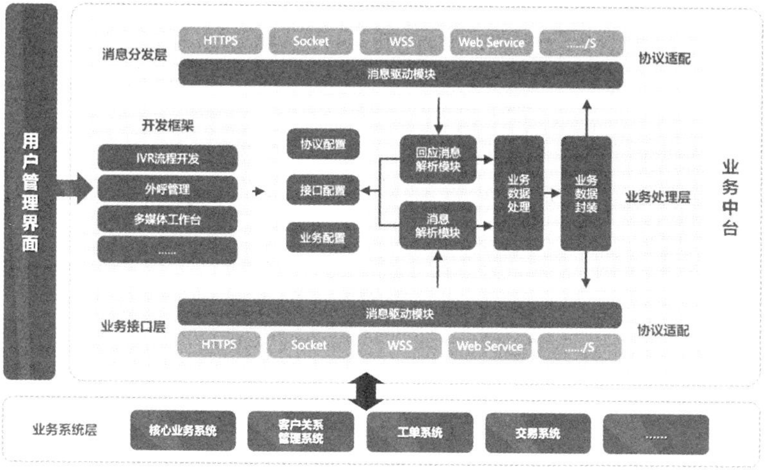

业务开放平台架构图

营销中台

前台负责营销中的触点营销、营销联络等工作，而中台则提供营销数据与营销规则，所有的精准营销任务全部都由中台发起，到前台完成营销行为。

精准营销　系统从业务数据和第三方数据中提炼客户信息，完成客户画像，将商品画像与客户画像进行模型比对，获得客户与商品之间的对应关系，然后将模型获得的客户信息推给前台的营销人员进行营销，或是通过短信、企业微信、公众号等途径向客户推送营销信息，并在这个过程中进行模型持续优化的过程，称为精准营销。精准营销的目标就是找到客户画像与商品之间的对应模型，并对模型进行持续优化。

管理工具中台

为智能服务与营销平台提供管理支撑的工具集称为管理工具中台，这些工具主要包括全量质检、预测排班、基于技能图谱的培训考试、客户心声等。

全量质检　转译过的文本，或直接的文本信息通过质检引擎，进行全量分析，对座席进行评价，对于不正常的评分可由人工进行抽检，并训练质检引擎，使其更加精准。

预测排班　根据业务与其他因素的话务预测进行班表安排。

基于技能图谱的培训考试　根据质检情况与员工的技能情况提炼员工的技能图谱，向员工推荐培训内容与考试，其考试结果触发对技能图谱的重新评价。

客户心声　根据语音、视频、文本等大数据信息分析客户舆情，提炼业务流程、产品建议，形成销售机会和流程优化、提升产品的意见。员工与客户的沟通过程也是客户心声采集的一个重要途径。

第四节 智能服务与营销后台

智能服务与营销后台是为全企业部署的一个能力平台，用户不限于服务与营销系统。一般来说，包含以下子系统：

多媒体联络

多媒体联络是智能服务与营销的核心联络平台，由多媒体交换平台、多媒体路由、媒体录制、渠道网关等几部分组成。

多媒体交换平台 在电话客服时代指的是语音交换机，在多媒体联络时代指的是 SIP Server，这是一个可以在通用服务器上部署的软件服务器，具备支持语音、视频、文本等多媒体交换能力。

多媒体路由 通过规则或机器学习的服务与营销资源匹配系统。上一代的多媒体路由是根据技能与渠道进行路由分配，目前最新的技术是应用机器学习的模型算法根据业务目标在客户画像之间进行智能匹配，这种基于人工智能的路由也叫预测式路由。

媒体录制 联络过程中所有的沟通媒体都需要通过媒体录制系统进行录制，以便监管核查、投诉受理、质量监督、客户心声等系统的调用与分析。

渠道网关 每一个渠道都有自己的媒体与协议，需要进行转换与隔离才能与媒体服务器进行对接。目前常用的网关有电话网关、微信网关、WebRTC 网关、SBC（会话边界控制器）等。

人工智能

人工智能是提供智能服务与营销中所有智能化的部分，主要由以下核心引擎组成：

NLP 自然语义理解，是服务机器人、营销机器人、客户之声等系统的核心人工智能引擎；

AutoML 自动机器学习，是预测式路由、精准营销推荐等系统的核心人工智能引擎；

知识图谱 结构化知识库与机器人知识库的核心引擎。

生物识别

生物识别指的是在联络过程中的识别技术，主要有人脸识别、声纹识别等。

人脸识别 用于视频联络时的客户身份识别，应具备活体检测、微表情分析等功能，可以与公安部数据库进行比对。

声纹识别 通过对客户声纹的录制与比对，识别客户身份的技术，是电话沟通渠道的身份认证的辅助手段。

语音识别与播报

ASR 语音转文本技术，用于所有语音沟通的文本转译，转译后的文本才可以进行分析、语义理解等操作。

TTS 文本转语音，用于各种场景下的语音播报。

核心业务系统

核心业务系统指的是企业的作业系统，在银行则是银行的核心账务系统。它通过开放平台与前台的业务工作台连接，是前台业务处理的基础。

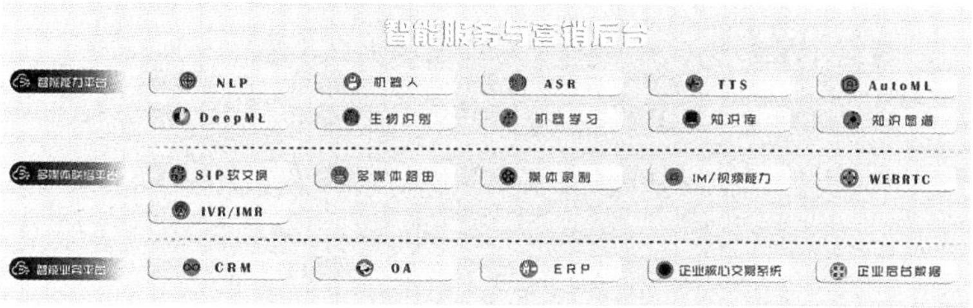

智能服务与营销后台示意图

第五节　总结

易谷网络所提出的基于前中后台的智能服务与营销整体架构算不上一个革命性的全新架构，而是对整体解决方案的一个重新梳理，使其逻辑架构更加清晰。

前台提供体验　对于客户来说，前台提供的是服务与营销体验；对于企业的员工来说，则是业务处理、多媒体联络、智能化赋能体验。

中台提供支撑　中台获取数据并处理数据，用数据支撑运营，用数据提炼客户心声、质量监督、排班预测与员工成长；用公共架构资产支撑系统管理与用户登录；用开放平台支撑业务处理；用精准营销模型获取数据支撑营销。

后台提供能力 多媒体联络能力、智能化能力与核心业务能力是企业级的能力平台，也是支撑智能服务与营销的基础。

这个架构非常适合大型系统的建设，因为大型系统往往意味着更多的定制化，而定制化主要集中在前台。后台的能力平台由专业公司提供，不能进行定制化。

在这个架构中，中台有一个非常核心的功能，就是适配前台与后台，支撑前台定制化过程中对后台能力的调用。这就要求中台是开放的，它不仅可以适配不同的后台能力平台，也要将这些能力包装成前台易于调用的接口，供前台快速定制化。所以说，架构的核心是中台，在大型系统的建设过程中，应该先建设中台，然后才是前台的定制化。

这个架构对于中小型系统同样适用，符合其快速部署、快速应用的要求。这时，前台与中台的产品化就显得尤为关键。易谷网络在提炼前中后台的过程中，也提炼出了可以进行快速部署的基于前中后台的产品。用产品化的方式，整个前台、中台与后台之间通过松耦合部署，就可以快速交付一个中小型的智能服务与营销解决方案。

基于前中后台的产品体验二维码

第八章
推进与展望

企业在成长期正如一艘高速航行的船，此时打满舵极有可能发生侧翻。

而易谷网络，在暴风雨中仍然保持全速前进，完成了组织架构的调整，形成了共享中台的开发支持框架，提出了新愿景，挂上了新云帆。

新的思路，不变的初心，继续B银行的交付，易谷网络的种种举措能立竿见影吗？

第一节 项目推进与客户满意度的提升

2019 年 6 月，于 B 银行项目 P902 批次上线，8 月试点银行推广，10 月全国新一代客服的推广工作完成，11 月功能点最多的 P904 批次上线。至此，B 银行新一代客服项目的主体功能全部完成。项目组继续驻扎现场，他们还有很多工作要做：上线功能的优化、解决实际运营过程中出现的生产问题，以及 B 银行集团下属机构的新一代改造工作。

随着 P902 批次的全国推广，客户满意度也在逐步提升，原因主要来自几个方面：

一是项目的需求方、建设方与使用方都认为整个项目的进程已经可控；实时出现的问题，项目组也能快速定位并提出解决方案。

二是经过两年的并肩作战，现场交付团队与甲方需求分析师、管控人员和测试与质量人员已经磨合成了一个整体，对项目复杂度的认知、易谷网络文化的理解也趋于统一。大家非常清楚项目成绩来之不易，这股力量释放后，解决问题的效率有了很大的提升。

易谷网络将客户满意度看成是项目中最大的收获，任何项目如果缺失了客户满意度，不管交付效率如何，不管收款情况如何，都是一个失败的项目。这一点已经根植在易谷网络的企业文化中。“仅仅让用户满意是不够的，我们还要用自己优质的服务来感动客户”，这绝不是一句口号，而是一种信仰。因为在任何项目中都会存在需求理解的差异、存在成本与收益之间的矛盾、存在资源投入与产出方面的预算不同，大型项目更是很难在项目的整个周期中让客户一直是满意的。出现问题并不可怕，可怕的是出现了问题以后，甲乙双方产生对立情绪，一旦对立产生，项目就会变得不可控，甚至会成为一项失败的工程。对乙方来说，解决这些问题最好的办法不是解释与回避，而应该是去获得客户的理解，用行动为客户提供优质的服务，以获得同理心。只要甲乙双方的劲往一处使，就没有解决不了的问题，就没有攻克不了的难关，而项目也一定能成为一个成功的项目。在客户满意的情况下，要感动客户；在客户不满意的情况下，更要感动客户，是任何项目成功的关键。

第二节　凝聚力是项目交付成功的关键

团队作战，凝聚力是成功的关键。所谓凝聚力，就是团队成员对团队的认可，愿意付出自己的努力去达成团队的目标。这件事说起来简单，实际作战时却会由于各种各样的原因导致军心涣散、项目功亏一篑。团队凝聚力的形成，需要明确的目标、文化、核心成员的带头作用以及企业的分享精神。

明确的目标，就是不仅要定位自己在做什么，还要知道别人在做什么、整个团队在做什么，自己的工作对小团队与大团队的影响是什么？就如修建一座教堂，一个认为自己只是在垒一座墙的工人，和认为自己在建筑人类精神殿堂的工人，其能动性是完全不同的。所以，要在团队中不断宣贯项目的意义、价值以及个人在团队中的不可或缺性，当一个团队成员能够意识到自己所从事工作的重要意义后，其个人能动性就充分被调动。

企业文化，是企业在运营过程中所形成的价值体系，是由企业的愿景、使命、核心价值观、战略等部分组成。企业的核心价值观是企业文化的根本，这一点和企业的创始人有很大的关系。所以，看一个企业的文化不应该看它在公司网站上、墙壁上展示了什么样的口号，而应该进入其内部，看看遇到问题的时候其管理层或核心员工的表达。团队凝聚力与企业文化有很大的关系，一个仅仅将文化贴在墙上，而不去身体力行的公司，是不可能有凝聚力的；因为深入人心的文化可能并不是公司所宣扬的，而是创始人与核心管理层在实际工作中、沟通中所体现出来的。

文化往往是企业创始人带给企业的，传承则需要一代一代的核心团队成员身体力行。一个企业的管理团队，特别是跟随创始人一起创业并发展起来的管理成员，往往是企业文化的拥护者。很多企业发展到一定程度，核心管理者往往会认为自己的老班底不够职业，而用所谓的职业经理人进行大换血。一旦出现这种情况，企业往往会发生大的问题，其原因就是文化断层，企业的立世之本不能得以延续，文化遭到破坏，结果可想而知。正确的做法应该是让具备文化传承的老员工充当政委的角色，让引进的职业经理人当团长，从而让团队既传承文化又具备职业素养。当然，这期间的成本、新人与老人之间的矛盾也是需要平衡和考虑的。

易谷网络采用的是精英俱乐部制，每年挑选企业文化的践行者加入精英俱乐部；尽管并非所有精英俱乐部成员都是公司的管理者，但他们都是了解并认可公司文化的核心员工，在团队中传承文化，带领团队用符合公司文化的态度来面对问题并解决问题。

企业的分享精神，就如一位企业家所说的“钱散人聚，钱聚人散”；就是如何让员工真正享受到企业发展所带来的归属感、成就感与价值认可。做企业是一个风险很高的选择，不仅仅是创始人，核心员工也会对企业的生存与发展注入心血与力量，他们共担压力，自然就具备分享胜利成果的资格。如果只鼓励员工去栉风沐雨，并不赋予其应该分享的成果，这样的企业是不会有凝聚力的，除非处于高毛利行业，可以给员工远远高于其他行业的待遇。然而，任何企业与行业都不可能永远处于发展的快车道，“黑天鹅”“灰犀牛”事件随时会发生，危难时刻才是检验凝聚力的试金石，强凝聚力的团队永远是公司生存的根本。

事实证明，易谷网络的团队有很强的凝聚力。正因如此，遭遇困难他们才能够全力以赴去克服；正因如此，面对质疑他们不灰心、不气馁，用结果说话，为自己及公司重新夺回了荣耀。

第三节　又一个里程碑事件

按照客户类型，企业可以分为2C（最终客户为个人）和2B（最终客户为企业）两种类型。易谷网络是一个典型的2B企业，而且面向的都是大型企业的客户，并为其提供咨询、技术服务、产品及解决方案。这种类型的企业成长轨迹非常明晰，就是跟随客户的成长而成长，在为客户服务过程中形成并完备产品、解决方案和团队，易谷网络的发展历程就充分佐证了这一点。

2009 年，易谷网络刚成立不久，就成为邮政储蓄银行以及几个省级电力公司的客户联络平台的服务商。掌握了硬核通信技术的全球大型通信设备制造商不愿意在中国提供低毛利高投入的服务，中国本土像易谷网络这样的公司就有了生存空间，而跨国公司在价值链的最高端，通过提供标准化的硬件设备以及软件复制来赚取高额的利润。

当然，距离用户越来越远，精准把握客户需求的能力越来越弱，至少在中国，跨国公司对中国客户需求的满足出现了问题。中国客户与欧美客户需求上的主要区别集中在并发规模和定制化。中国是一个人口大国，大型国有企业的客户服务规模往往以亿元计算，这是跨国公司根本没有遇到过的情况。易谷网络给邮政储蓄银行服务的联络中心系统在春节期间轻松能达到百万级别的客户日呼叫量，这对于国外客户来说不可思议。高并发量必然要求系统的方案设计足够可靠，要不然就会出现越是需要服务的时候，服务越跟不上的恶性事件。

在设计邮政储蓄银行的方案时，易谷网络也曾经遇到过这样的问题。原计划采用 Alcatel 的语音交换机来部署，但是邮政储蓄银行的需求是 3000 路 IVR 系统的并发，而一台 Alcatel 交换设备在满配置的情况下也仅仅支持 700 路并发。如果按照这个方案，需要有 5 台以上的设备在满配置的情况下才能满足容量的要求，这一设计是全球没有过的，很有可能一个小的故障点就会引发整个系统的崩溃。易谷网络决定采用一个全新的方案架构，用前置的大容量 IVR 系统设备来取代当时国际流行的 IVR 系统后置解决方案，这样就使整个系统用 50% 左右的配置就能够满足 IVR 系统并发的要求，既保证了系统功能的冗余性，又降低了 2 倍以上的系统造价。这在当时算是革命性的方案，过于超前的创新反而没有得到主流厂商的认可，直到 5 年后，IVR 系统前置方案才成为银行联络中心解决方案的通用选择。

易谷网络从一开始就没有完全依附于国外大厂商，而是强调自己的专业性，强调自己在解决方案上的创新能力。

2010 年，在为阿里巴巴提供联络中心解决方案中，易谷网络又做了一个大胆的创新尝试：用基于 SIP 的全软解决方案代替了当时主流的用户交换机联络中心解决方案。尽管当时在运营商的核心网络中，SIP 软件交换系统已经成为标准配置，但在客户服务领域还没有得到大型案例的检验。当时阿里巴巴的设计座席数为 4000 个，是国内互联网行业最大的项目需求。在提供解决方案时，易谷网络充分考虑到互联网公司敏捷、轻量、创新的特点，向用户推荐了这套即使在国外市场也尚未完全被认可的解决方案，结果立马得到了客户的认可。大胆假设小心求证，为了谨慎起见，还是进行了一个破坏性压力测试，结果，完全满足客户要求。于是，该方案得到火速上线，并成为全国乃至全球最大的 SIP 软交换平台案例之一，稳定运行了多年。

只有出现革命性的创新，才有弯道超车的可能性。SIP 软交换的成功应用，让易谷网络动了开发全套联络中心平台的心思。经实践试错，易谷网络放弃了做自有产品的想法，转向了在跨国大厂商产品基础上做专业服务。当时 Peter 把这一策略解析成了

“在奔驰车上做装修”，这一形象的比喻得到了公司上下的一致认同。

2012年底，交付国家电网全国集中式客户中心项目时，易谷网络对联络中心的发展方向以及专业服务策略有了进一步的领悟。第一，基于传统交换设备的联络中心终将被基于SIP的软交换平台替代，这一点没有任何悬念；第二，大型客户对定制化的要求会越来越高，特别是在报表、监控等方面，即便是跨国大厂商的产品，也和用户的要求有一定的距离。再加上互联网的发展和项目的实践积累，更加坚定了易谷网络投入联络中心平台开发的决心。

尤其是两件事的发生让Peter深有触动。第一件事情是在邮政储蓄银行发生的，当时话务量增长快速，客户计划用更高性能的硬件设备来更换已经使用了5年的硬件，于是使用一个最为强劲的8核服务器代替了原有的2核服务器，而结果系统的性能没有得到提升。事情传到原厂，给出来的解释是其在编写软件的时候并没有多核CPU技术，所以无论是几核的服务器，都只是用了其中的一核。这就表明，他们的核心软件系统并没有随着技术的发展而快速迭代。

第二件事情发生在某大型物流企业。易谷网络用AV公司的整体解决方案为其部署了一个大型系统，该系统分布在国内的3个大型城市，每个城市都有配套的职场，规模从600到1000座席不等。上线以后，客户提出了一个新的需求，希望座席可以根据忙闲情况，在这3个系统中进行注册，以平衡话务情况。需求提交给AV原厂后，得到的答复是：其系统不支持这一功能，尽管采用设备全部都是公司的自家产品。理由是，要具备这个功能，必须采用 SIP 协议，但是他们的设备沿用的还是传统的基于 H. 323 的 IP 协议。2000 年，他们就在采用这一协议，现在过去了 12 年，SIP 协议已经得到了长足的发展，成为语音通信领域最为通用、成熟的协议，而他们作为全球领先的厂商竟然会不支持，这是何等的悲哀，因循守旧到怎样的程度才会如此固步自封！

Peter 意识到，这些光芒四射、让人仰止的跨国厂商们并非像他们宣扬的那样：创新无限，技术引领！

还有几件事情也对投入自有核心平台的研发起了积极的推动作用。我们发现平安集团用了几乎所有的联络中心产品，其中最大的座席数集中在一套基于 FreeSWITCH 的平台上。FreeSWITCH 是一套开源的 SIP 交换平台，既然平安集团能够在这个平台上开发一个大型系统，并且已经在实际生产环境中应用，说明这套开源的架构完全可以支持大型系统。另一个发现就是携程、淘宝、去哪儿这样的互联网公司电话系统扩容很慢，而在线服务的扩张快得惊人。与携程沟通后得知，其在线客户的并发数已经远远超过了电话并发。Peter 意识到，电话联络中心的重要程度在下降，而基于互联网的在线服务将是下一个爆款产品。

2014 年，视频联络进入 Peter 和岳欣的视野，这就是联络中心的下一个爆点。于是，首席程序员牛国超开始研究轻量级的、在 Web 端就可以应用的、主流手机上已经具备了落地能力的开源视频解决方案 WebRTC。

跨国厂商与时俱进、新的革命性技术已经成熟、开源产品全面落地、互联网技术发展迅猛，是时候开发属于自己的多媒体联络平台了！如果再无动作，机会窗口将对易谷网络永久关闭。

2015 年 4 月，岳欣、Peter 等人如期抵达西安。第二天上午，自主开发多媒体联络平台开发的序幕在易谷网络西安研发办公室拉开帷幕，参加会议的还有时任西安电子科技大学教授、博士生导师的杜教授（易谷网络第一代 CTI 的主研发成员），时任西安电子科技大学副教授的张博士，以及他们的得意门生牛国超等西安研发骨干。这群人就是新一代多媒体联络平台的设计者和开发者。后来这一平台被命名为 Freelink，取“源自开源、反哺开源、自由连接、自由共享”之意。

Peter 对将要开发的平台提出了“强、大、移、多、云”的五字整体指导原则：

强，指的是强可靠性与强安全性，要求所有模组都必须遵循冗余原则，不能因小问题的出现影响到系统服务的提供；必须遵循大型企业对于信息安全的要求，做到系统与用户数据隔离、应用与用户核心业务隔离等。

大，指的是大容量与大数据支持。当时的联络平台单服务器支持的最大并发数在 200 路左右，Peter 希望设计能力可以达到 10 倍以上的提升，即单服务器可以达到 2000 路以上的并发容量。对大数据的支持是指系统中所用到的数据库与数据分析必须具备存取与分析非结构化数据的能力。

移，指支持移动互联网。无论是客户端还是服务端，都要支持手机 APP、H5、小程序等与移动互联网相关的技术与终端设备。

多，指的是多媒体与多渠道。新一代的平台应该原生地支持 IM、语音与视频，不应该再是一个电话联络中心加上多媒体应用，而应该是一个 IM、语音与视频等媒体平等交换的平台，其路由分配也不应该是基于媒体，而是基于技能与业务目标，媒体只是沟通形式。对多种渠道的支持也应该是内置的功能，而非外置的网关；也就是说，应该内含所有的常见渠道直接接入的能力，应该将各类接入网关全部内置并直接提供服务。

云，指的是支持云计算与云部署，系统可以直接部署到私有云与公有云上，支持与云管理、云监控的完整融合。

这五字原则是完全针对联络平台的，当时的目标有如下几个：一是要用小量的资源在公有云上部署一个大容量的系统，资源少就意味着运营成本低，就意味着可以为租户提供低廉的价格甚至是免费，这样服务可以普惠到广大的中小客户，普及联络中心应用；二是为大客户提供一套可以部署在私有云上的系统，将大客户的电话联络、在线联络、视频联络融为一体，提供完整的基于互联网的联络中心平台，以取代国际大厂商，一举占领大型私有化部署的联络平台市场。

这是一个愿望，也是易谷网络未来发展的目标，既有在大型联络平台上完全替代国际大厂商的雄心，也有用公有云对中小客户进行普惠服务的市场覆盖。做大型企业的联络平台，易谷网络非常有经验，用前沿通信技术开发出一个可用的联络平台也许并非难事，但如何获得大客户的青睐，并在大客户中应用，不是一件容易的事儿。大客户相对保守，不会轻易尝试和接纳新的核心平台产品。针对这一点，Peter 的策略就是营造一个降维打击模式，在国际大厂商专注的领域低价甚至免费，而将收益放在服务与定制化上。跨国厂商的利润来源是标准化的硬件以及可复制的软件，如果易谷网络的 Freelink 开发成功，就完全可以替代它们。Freelink 是一款软件产品，有很多模块，又是开源产品，如果完全免费甚至未来开源的话，就能够吸引大客户尝试；如果测试成功，就一定有大规模部署的可能，将跨国厂商在中国市场赖以生存的高毛利业务击溃就指日可待。而易谷网络的利润则通过非标准化的软件、专业服务以及个性化定制获得，这就是降维打击模式。

“降维打击”的概念来源于著名的科幻小说《三体》，《三体》中外星人用智子这样一个高维度的粒子完全控制了地球，一举摧毁了地球的基础科学研究；而最后毁灭太阳系的武器是二向箔，它能将三维的太阳系变成二维，使太阳系从三维的宇宙中消失。互联网行业很喜欢用降维打击模式，因为互联网企业与传统企业相比，多了一个维度——互联网。

Peter 在 Freelink 的营销上想象出来的降维打击也是受到这一启发，如果有了联络中心平台，那么利润来源就可以有 3 个，联络平台、以专业服务为核心的定制化服务、云联络平台的租用。其中，联络平台最为标准化，如果产品成熟，其边际成本就会很低。国际大厂商在中国的利润几乎都是联络平台部分，免费后对它们形成的降维打击，就有可能在“红海”中制造出一片广阔的“蓝海”。

B 银行项目以后，再回来看当时的研发方针，发现缺少了智能化的部分。2015 年初，联络中心“智能化”的概念并不完全清晰，基于互联网的联络中心整体解决方案也尚未完全成型。B 银行的技术验证后，我们对研发策略进行了及时有效调整，形成了智能服务与营销的整体概念。

B 银行的技术验证案例很多是多媒体联络的部分，而且是标准化产品所不能支持的。这时，易谷网络的 Freelink 平台发挥了不少优势，为其在技术验证过程中过关斩将立下了汗马功劳。

2019 年是易谷网络打造并推广自有产品的第一年，经过了多个大客户检验。目前，Freelink 已经成熟并得到广泛应用，由此，成为非常重要的一条自有产品线。

有了 B 银行项目这一试金石，逐步成熟的产品线除了 Freelink，还有以下两个：

一个是在 2014 年就投入研发的监控类产品，包括两个部分，一部分是和业务相关的，称为智慧运营系统，就是整理运营过程中的数据，根据角色不同进行展现、分析以及运营建议；另一部分是和设备相关的监控，就是监控与联络平台相关的设备的运营状态、检测系统的联通情况、软件进程的运营、数据库使用以及日志中关键信息的分析等。这个监控产品经过了多个大客户的使用后，在 B 银行项目中终于有了进展；再加上 B 银行交付过程中开发的智能质检与培训考试系统，形成了一个相对完整的联络中心运营监控类产品线。后来，这一产品线被命名为 Smartlink。

另一个是在 B 银行项目交付以前就具备的联络工作台雏形，后来在交付过程中集成了多媒体联络、智能化应用、业务处理、座席赋能等方面的功能，经过多次迭代所形成的媒体智能业务工作台产品。在 B 银行项目交付以后，该产品又做了两个方面的升级，一是增加了工单模块，对不具备成熟工单产品的中小型银行更加友好；二是改进业务功能封装方面，形成了标准化的业务处理功能列表，并规定了与银行核心系统之间的接口协议以及通信协议，让工作台也成为一个标准的产品，这部分产品后来被命名为 Valuelink。

于是，Freelink、Smartlink、Valuelink 成为了易谷网络智能服务与营销系统中 3 条基础的产品线，分别提供多媒体多渠道的联络平台、智能的运营管理以及内部使用的业务系统。

所以说，B 银行项目对于易谷网络来说有三个方面的重要意义。一是在产品方面，智能服务与营销产品线成型并得到了充分的验证。二是在团队建设方面，磨炼了一支铁军，他们必然会成为文化的火种，散布在其他项目中必然是领导者。同时，管理者也在这期间吸收互联网文化，调整团队架构，优化团队效率，形成了更为敏捷的前中后台组织架构。三是在检验方面，作为中国最大的银行之一，B 银行在各方面都有着严格的流程，这些严格的流程检验着易谷网络的产品、流程与解决方案。

从公司的发展轨迹来看，B 银行的项目无论提升到怎样的高度，对易谷网络来说都不为过，它是里程碑、是试金石、是播种机。

第四节　业务方向的确定

拥有了核心产品，易谷网络的业务方向就应该围绕自有的核心产品进行转型，在原有的专业服务与大集成的业务上再增加自有产品模块，经过总结形成了以“311”为核心的五大业务方向。

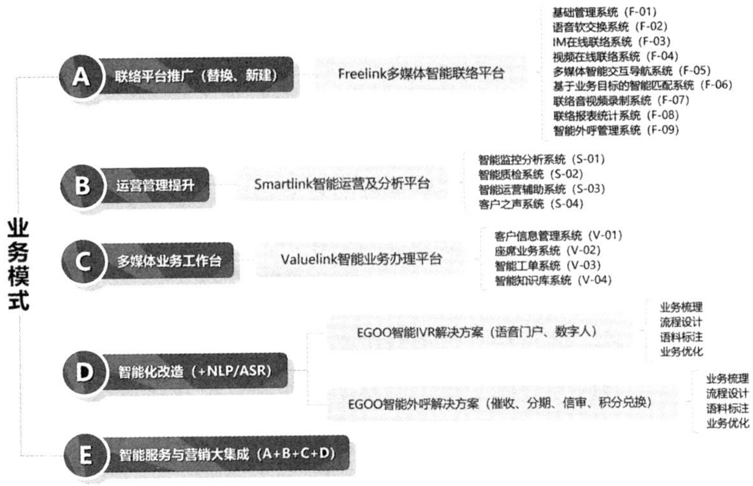

业务模式图

这五大业务方向涵盖了3条主要的产品线、一个专业服务能力、一个大的集成解决方案。

3条产品线完全对应了顶层架构设计中的前中后台概念，其中Freelink是一个后台能力平台，提供多媒体与多渠道的联络能力，以及与联络相关的录制、路由与门户等；Smartlink是一个中台产品，一个与数据、管理、运营相关的产品集；Valuelink是一个前台产品，可以将其定义为员工的智能营销工作台与智能服务工作台。

拥有这3条核心产品线，易谷网络就由一家专业服务与系统集成公司升级成了一家产品提供商，与国际大厂商站在了同一个竞争舞台上。这个变化不仅意味着业务的转向，更是业务模式的升级。

健康的生态体系是产品业务成功的关键

如果一家公司的产品线发生了重大改变，而其业务模式没有随之变化的话，产品导向就会成为一句空话；如果在产品研发上投入了大量的资源，而产品销售没有突破的话，公司要么会出现经营上的问题，要么会缩减产品研发的投入，重新回到原有的业务模式中。所以，既然提出了产品导向，就必须改变原有的业务模式，将原有的直销型业务模式发展成一个生态体系，并成为生态体系的建设者与维护者。

成功的业务模式一定不是一条简单的价值链，而是生态系统，系统各要素相互依存、互为价值、共同发展、共同繁荣。在智能服务与营销解决方案的生态系统中，有核心引擎提供者、能力平台提供者、产品提供者、以个性化定制为主的独立软件开发商、以人力资源为主的服务外包商、以客户画像与营销数据为主的数据提供商等。当然，还有企业客户，还有客户的服务对象，他们才是整个生态养分的提供者，也就是说，客户的客户是阳光，是最终的体验方。

从这样的价值传递可以看出，终端客户能从智能服务与营销中获得价值、产生价值，然后产品提供商、服务商、独立软件开发商、外包商等才能分享价值。因此，生态系统的价值评价应该是服务与营销业务为企业客户所带来的增值，而非产品、服务、人力等本来的价值体现。

产品提供商当然希望其研发完成的产品可以被大规模、高价格复制销售，但如果在企业的业务中，其产品价值不能直接体现的话，这种期待就是一厢情愿。产品必须经过专业服务与定制化才能为企业的最终业务所用，而产品厂商往往没有能力服务所有客户，就必须去缔造生态系统；用生态增值，才可能有更大的价值提升。

因此，产品厂商必须明白一个道理，产品本身并不值钱，唯有通过业务能力方能体现价值。产品厂商应该辅助独立软件开发商、服务商等一道为客户提供业务能力，这就要求它成为生态系统的缔造者和建设者。由于其产品的很多模块都是源于开源，它还应该反哺开源，让开源更有活力，让开源具备更强的创新动力。而独立软件开发商需要在其产品的基础上定制化，就需要其产品更加开放，还应提供足够的支持与培训，让其定制化效率更高。同样，服务商直接面向最终客户提供整体解决方案，也应该为其提供更多工具，让服务商的专业服务与集成服务更为轻松。通过生态系统的缔造和建设，整个系统必将生机勃勃、焕发活力，最终实现客户业务的增值，各方也能共享利益。

基于智能化改造的专业服务

在智能化方面，易谷网络选择通过专业服务来帮助客户实现人工智能应用落地。基于人工智能的专业服务主要体现在：

一是人工智能封装成智能服务与营销中的业务应用模块，如基于服务机器人的自助在线服务、基于人机耦合的静默座席、基于语义与情绪检测的座席助手、基于语义分析与意图挖掘的客户心声、基于意图识别的智能门户等，都是人工智能在业务中的最终体现。

二是智能训练。不同行业中的人工智能需要的训练数据与训练方式是不同的，智能训练就是训练人工智能，使其具备行业应用能力，这就需要人工智能的训练者具备业务能力，能够根据行业特色标注数据、建立模型并不断优化。对于易谷网络来说，这部分的优势是行业数据的沉淀和训练工具。

三是智能监控与智能质检，人工座席的监控和质检是一个比较成熟的流程。对人工智能的监控与质检同样重要，可以发现智能应用过程中的问题，进一步训练与优化线上的智能化引擎。

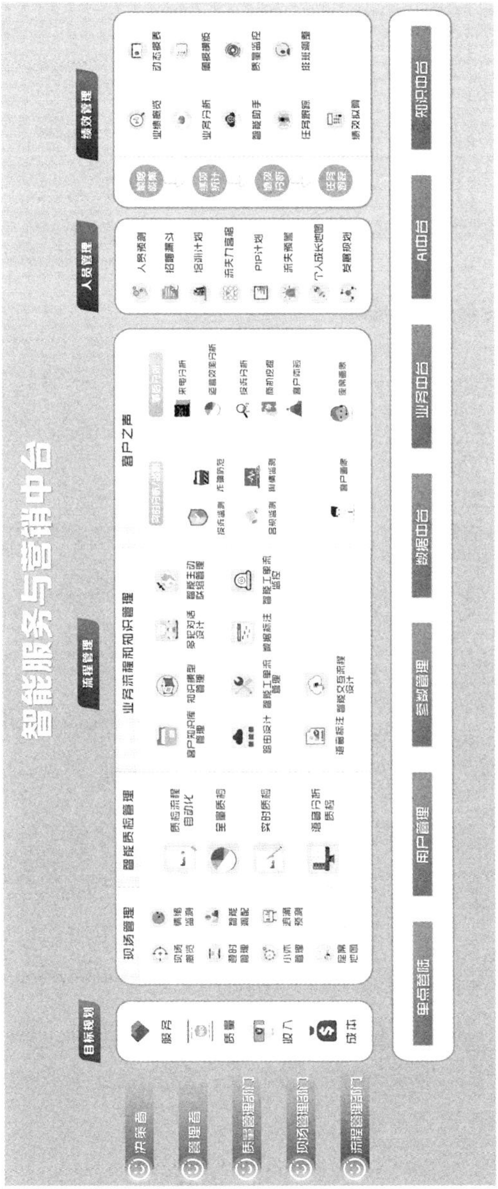

智能服务与营销中台架构图

四是智能运营分析，统计分析运营数据并形成实时或历史报表。

智能化改造的下一个目标是打造一个智能化的中台，以完成智能化引擎以外的所有任务，并与整体方案进行融合，而不同的智能化引擎都可以通过智能网关与智能中台进行对接，快速完成智能化改造。

智能服务与营销大集成

“系统集成”这个概念在中国几乎成了没有技术含量的产品供货，所有的产品代理商都会号称自己是系统集成业务，于是，这一业务模式也就成了低技术含量的代名词。实际上，“系统集成”应该是一个整合的工作，目的是解决客户端到端的需求，是一个交钥匙工程。而智能服务与营销的系统集成更是一个复杂的系统工程，应该也是所有软硬件解决方案中难度最大、专业度要求最高的工程。

智能服务与营销平台的集成首先要解决联络平台集成的问题，对于大多数 IT 集成商来说这是一个难度很大的工作。由于发展方向不同，通信领域的公司与 IT 领域的公司之间存在一条分界线，直到传统通信技术被 IP 通信技术取代，这条分界线才逐步淡化，但是至今也没有完全消失。通信技术解决的是智能服务与营销中的多媒体沟通能力，智能化是这个平台的又一关键技术，而智能化又包含智能化引擎与智能化应用两种不同的技术方向。当然，其中还涉及网络通信技术、数据库技术、软件开发等各种领域的技术。

以上的技术领域几乎涵盖了 ICT（信息与通信技术）中所有

的内容，一家公司必须经过长时间的积累才能够在这些技术领域都有所涉猎。易谷网络是从电话通信技术以及多媒体通信技术领域中积累起来的，后来又通过研发团队的建立具备了软件开发能力，通过在人工智能领域与 BAT 的合作，具备了人工智能专业服务的能力。所以说在启动 B 银行智能服务与营销项目交付的时候，易谷网络基本具备了智能服务与营销平台的集成能力。

通过 B 银行的交付、后续研发的投入以及对整个智能服务与营销架构的梳理，易谷网络不仅在顶层架构设计上有了非常清晰的理解，形成了前台做体验、中台做支撑、后台提供能力的前中后台架构，而且将前中后台的核心产品基本打造成熟，又通过与 BAT 的合作，使其人工智能领域应用落地的能力得到了检验。应该说，B 银行交付时代的易谷网络在智能服务与营销平台上的集成能力提升显著，并且在行业中具备非常明显的竞争优势。

当“智能服务与营销之集大成者”成为了易谷网络新的愿景规划时，它已经非常明确地扛起了这项责任，未来要继续加强的是产品的深度打造、智能化能力的整体布局、中小解决方案的完善以及面向小型企业的智能服务与营销 SAAS 平台的打造。

第五节 易谷网络战略描述的形成

从 2009 年开始，易谷网络就将“**联络世界，凝聚价值**”作为公司的使命，将“依托全球一流资源，打造具备创新能力的服务型企业”作为其愿景；2012 年，易谷网络将愿景升级为：“企业多媒体联络解决方案与专业服务的领导者”；2018 年，易谷网络将愿景升级为："智能服务与营销之集大成者"，而"领导精神、勇于创新、卓越执行、坦诚相待、精诚团结、善于分享"等一直是其核心价值观。可以说，易谷网络比较早就形成了自己的文化标识，并一直在员工中传播，对其发展起到了有效的推动作用；超强凝聚力总能让团队顶住压力，一次次完美地完成承诺。

从 2019 年下半年开始，Peter 计划在公司内部实施 OKR（目标与关键成果法）管理模式。

OKR 笔记二维码

OKR 是企业使命、愿景以及战略的延续，现在将公司宣扬和实践的理念贯穿起来，形成一个完整的公司发展战略描述。

明确的企业发展战略需要回答以下几个方面的问题：

▷ 是什么在驱动我们前进？

▷ 我们销售什么？

▷ 谁是我们的客户？

▷ 我们如何销售？

从第一个问题开始分析，这么多年易谷网络其实只做一件事：专注于为客户提供智能服务与营销的解决方案与专业服务。从最开始为客户提供联络中心解决方案的设计、部署与服务，到提供自有产品与软件定制化。现在，除了提供服务与营销所需要的联络平台以外，易谷网络与时俱进，将人工智能应用到了服务与营销领域。

8 年前，行业对易谷网络的描述是：易谷网络是一家做客服联络平台方案与服务的公司；

5 年前，易谷网络是一家做客服联络平台方案的公司，有自己的自主产品；

现在，行业对易谷网络的描述是：易谷网络做服务与营销的总集成，并提供智能化应用。由此看来，驱动其前进的应该是基于智能服务与营销的方案、技术、服务与业务模式。

再根据“是什么在驱动我们前进”的几个核心点进行比对，这几个核心点是：

- ▷ 产品与服务：是的，一家解决方案与专业服务公司，解决方案是企业多媒体通信解决方案，专业服务是针对企业多媒体通信的专业服务，在这个基础上衍生出了自己的产品。所以说：**产品与服务在驱动我们前进**。
- ▷ 客户与市场：易谷网络致力于智能服务与营销，这是整个企业的关注点，并不是限定的客户与市场。
- ▷ 容量与能力：不吻合。
- ▷ 销售与分销渠道：不吻合。
- ▷ 原始材料：不吻合。

所以，第一个问题“是什么在驱动我们前进?”回答应该是这样的：“**我们专注于智能服务与营销整体解决方案以及与本方案相关的产品与专业服务**。”

第二个问题“我们销售什么?”这个问题也可以是：我们未来将要销售的产品与解决方案是什么？从销售所代理的产品以及自己的专业服务，演进为代理产品、自有产品与专业服务，再到未来是以视频为核心的智能服务与营销解决方案，所以，易谷网络的产品战略应该是：**我们把视频联络中心、AI 应用、运营与运行监控、专业服务作为推动公司发展的核心产品，并为客户提供公有云、私有云与混合云的部署**。

第三个问题“谁是我们的客户？”易谷网络经历了10年的发展，虽然说其客户应该是全行业的企业客户，然而，在服务与营销方面投入比较大的客户基本有以下行业：**以银行、保险、互联网金融为核心的金融行业，以国家电网、中石油、中石化、中海油为核心的公共事业、各级政府**。

第四个问题“如何销售？”应该解读为核心竞争力是什么，客户为什么会认可，通过什么获得客户的信任。这些问题有很多答案，如：具备很好的客户关系、产品质量过硬、性价比高、服务专业等。

作为一家致力于为客户提供智能服务与营销解决方案的公司，易谷网络的销售理念应该是什么呢？首先，**让客户成功！**客户使用了解决方案，服务效率更高、客户体验更好、营销效率更好、员工满意度更高。让客户成功，是客户认可我们的关键点。其次，在激烈的竞争环境中，**高性价比的产品**更能赢得客户青睐。最后，要与客户建立长期持续销售的关系。如此，**客户满意度**就需要发挥作用了。于是，这个问题的答案是：**我们致力于让客户成功，以高性价比与高客户满意度作为我们主要的获客方法**。

易谷网络以全媒体通信技术和 AI 应用技术为核心，高效率地服务金融、互联网、公共事业、政府等行业客户，以高性价比和高客户满意度为主要获客方法，通过公有云或私有云形式建设智能服务与营销平台，快速实现业务价值，让客户成功！

第九章

新一代到底应该是什么

B银行的智能服务与营销平台是以“新一代客服系统”的名义立项的，这是一个非常完整的解决方案，涵盖了客服与营销中几乎所有的领域，在很长一段时间都被认可为真正的新一代，被多家银行效仿。然而，技术的发展日新月异，业务的驱动力不断提高，3年过去了，业界对于服务与营销的认识也发生了很大的变化。那么，站在新的时间点重新审视新一代，它又会有哪些改变呢？真正的新一代到底是什么呢？

第一节 科技引领应用革命

回顾历史，所有应用革命都是被突破性的科技引爆的。第一次工业革命蒸汽机的发明，用煤炭和石油替代了人和动物，改变了人类的工作与移动的方式，进而出现了火车、轮船、织布机等，将人类从体力作业中解放了出来。第二次工业革命的核心技术是电力与内燃机，电力代替了煤炭，动力的获取更为便捷，引发了以流水线为代表的作业流程的演进，而内燃机的发明则让汽车得以快速发展，人类的移动速度进一步提高。

推动第三次工业革命的科技是计算机技术与现代通信技术，如果说前两次工业革命属于动力革命，是机械力量替代肌肉力量的革命，那么第三次工业革命就是信息革命，直接改变了信息传播的方式。起初，计算机是被设计成一个计算工具发明出来的，补充人类的计算能力，让复杂的化学运算、天体物理运算简单化、精准化。直到计算机能够存取、分享信息时，改变才真正开始。紧接着，通信技术的发展让信息革命彻底爆发了，当计算机只是一种独立工作的信息处理机器时，它是一个信息孤岛，不能主动获得信息，不能分享信息，而通信技术将它们连接起来，于是构成了互联网，宣告信息革命到来。后面的故事大家都知道了，移动通信和信息处理技术将信息革命的浪潮推向了一个新高度，人类可以随时随地处理、分享、获取信息。

当信息不限于人类，还能在万物之间自由流动时，便会引发第四次工业革命，物联网建立，开启一个万物互联的时代。其核心推动技术就是人工智能与下一代通信技术（即5G），这一点不管从“德国工业4.0”还是从“中国制造2025”的战略规划中都能够得到例证。让万物之间可以分享信息是下一代通信技术应该解决的问题，而处理信息，从中获得人类需要的预测甚至是决策，则是人工智能要解决的问题。

既然下一次工业革命的核心推动技术是人工智能与5G，那么我们就有充分的理由相信，未来，在服务与营销领域，一定也会诞生众多这两项技术主导的应用，而“新一代的智能服务与营销平台”就是其中最耀眼的新星。

5G通信技术

从2G开始，每一代的通信技术都会造就一批互联网巨头，作为第五代移动通信技术，5G必然会给行业带来更多期待。3G开启了移动互联网的大门，涌现了移动社交、IM通讯、网页浏览，手机端的应用如微信、微博、手游等成为可能，成就了众多互联网超级大公司。4G用更高的带宽与更低的延迟开启了一个视频时代，迸发出了供社交应用的视频通信、办公应用的视频会议以及火遍全球的短视频社交、视频直播。应该说，4G是有划时代意义的，它拉开了视频时代的序幕，奠定了移动互联网的根基，让人们看到了移动通信系统的发展，始终围绕着提升以带宽和速率为核心的连接能力这条主线。到了5G时代，情况有了变化，人们不再一味追求人人通信的体验速率（达到4G的10—

100倍），而是更注重满足物联网、边缘计算、行业应用等多场景需求。相比4G只有峰值速率和移动性两项指标，5G还定义了时延、连接数密度等在内的八大关键指标。同时，不同于4G软硬一体的网络设备形态，5G网络架构天然具备了软件化、云化、服务化等特性，这给5G带来了比肩互联网的灵活性。正是这些新的变化，使5G得以超越连接，可以与其他技术完美融合。从历史发展的规律来看，5G一定会是一个繁荣视频时代，那么除了目前可见的视频应用以外，5G到底还能为这个世界带来什么超乎想象的改变呢？

5G除了高带宽以外，还有两个非常重要的特点，这两个特点就是在无线区间的延迟可以达到1ms（毫秒）以下的超低延迟性，以及连接控制1平方千米内的100万个无线终端的能力，这三个特点就是5G未来应用的基础，所对应的三个应用场景如下图所示：

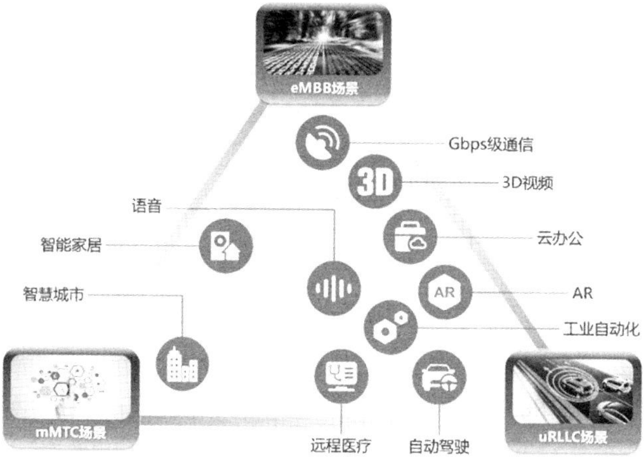

三个应用场景图

其中，eMBB 场景指的是高带宽应用，mMTC 场景指的是大链接应用，uRLLC 场景指的是低延迟应用。可以看出，5G 最为典型的应用场景为云计算、物联网、人工智能和基于 3D 场景的视频通信。在云计算中，主要应用的是其高带宽的传输能力，将存储、计算等能力部署在云端，也会给使用者带来良好的使用体验。物联网则应用了其超大规模的链接能力，而人工智能利用的是其低延迟的能力，配合超低延迟就可以让无人驾驶、工业自动化、远程医疗等人工智能应用得以商用。而视频通信和 AR 通信则是高带宽与低延迟能力的双重加持，让实时而流畅的 4K 甚至 8K 高品质视频通信成为可能。

回到服务与营销领域，5G 技术将带来哪些革命性的影响呢？以下应用场景或许成为可能。

高品质场景式全息联络

联络是服务与营销平台最基本也是最重要的功能，在人工智能以前，联络几乎是服务与营销平台的唯一核心功能。兴起于电话普及时代的电话联络中心成就了服务与营销平台，让远程服务与远程营销成为可能；互联网时代的 IM 通信进一步增强了服务与营销的联络能力；4G 时代本应该是视频联络加持服务与营销的时代，先行者已经通过视频联络将服务与营销平台的联络能力推向了一个新的高度，但是并没有完全普及。我们有理由相信，5G 时代更廉价的带宽资源、更高品质的画质、更为流畅的画面一定会让视频联络得以普及，甚至代替现在的电话联络平台。而在 5G 基础上的 VR 应用也许会给我们营造面对面的 3D 远程联络体验，让联络进入真正的全息时代。

物联网自助服务

现在的自助服务指的是客户通过按键式或其他交互方式来获得服务的流程，物联网时代的自助服务应该是“物”本身来获得服务的方式，既是服务的入口，更是服务的发起者。这个物可以是家用电器、健康检测设备、生活用品，也可以是银行卡、保险单等。也就是说，当“物”在检测到自己需要服务的时候，比如更换耗材、定期检修时，会直接连接到它的服务机构来获取服务，只有在需要人工决策的时候，才会知会它的所有者，进行下一步的服务请求。

物联网营销

在物联网时代，冰箱就是一个家庭的生鲜入口，会根据所存放生鲜的消耗情况自动向电商下单补充，同时根据健康检测设备的数据对食品选择提出建议。同理，红酒柜是采购红酒的入口，将根据家庭成员的喜好进行红酒推荐或是直接采购。也就是说，物联网时代的营销会精准到存量、消耗、喜好、健康状态等，客户画像会更为精准，也会更为动态。

对于智能服务与营销平台来说，5G 除了更快更好地完成联络功能以外，还会具备连接与信息汇总和处理的能力，这些能力配合人工智能，将成为新一代智能服务与营销的核心。

人工智能技术

按照《AI 极简经济学》的观点，人工智能技术实际上是一种预测的技术，不管它叫机器学习、深度学习还是自动学习，不管是 NLP、图像识别还是机器翻译，其实都是预测。技术的发展让人工智能变得随处可得，也就让预测算法变得廉价，于是它就从科研的厅堂走到企业应用的广阔天地，进入需要预测机器的各种领域，从而引发了人工智能的爆炸式发展。**预测是填补缺失信息的过程，预测就是运用你现在掌握的信息（即“数据”）生成你未掌握的信息**。从初级层面看，预测机器可以代替人完成预测任务，节省成本。随着预测机器开始运转，预测有可能发生变化，并提高决策的质量。但等到了某个时间点，预测机器变得十分精确且可靠，以至于足以改变组织运作的方式。也就是说，一些人工智能对企业的经济效益产生了巨大的影响，它们不但可以提高策略执行过程中的生产力，还将改变策略本身。人工智能以预测为基础，让预测成为决策依据，在这个层面上，人工智能就可以成为企业经营中的重要工具，进而影响到企业的战略规划并对社会的权衡形成影响，这就形成了一座人工智能影响力的金字塔，从下到上依次是：（1）预测；（2）决策；（3）工具；（4）战略；（5）社会。

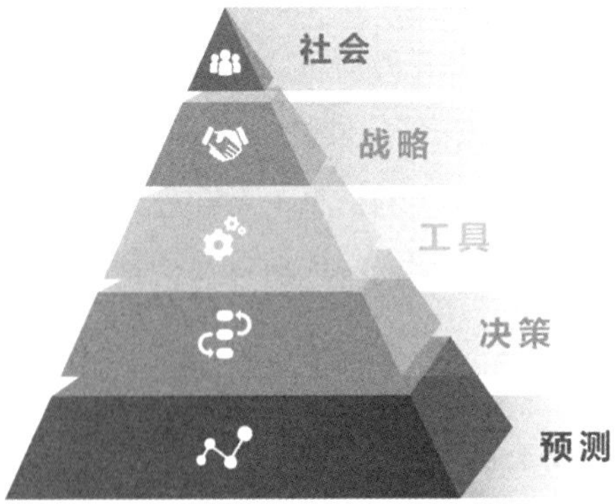

人工智能影响力金字塔图

预测 预测是填补缺失信息的过程。预测指运用你现在掌握的信息（通常称为“数据”），生成你尚未掌握的信息。除了生成关于未来的信息，预测还可以生成关于现在和过去的信息。企业的经营过程就是一个预测与决策的过程，我们需要预测商品与客户之间的对应模型，市场活动与营销业绩之间的关系，员工技能与工作能力之间的对应，服务资源与客户满意度之间的匹配等。

预测算法依赖数据。越来越多、越来越精确的数据带来越来越好的预测。从经济角度来说，数据是预测的关键互补品。随着预测算法越来越廉价，数据的价值会越来越高。数据在人工智能中扮演着三种角色，首先是输入数据，分析反馈算法，用于生成预测。其次是训练数据，它被用来生成最初的算法。训练数据用于训练人工智能，让后者得以在现实环境下进行良好的预测。最后是反馈数据，通过经验来改进算法的表现。在某些情况下，这三种角色存在大量重合，同一批数据甚至能身兼三角。

企业的经营活动就是数据积累的过程，我们可以将历史数据作为输入数据来生成预测模型，将预测模型在实行中进行应用并持续训练，在训练过程中产生的结果就是预测模型的反馈数据，用这些数据对模型进行持续优化。

就预测而言，机器和人类有着各自的优势和劣势。随着预测机器的改进，企业必须调整人与机器的劳动分工来应对。在考虑不同指标之间复杂的相互作用时，预测机器比人类表面看来要好，尤其是在数据丰富的环境中。随着这种相互作用的范围不断扩大，相较机器而言，人类作出精确预测的能力随之减弱。然而，理解数据的生成过程可带来预测优势，且在数据较为单薄的时候，人类比机器表现更好。**所以更好的预测应该是基于人机耦合的，这是将人工智能与人类智慧结合的最好方法**。

决策 预测不是决定，作出决定需要对预测进行判断。在人工智能应用之前，人类始终是把预测和判断放到一起进行的。而现在，预测算法的进步意味着我们必须对决定进行一番剖析。找到预测和结果之间的关系才能做相应的判断，这就是一个决策过程，决策后所产生的结果，又可以作为决策的反馈数据，对决策流程做进一步的优化。

随着预测算法能力的增强，人在企业中的某些活动会贬值，当然也有很多活动会增值。对预测本身而言，预测算法整体上是人类预测的一个更好的替代。随着机器预测越来越多地取代人类预测，人类预测的价值将降低。但更重要的一点是，虽然预测是一切决定的关键组成部分，但它并不是唯一的组成部分。目前，决策的其他元素（判断、数据和行动）仍牢牢地被人类握在手中。它们是预测的互补品，也就是说，随着预测变得廉价，决策的价值会提高。只有人类才会进行判断，也只有人类才会衡量决策结果对企业经营目标的影响。随着人工智能接管预测，人类会减少在决策中扮演预测加判断的综合角色，而更多地专注于发挥判断的作用。这将促使机器预测与人类判断之间形成互动。当然，企业也可以通过对目标的设定，让预测算法在所设定置信度阈值以内进行自动决策，人类则根据结果对目标的吻合程度，对其算法模型进行修正。

工具 人工智能应用是通过工具的开发得以实际贯彻并在企业中开始应用的，人工智能工具设计的单位不是“工作”“职业”“策略”，而是“任务”。任务是决策的集合，决策以预测和判断为基础，依靠数据获得信息。有时我们能够将一项任务内的所有决策自动化，随着预测的提升，我们可以把任务中残留的尚未自动化的任务进行自动化。预测机器的崛起激发了人们的思考：怎样对工作流程重新设计并使其自动化，从此类任务中有效地剥离人类。但仅有更好、更廉价的预测还不能带来完全的自动化，采用预测机器还必须提高机器在任务的其他方面所带来的回报。否则，你会希望人类决策者与预测机器协同工作。人工智能工具是定点解决方案。每一种工具都能生成一种特定的预测，按照设计，大多数工具只执行一项特定的任务。企业在决定如何贯彻人工智能时，会把工作流程分解为任务，预估投资回报率并按投资回报率对人工智能进行排序，接着从清单的最顶端开始，一路朝下走。有时候，也可以简单地在工作流程里安插一套人工智能工具，提高该任务的生产效率而实现直接收益。然而，大多数情况并非如此简单，需要重新思考应用人工智能工具带来的真正益处，或对整个工作流程进行“工程再造”。因此，与个人计算机革命类似，在许多主流企业，人工智能带来的生产力收益要过些时间才看得出来。

一份工作，就是一组任务的集合。在分解工作流程、应用人工智能工具的时候，以前由人类执行的某些任务可能会自动化，剩余任务的顺序和重点可能有所改变，新的任务也有可能出现。因此，构成工作的任务集合是有可能改变的。

人工智能工具的实践对工作岗位产生如下 4 种影响：

▷ 人工智能工具可以增加工作岗位，如智能训练师与智能流程设计。

▷ 人工智能工具可以减少工作岗位，如简单的咨询服务。

▷ 人工智能工具可能导致工作岗位重组，一些任务增加，另一些任务消失，如营销模型的设计与优化。

▷ 人工智能工具可能会将重点转移到特定工作岗位所需的特定技能上。

战略 人工智能已经成为很多企业的战略，是应该由企业的决策层进行主导的战略。强大的人工智能工具远远不止于提升业务层面任务的生产效率，而且有望彻底改变企业战略。具备如下因素，人工智能就能带来战略上的变革：商业模式中存在核心权衡；受不确定性影响的权衡；减少不确定性的人工智能，拨动了权衡天平上的指针，最优策略从这一边转到了那一边。人工智能战略需要企业决策层领导参与的另一个原因是，采用了人工智能工具的业务同样有可能影响到企业的其他业务，强大的人工智能工具可能会导致工作流程和公司的业务边界在很大程度上被重新设计。

人工智能会增加互补品的价值，包括判断、行动和数据。判断的价值增加可能导致组织等级的变化——把不同的角色或不同的人员放到权力岗位上，可能会带来更高的回报。此外，预测机器使管理人员不仅可以优化单个要素，还可以优化更高级别的目标，从而使决策更接近组织的目标。受预测影响的行动，可以成为竞争优势，传统企业亦可获得人工智能带来的一些价值。然而，在某些情况下，强大的人工智能工具带来了明显的竞争优势，新加入者可能会将该行动垂直整合，利用人工智能作为竞争基础。

确定企业业务的边界是一项关键的战略选择，不确定性会影响这种选择。由于人工智能可以减少不确定性，它会对组织与其他组织之间的边界产生影响。通过减少不确定性，预测机器提高了编写合同的能力，故此也就增强了公司以合同的方式将专门负责数据、预测与行动的资本设备和劳动力外包出去的动机。然而，预测机器会削弱公司把专门掌管判断的任务外包出去的动机。判断的质量很难细化到合同中，而且难以监控。如果判断能够被清晰地细化，那它就可以被编程，交给机器，而不再需要人类来做。随着人工智能越来越普遍，判断有可能成为人类要扮演的关键角色，这样一来，企业内部聘用的员工会增加，外包出去的劳动力会减少。

人工智能将提升拥有数据的动机。尽管如此，如果数据提供的预测对你的组织并不具备战略意义，那么通过外包获得数据便有其必要。在此种情况下，最好直接购买预测而不是购买数据，接着用它生成你自己的预测。

很多企业（如联想、百度等公司）把“人工智能优先”调整为企业级的战略，这就要求把最大化预测的准确度作为组织的中心目标，哪怕这意味着要牺牲其他目标（如收入和用户数的最大化、用户体验的最优化等）。人工智能会带来颠覆，然而以人工智能为动机的产品，往往最开始比较差，因为训练预测机器执行任务要花时间，不管是遵循人类指令的硬编码机器还是自行学习的机器，都是如此。然而，一旦部署，人工智能便可继续学习和改进，把竞争对手的非智能产品抛在身后。对老牌公司来说，采取等待和观望的态度，站在场外观察人工智能在行业内的应用，这是很诱人的做法。一些公司说不定适合这么做，但另一些公司会发现，一旦竞争对手抢先训练和部署人工智能工具，自己就很难赶上了。而战略决策需要时机，也就是什么时候把人工智能工具投入实地应用。人工智能工具最初是在内部进行培训的，它们远离客户。然而，等把它们部署到商业用途中，它们会学得更快，因为它们暴露在了真实的运营条件下，往往还能接触更多的数据。早部署的好处是学习速度快，代价是风险高。在一些情况下，权衡是明确的；在另一些情况下，比如自动驾驶，权衡就比较模糊了，在这个时候就需要决策者进行决策：商业产品抢先一步带来的优势与产品尚未充分准备就发布，一旦失误造成的代价，到底谁大？

当然，人工智能自带很多类型的风险。主要有以下六类：

- ▷ 人工智能作出的预测可能导致歧视。哪怕这种歧视是无意的，它也需要企业为之负责。
- ▷ 数据太少，人工智能就无法发挥作用。这会产生质量风险，尤其是“未知的已知”类预测错误：预测机器很有信心地给出了预测，可惜给的是错的。
- ▷ 不正确的输入数据会欺骗预测机器，容易让用户遭到黑客攻击。
- ▷ 一如生物的多样性，预测机器的多样性涉及权衡个体和系统层面的结果。多样性的减少，可能有益于提高个人层面的绩效，但会增加大规模失效的风险。

▷ 预测机器有可能遭到反向查询，致使你的知识产权被窃，攻击者也可通过此种查询洞察预测机器的弱点。

▷ 反馈有可能遭到恶意操纵，导致预测机器学习不良行为。

社会 人工智能的兴起为社会提供了许多选择，每一个选择都代表一种权衡，在这一阶段，尽管技术仍处于起步阶段，但社会层面上已经显现出三项特别重要的权衡。第一项权衡是生产力与分配。许多人认为人工智能会让我们变得更贫穷，境况更糟糕，并非如此。经济学家认为，技术进步会让我们的生活更加美好，还能提高生产力。人工智能无疑能提高生产力，问题不在于财富的创造，而在于它的分配。人工智能可能加剧收入不平等的问题，原因有二：一是，人工智能将接管某些任务，这或许会加剧人类对余下任务的竞争，工资降低，与资本所有者的收入相比，它将进一步削减劳动力赚取的收入的比例。二是，与其他计算机相关的技术一样，预测机器可能存在技能偏好，故此，人工智能工具不成比例地提高了高技能工人的生产力。第二项权衡是创新与竞争。和大多数软件相关的技术一样，人工智能具有规模经济的特征。此外，在一定程度上，人工智能工具往往具有收益递增的特征：预测越准确，用户越多，于是生成更多的数据，而更多的数据将带来更准确预测。如果企业拥有更多的控制权，它会有更大的动力去开发预测机器，但随着规模经济的发展，这有可能导致垄断。从短期角度看，快速的创新可能造福社会；但从社会或更长期的角度看，这或许并非最理想的结果。第三项权衡是性能与隐私，数据越多，人工智能表现越好。如果它们可以访问更多的个人数据，就能更好地做个性化预测。提供个人数据通常会以失去隐私为代价。

人工智能的企业应用总结 作为一个已经开始普及的预测技术，人工智能将在企业中得到大规模的应用，这一点是毋庸置疑的。人工智能负责预测，企业的管理者根据人工智能的预测进行相应的决策，或人工智能在置信度阈值范围内自行决策，将推动企业快速实现其业务目标。而以人工智能为核心引擎的系统则将预测与决策的流程工具化，让人工智能在企业应用中快速落地。

很多企业已经将人工智能应用作为其重要的战略规划，这有可能会牺牲掉一些短期的目标，但是经过实际数据训练的人工智能会快速成长。一旦越过了临界点，就会将没有实施人工智能战略的竞争对手远远地甩在后面，成为行业中的领跑者，这个领跑者会产生更多的数据对人工智能的预测算法进行迭代优化，如此一来，其领先者的地位很难被颠覆。但是人工智能战略也有被黑客攻击、被恶意训练等风险，需要用技术手段与制度手段加以回避。

第二节 新一代的服务与营销平台

人工智能负责处理信息，5G 负责分享信息，它们的结合不仅仅是计算机与数据网络技术结合的延展，更是一次革命性的升级，它将人与人、人与物、人与服务的连接变成了万物之间的连接，也就是说，在上一代连接的基础上，增加了物与物以及物与服务的连接。从这个角度来重新审视下一代的智能服务与营销平台，就可以有一个比较清晰的认知，下一代一定是基于物联网和人工智能的，它除了连接人与人、人与服务以外，还必须有物与物、物与服务的连接，它是可以直接由“物”本身发起服务请求与营销推荐的系统。

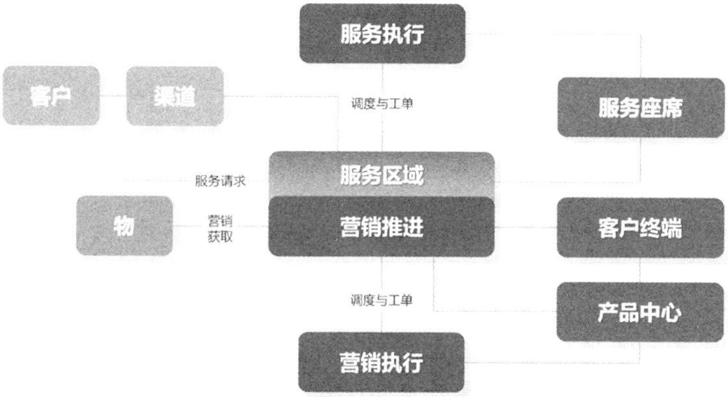

物联网时代的智能服务与营销平台架构图

尽管5G已经到来，但是物联网尚未全面启动。现在所说的新一代还没有办法包含太多物联网的元素，**我们可以将未来的基于物联网的平台定义为“下一代”，将现在可以马上实现的定义为“新一代”**，那么新一代和上一代相比，到底有哪些革命性的突破呢？

为了回答这个问题，我们首先对上一代的智能服务与营销平台下一个定义。在第三章，我们将智能服务与营销平台分为三个阶段，基于软交换并且具备了一定智能化能力和互联网联络能力的联络平台称为第2.5代电话联络平台，在这个基础上增加服务与营销的业务就构成了一个服务与营销平台。这个平台的核心是CTI系统，CTI系统负责路由。所谓的路由，在服务场景就是对应客户的服务请求为其配置合理的服务资源，在营销场景就是为销售分配合适的客户。第2.5代电话联络平台还没有将电话渠道与互联网渠道的路由统一起来，多渠道全媒体的统一路由是新一代所要求的一个重要功能，也是新一代有别于上一代联络中心的一个重要特征。传统的路由是基于规则的，规则的设定只能根据几个有限的条件，而不可能将所有的条件都考虑进去；在业务目标的指导下给出一个最好的路由预测，而这恰恰是人工智能最擅长的。

服务与营销平台的核心是路由，新一代就是对这个核心进行升级，将基于规则的路由分配用人工智能最为擅长的预测能力替代，将规则路由升级成为预测式路由。从这个角度来看，**新一代就是智能化，这里所说的智能化的核心是以业务目标为基础，基于人工智能的预测式路由、多渠道与全媒体只是智能化在实现业务目标过程中的通道而已。当然，人工智能在新一代中还有另外一个重要的使命，就是通过知识的分享，提高服务与营销的效率。**

基于业务目标的基础与测试路由

任何企业的应用系统都是为企业目标服务的，这个目标可以是企业的使命、企业的愿景、企业的战略或短期内的小目标。服务与营销平台更是如此，如果我们将服务也看成是一种营销行为的话，那么这个系统就是为了实现企业的营销目标。本书开头“**有机的企业**”一章，引用了彼得·德鲁克对企业职能的描述，其中一个重要职能就是创造顾客，营销就是一个创造顾客的过程，服务也是营销。按照这个定义，所有的企业战略必须具备营销的目标，而预测式路由就是为服务与营销的业务目标服务的。

企业的所有行为和资源都是为创新和营销服务的，让营销的效率最大化是服务与营销平台的目标，也是企业的核心目标。要达到这个目标，就要找到产品、客户、市场、销售人员之间的匹配关系，进而优化产品设计，更精准地进行市场与广告活动的投放，通过培训或招募来提升销售人员的销售技能，然后通过营销结果的反馈对这个匹配模型进行持续优化。

这个日益优化的匹配模型就会成为企业营销的金钥匙，谁先找到它，谁就能够成为领跑者，并一骑绝尘。然而，这是一个非常复杂的网状关系，产品的特征与元素众多、客户与销售人员的标签层出不穷、市场投入方向千变万化，这其中可能涉及成千上万个变量，如果用基于规则的模型穷尽，则几无可能。

以服务与营销领域的一个核心问题——**客户流失的预测模型为例**，看一下技术是如何服务于这个经典业务难题的。对许多企业来说，获取客户往往代价很高，故此，客户流失带来的损失很大。一旦获得了客户，企业就会通过减少流失率来充分利用获取成本。在保险、金融、电信等服务行业，控制客户流失大概也是最重要的营销活动。减少客户流失，需要先识别出有流失风险的客户，预测技术能很好地完成这一任务。

历史上，预测客户流失的核心方法是一种被称为“回归”的统计技术。有一些研究聚焦于改进回归技术，研究人员在学术期刊和实践中提出并检验了数百种不同的回归方法，回归就是根据过去发生事件的平均值来寻找一种预测。在机器学习之前，多元回归提供了一种处理多种条件的有效方法，而且无需计算数十、数百甚至数千种不同条件下的平均值。回归运用数据去尝试找到那个将预测失误最小化、“拟合优度”最大化的结果；回归将预测的平均失误控制到了最低限度，对待大失误比对待小失误更加严厉。这是一种强大的方法，尤其是当数据集相对较小，能很好地感知什么因素对数据有用的时候。除此之外，回归模型渴望产生无偏差的结果，所以，要是预测得足够多，这些预测就平均概率而言是完全正确的。虽然我们喜欢无偏差的预测多过有偏差的预测（比如系统性地高估或低估一个值），但无偏差的预测也并非完美。因为准确无比的平均值可能在实际中每次都出错。

为了调整这种由于统计算法本身所产生的大的偏差，在实际的企业客户流失预测模型的设计中，会由经验丰富的业务专家主导，根据经验与自己的判断来调节优化模型，清除模型中明显的错误因子，并加上主观有效因子。这种做法往往能够得到很好的效果，但是由于它对专家有很强的依赖度，一旦专家发生错误，模型可靠度就会受到质疑，并且在无数个可能的变量中，专家也受限于自身经验和主观因素。

这一问题在人工智能应用之前几乎是无解的，所以优秀的“客户流失模型”管理必须依赖优秀的专家。解决这一问题的最佳做法是通过人工智能，应用其强大的计算能力以及基于神经网络的算法学习能力。与回归不同，机器学习的预测可能平均起来是错误的，但当预测失误的时候，它并不会失误太多。按统计学家的说法，**允许偏差，以求减少方差**。机器学习和回归分析之间一个重要的区别是新技术的开发方式，发明一种新的机器学习方法时还需证明它在实践中能运作得更好；相反，发明一种新的回归方法，首先要证明它在理论上是有效的。强调实践效果，给了机器学习创新者更多的实验空间，哪怕他们的方法生成的估计结果平均来看不正确或存在偏差。在这种自由实验的推动下，机器学习借助过去 10 年的丰富数据和高速计算机实现了快速的进步。

然而，从 20 世纪 90 年代末期到 21 世纪初期，那些利用机器学习预测顾客流失的实验仅取得了有限的成功。虽然机器学习的方法有了稳定的进步，但回归的方法依然表现得更好。数据仍然不够丰富，计算机的速度也不够快，无法使其利用机器学习做事情。2016 年，一切都改变了。使用机器学习和神经网络深度学习来预测流失的模型整体比其他所有方法表现得都好。是什么发生了改变呢？首先是数据和计算机终于足够好，让机器学习占了上风。20 世纪 90 年代，建立足够大的数据库很难。比方说，一套经典的流失预测研究只使用了 650 个客户的数据，不到 30 个变量。

2004 年，计算机的处理和存储都有了进步。机器学习方法逐渐能跟回归一较高下了。如今，研究人员根据数千个变量和数百万客户展开流失预测。计算能力的提高意味着可以处理大量的数据，除了数字，还包括文本和图像。例如，在移动电话流失模型中，研究人员除了使用标准变量（如账单额度大小和支付准时性）之外，还调用了通话记录数据（以小时为单位）。

利用可用数据，机器学习方法也变得更好了。成功的关键因素是，如何从数百个可用变量中进行选择，以及选择使用哪一种统计模型。当时最好的方法，不管是机器学习还是经典的回归，都通过结合直觉与统计检定来选择变量和模型。现在，机器学习方法（尤其是深度学习方法）允许模型具备灵活性，这意味着变量彼此之间可以按照意想不到的方式相结合。在开始计费的月初就积累了大量通话时间、高额电话账单的人比到月末才累积大量通话时间的人流失的可能性更低。此外，周末异地通话、付费时间迟、大量发短信的人尤其容易流失。这样的结合难以预料，但对预测有极大的帮助。由于难以预料，建模人员在使用标准的回归模型进行预测时，无法将这些结合后的信息包含在内。机器学习把一些结合与交汇事关重要的选择权交给了机器，而不是程序员。机器学习深度方法的改进，意味着可以有效地将可用数据转化为对客户流失的准确预测。现在，机器学习方法明显优于回归和其他各种技术。

回到营销领域中产品、客户、市场与销售人员之间的模型建立与优化，会发现其需要的变量远远大于客户流失模型，而且这些职能几乎隶属于企业的所有部门。在人工智能得以广泛应用以前，没有企业会去尝试建立这一模型，企业的营销决策基本掌握在其核心管理层，不可能通过模型进行企业管理。

现在我们有了机器学习这一预测技术，就有可能找到企业的最优营销模型。当然，它和所有的人工智能应用一样，需要数据、训练、反馈与持续的优化。

先来看数据，对于这样一个复杂的机器学习模型来说，建立模型的数据很重要，这些数据包括客户画像数据、销售画像、产品的各类数据（如定价、定位等），它们都会成为模型中的变量，参与到模型的建设中。

训练数据可以是历史数据，其中包含营销流程所需要的变量与目标结果。机器学习可以通过历史数据训练找到初始算法模型，这个初始算法模型的优劣取决于预测算法、变量的详尽程度以及目标结果的准确度。经过历史数据训练过的模型就可以上线使用，当然，为了确保使用预测算法后的业务目标不低于基于规则的路由方式，可以用人工智能与规则并行，同时采用人工核对优化的方式进行模型优化。上线后的模型就可以在实际的环境中持续优化改进，以提升业务价值与业务目标。

智能服务与营销平台是这种预测式技术最好的落地场景，因为其工作的过程中贯穿了客户服务请求、服务与产品的推荐等流程，同时也可以方便地建立与优化客户画像、销售画像与产品画像。从系统与解决方案层面要做的升级，就是将原有的基于规则的路由升级成基于人工智能的预测式路由，再进行用户画像、员工画像与产品画像的建设与持续丰富。

拥有了基于人工智能的预测式路由能力的智能服务与营销平台，才称得上是新一代的智能服务与营销平台。这个预测式路由能力，用在客户服务上是基于服务目标的智能匹配，用在营销上就是基于营销目标的智能推荐。

基于服务目标的智能匹配

服务目标可以是客户最高满意度、最高销售转化效率、最低服务代价，或多个服务目标的加权排序。有了服务目标以后，所有的预测行为都以目标最大化为出发点。

现在我们看到基于业务目标的智能匹配服务流程是这样的：我们假设某企业的客户服务目标权重次序是客户满意度 40%，服务效率 30%，销售转化率 30%。

顾客带着自己的画像进入企业的服务门户来获取服务请求，智能门户经过预判识别出了客户的服务意图，并针对三个服务目标的权重进行比对，根据计算结果，将客户的服务请求转到了智能服务机器人，因为此时的客户满意度与转化率的指标都无从判别，而智能机器人比人工的服务效率更高这一点是毋庸置疑的。

但是在机器人服务的过程中，发现机器人的置信度不够，会出现客户满意度风险，这时必须将服务请求转到人工，而转接哪一个座席也必须符合服务目标的要求。让客户画像、员工画像在服务目标下进行匹配，而这个匹配过程所形成的模型是可以用历史数据进行训练、在服务过程中进行动态优化的。

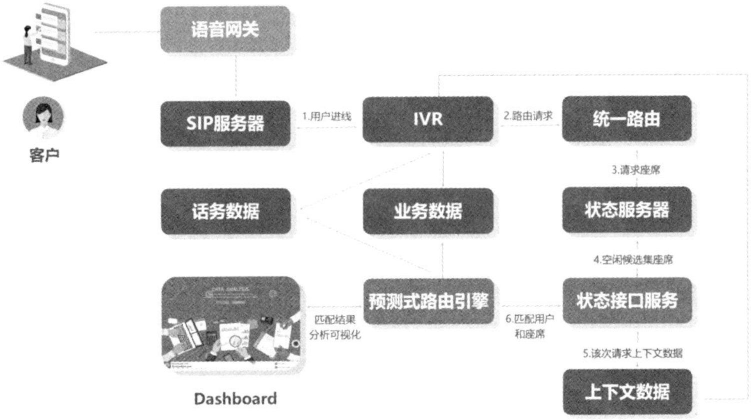

基于服务目标的智能匹配架构图

基于营销目标的智能推荐

预测应用于服务是为了提升服务目标，同样，预测应用于营销也是为了提升营销目标。如果我们将服务与资源称为匹配的话，营销就是一个推荐过程。

当下，人工智能的发展让推荐无处不在，我们所读的新闻、搜索广告、微视频、电商商品全部来自人工智能的推荐算法，它们的目标都是营销。算法所依据的是商家所收集的客户行为数据，将数据处理后抽象出客户画像，然后推荐匹配的信息或商品。

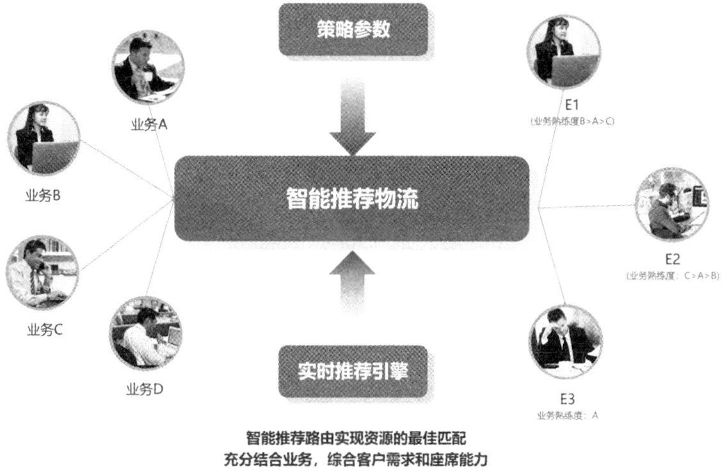

基于营销目标的智能推荐示意图

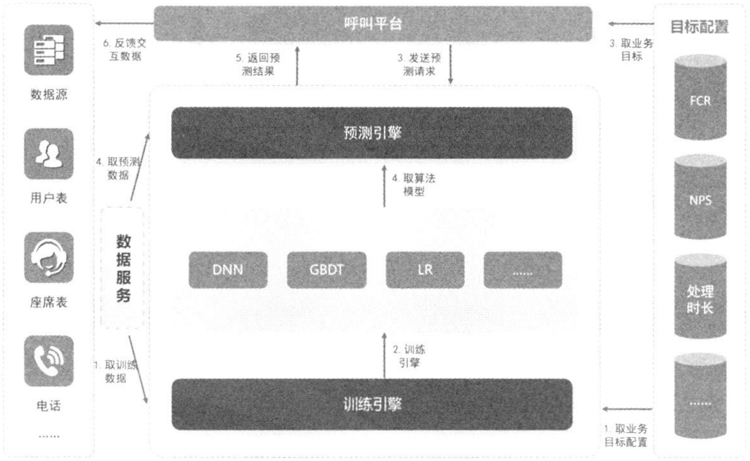

基于营销目标的智能推荐架构图

基于营销目标的智能推荐是为了找到商品与客户、客户与市场活动、客户与销售、营销过程与话术的对应关系，从而实现营销目标的最大化。智能推荐需要的基础数据是客户画像、员工（销售）画像、商品画像等，需要的训练数据是历史数据，进而建立推荐模型，再在营销过程中动态优化。

预测对企业资源的优化

企业的产品与员工是其最为重要的资源，通过创新来迭代产品以顺应市场需求；通过人力升级，不断优化人力资源，这些都是企业成功的基本要素。智能服务与营销平台连接着产品、客户、员工，如果人工智能的预测匹配与推荐充分发挥作用，就可以在产品画像、客户画像与员工画像之间找到最优化的匹配模型，一切以企业终极的业务目标为导向。

模型的参数是产品画像信息、客户画像信息与员工画像信息，通过参数的调节就可以发现它们对业务目标的量化影响。也就是说，可以通过人工智能的预测模型反向找到更加符合业务目标的匹配关系，这些匹配关系包含以下几个部分：

- ▷ 产品的设计与定价如何改变才能适应目标客户群；
- ▷ 哪种类型的员工技能图谱更能够提升客户满意度或获得更好的销售业绩；
- ▷ 怎样的市场投放能更有效地找到目标客户群；
- ▷ 与产品所对应的目标客户群扩展。

这些问题都是企业的核心问题，如果能够找到答案，就破解了企业的营销密码，可以用来指导人力资源部的员工招聘、员工技能提升计划；可以指导、优化产品设计，定义产品价格；可以指导市场部门进行精准市场投放，成为打开企业成功之门的金钥匙，这才是服务与营销中人工智能应用的最核心的驱动力。

人工智能的应用是一个养成过程，其间离不开大量的人工训练与调优操作，对目标的精准定义，各个维度的客户、产品、员工数据的收集，最终才生成精准画像。这个过程不会一蹴而就，相反，在开始的时候由于数据的准确性或积累量的缺失，模型算法的不成熟，会达不到基于规则的应用，甚至会影响到客户满意度与销售业绩。如果不继续坚持优化与数据的丰富，必定是个失败的项目。然而，一旦突破了原有基于规则的临界点，人工智能的价值就会爆破性增长，随着数据积累的丰富与算法的进一步优化，极易出现赢家通吃的局面。当然，新的挑战也可以用更为领先的算法来获得更强的竞争力，但是有一点是肯定的，**成功者一定是那些掌握了金钥匙的人，而这把金钥匙，一定是以人工智能技术为基础铸造而成**。

知识图谱构成了企业的信息库

知识图谱 知识图谱就是把所有不同种类的信息连接在一起而得到的一个关系网络。建设一个知识图谱系统，需要包括：知识建模、知识获取、知识融合、知识存储和知识应用五大部分：

▷ 知识建模：构建多层级知识体系，将抽象的知识、属性、关联关系等信息，进行定义、组织、管理，转化成现实的数据库。

▷ 知识获取：将不同来源、不同结构的数据转化成图谱数据，包括结构化数据、半结构化数据（解析）、知识标引、知识推理等，保障数据的有效性和完整性。

▷ 知识融合：将多个来源、重复的知识信息进行融合，包括融合计算、融合计算引擎、手动操作融合等。

▷ 知识存储：根据业务场景提供合理的知识存储方案，存储方案具备灵活、多样化、可拓展特性。

▷ 知识应用：为已构建知识图谱提供图谱检索、知识计算、图谱可视化等分析与应用能力。并提供各类知识计算的SDK（软件开发工具包），包含图谱基础应用类、图谱结构分析类、图谱语义应用类、自然语言处理类、图谱数据获取类、图谱统计类、数据集获取类、数据集统计类。

企业信息库 所谓的机器人服务与机器人营销，其实就是一个知识分享的过程。NLP（自然语义理解）解决的是“听得懂”的问题，也就是说，机器人所能回答的所有问题都已经通过人工维护到知识库中，机器人所要做的唯一一件事情就是理解客户的问题，并从知识库中提取正确的答案推送给客户。这样的机器人是不具备推理、计算和总结能力的。从目前的技术发展来看，人工智能是不可能具备思考能力的，这个能力还会由人类来承担，这也许就是未来人类最为独特的价值。

知识图谱就是将知识通过属性和标签连接起来，由原来的知识点变成知识面，由一维变成二维。增加了一个维度后，知识与知识之间就具备了关联性，有了关联性以后就可以进行推理、计算和总结，知识越多，从中获得的信息也就会越多，于是知识库就变成了企业的信息库，成为企业重要的资源。

企业大脑

如果我们将一个企业类比成一个人的话，由知识图谱所构成的信息库就是这个人所拥有的知识，基于业务目标的推荐与匹配就是这个人的决策机制，而客户画像、员工画像、产品画像等就是人的决策依据。这些信息和算法模型就构成了人的大脑。也就是说，被人工智能赋能过的企业，除了拥有人类管理团队的智慧以外，还会在运营的过程中生长出一个人工智能大脑。这个人工智能大脑擅长预测，而人类管理者则擅长思考与决策，人工智能的预测结果则是人类管理者最好的决策依据，这样就可以在更高层面形成企业管理的人机耦合。

人工智能擅长在大数据量的训练下寻找预测模型，而且这个模型一旦建立完成，就可以持续地为企业提供服务，并在服务的过程中不断优化。优秀的人类决策团队擅长在小数据样本的情况下进行抽象，但是所抽象的模型会因为个体的不同而南辕北辙。人工智能会严格地按照算法模型与预先设定的参数与业务目标去执行，而人类在执行过程中可能会受到身体状态、情感、道德观等影响。遇到明显的预测结果错误时，人工智能并不自知，而人类则会通过思考来回避明显的逻辑错误。

在引进人工智能之前，企业的治理金字塔架构是决策、管理与执行，管理层是公司的中间层，起着承上启下的作用。向下传递决策者的战略规划，并细化可执行的目标，引导执行者完成关键的结果；向上提供决策信息，补充决策依据。

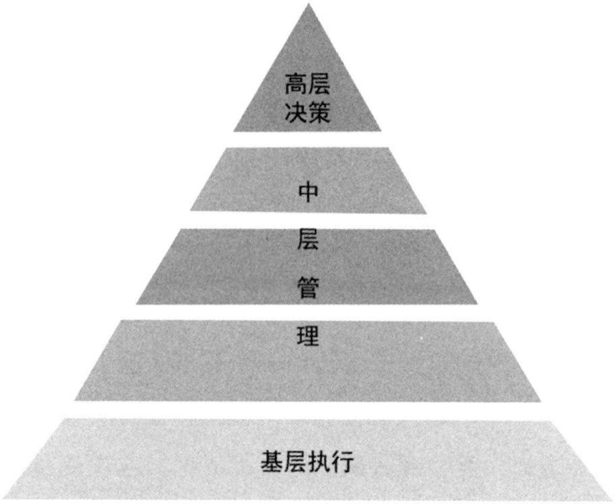

传统的企业治理金字塔架构图

企业引进人工智能以后，中间层就会变成由人工智能的预测算法模型为核心的企业大脑与人类管理者的耦合。人工智能所预测的算法模型经过人类管理者的审核，所需要的主观参数也由人类设定，人工智能的大脑自动推荐与匹配，转由人工智能自动执行任务，或路由给人工执行。遇到人工智能置信度不够或没有足量训练的场景，人工智能会将管理任务交给人类管理者，由后者决定或是升级到决策层决定，这类情况会主要集中在一些突发事件或是关键的管理任务处理。金字塔顶部的决策层则会得到由人工智能大脑所收集的信息与决策依据，也可以是由人类管理者经过过滤与处理过的信息。而执行层也会是由人机耦合来实现，执行层的人工智能是预测算法的另一种表现形式，如 NLP、知识图谱等。

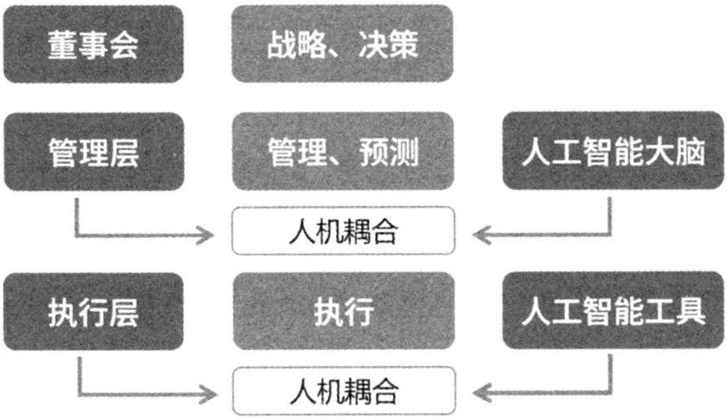

人工智能时代的企业治理结构图

企业的触点与触角

本书一开篇就提到过将客户和企业的接触点称为企业的触点。触点多种多样，传统的触点是企业的经营场所、平面广告、视频广告、线下的市场活动等，互联网为企业增加了更多的触点，如官网、APP、公众号、搜索引擎、第三方网站、第三方APP、小程序等。企业市场部的目标就是最大可能地增加有效触点并扩大其分布，有效触点越多，意味着企业的产品与形象越容易被目标客户感知。然而，什么样的触点才是有效触点呢？

有效触点是可能被客户关注并形成转化的触点，客户会联系企业、直接购买、添加有效信息，转化为企业私域流量。传统的触点是单向的，不具备记录能力，无法量化有效性，互联网触点可以通过对客户的点击、关注、信息留存等进行记录，但却缺乏与客户之间互动的能力，也不能进行主动的智能服务与营销。

将触点赋能成为触角　触点赋能就是在触点上增加交互能力

和千人千面的展现能力。如果事先获得触点群体的画像，就可以根据画像由企业大脑进行触点信息匹配，所谓的触点信息匹配就是向不同的客户群体推送适合的信息。触点上的交互能力就是联络入口，客户通过触点获得信息，通过交互与触点进行互动，需要营销机器人与客户交流，根据客户提供的信息进行产品与服务的推荐，并自动完成相关的服务与营销流程。如果发现营销机会或是识别出高端客户，则将交互转接到人工，由人工进行进一步的服务与营销。这种被赋能过的触点就成为了触角，这个触角受控于企业大脑，成为企业有机体的一部分。

线下的传统触点则可以通过二维码或 NFS（网络文件系统）等作为入口方式进入小程序、公众号、APP 等，进而获得触点上的赋能。

触点赋能是赋予触点服务与营销的能力，这种能力体现在机器人服务、精准营销、多媒体联络、社交互动等方面。目前的主流展现形式为静态网页、IM 联络、语音通信等，入口主要是公众号、小程序、APP 与电话。APP 是一个非常适合的触点入口，它能够以各种形式体现触点能力。然而，企业 APP 很难做成高频应用，所以目前几乎所有的触点都会采用公众号作为入口，其优点是简洁、易于维护、搭建方便，缺点则是表现形式过于简单，联络能力不够。最好的入口，目前看来应该是小程序或是小程序与公众号结合的模式，这样就可以通过触点将智能服务与营销的后台能力全部发挥出来，让触点成为真正的触角。

5G 时代的高带宽、低延迟特点让触点的能力得到进一步发挥。可以肯定的是，以下表现形式一定会在 5G 时代成为主流。

高清短视频 短视频展示与短视频社交是4G的产物，5G时代将进一步放大视频展示的优势，而制作精良的高清视频将成为企业触点展示的主流形式。

视频联络 视频联络在视频核身、风控、信息传递方面有语音通信不可比拟的优势，在5G时代，视频联络的体验将得到进一步提升，高清视频联络、实时微表情检测等技术的应用会成为触点联络的主流。

虚拟现实 高带宽意味着3D通信技术的应用成为可能，具备真实体验场景的虚拟现实如果得到应用，就可以模拟出更多的线下应用，在增强客户体验的同时，让联络发挥更大的价值。

新一代服务与营销平台的总结

新一代服务与营销平台的核心是基于人工智能的预测式路由，预测式路由用在服务上就是基于服务目标的智能匹配，用在营销上就是基于营销目标的智能推荐。预测式路由将在客户画像、员工画像、商品画像以及服务指标、营销指标等数据的训练下，提炼出企业资源与营销目标之间的最佳匹配模型，企业管理者与决策者通过这个模型给出的建议，可以进一步优化企业的人力资源、产品设计与市场投放等，让营销与创新具备更高的效率。

知识图谱将企业中的知识连接起来，形成二维的企业信息库，预测式路由所提炼的企业算法模型加上企业信息库就成为企业大脑，企业大脑和企业管理者一起运营企业，并通过人机耦合的方式向决策者提供决策建议与决策依据，推动企业不断进步。

用企业大脑为触点赋能，就能够将单向的触点变成具备联络能力与智能化能力的触角，企业触角的有效延展就是企业运营规模不断放大的过程。5G时代将进一步加强触角的联络能力，高清视频联络将成为主流的联络应用，而基于虚拟现实的3D联络或许也会成为5G时代的爆点应用。

企业的大脑与触角构成了有机的企业，这个有机的企业就是新一代服务与营销平台的最好载体，也是新一代平台的终极目标。

第三节　5G将引领具备物联网能力的下一代服务与营销平台

5G的超大规模连接能力将引发物联网应用，这已经是业界的共识，届时服务与营销将发生怎样的革命呢？

我们在预测未来的时候，多大的脑洞都不够用。就像IBM的工程师在20世纪70年代预测未来的计算机会在两吨以下一样，技术的发展呈指数级的今天，我们甚至连5年后人工智能会带来哪些变化都一无所知，我们更无从得知人工智能将突破智能的“奇点”何时到来。预测物联网时代的电商、社交网络、搜索引擎等同样不是一件很靠谱的事儿，很有可能我们今天看似脑洞大开的想象，在真正的万物互联时代来临的时候会幼稚得可笑。是呀，这就是技术，在过去异想天开，在现在勉为其难，在未来习以为常。

思考与推理总是没有错的，在物联网时代“物”本身会被赋予联络能力与身份识别能力，这样，每一个“物”都会成为具备独立身份的个体。于是，物与物之间就能形成连接，形成社交与营销关系。当然，前提都是为人类服务的。我们可以设想，在物联网时代的每一个家庭都有一个智能的家庭管家，这个智能家庭管家管理着家庭所有的物品，并汇总所有的数据为家庭成员服务，它就可以清楚地通过家庭中的健康检测设备了解家庭成员的所有健康信息，并为其餐饮提供建议，进而建议采购符合家庭成员健康要求的生鲜食品。而生鲜食品的管理者由冰箱担任，在储存生鲜食品的同时会将数据传递给智能家庭管家，智能家庭管家会给出购买清单，由家庭成员确认后直接从生鲜食品电商采购，整个过程，人只进行最后的决策。

智能家庭管家会采集智能电表的数据，自动关闭一些能耗较高的家用电器，建议主人通过电器更换来节省用电成本，并给出投资收益。在电费余额不足的情况下，会自动提出购电建议，由主人确认后购买或是根据参数设定来自动购买。家庭的所有电器设备都会带有自检功能，在出现故障后会自动保修，通过远程修复，或是通过家庭管家提出更换建议。

我们可以想象在物联网时代，服务与营销将发生天翻地覆的变化，现在的电商、社交网络等如果不能与时俱进，很有可能像互联网颠覆传统企业那样，被物联网时代的新型商业模式所取代。

网站是传统互联网的入口，流量越大就意味着流量越高，这也就是搜索引擎网站尽管不销售任何商品，却日进斗金的原因。移动互联网时代的主要入口是 APP，下载和使用频度越高，就意味着价值越大，由于垂直领域 APP 的发展，传统搜索引擎的价值被降低，取而代之的是以交易为目标的 APP，如电商、住、行等。前物联网时代的入口会在 APP 的基础上增加小程序，由于其轻量化与易于传播等特点，会成为所有低频应用的选择，容易被客户接受，大量地应用在服务与营销场景。

就像网站依然在移动互联网时代存在，并继续发挥价值一样，APP和小程序在物联网时代会依然存在，但是随着物联网时代的流量入口天翻地覆的变化，“物”本身与家庭的或个人的智能管家将分流主要的价值流量入口，即与衣、食、住、行等相关的交易流量。家庭的智能音箱会成为这个智能管家吗？我们不得而知，但是从互联网巨头们不遗余力地推广智能音箱这一现象来看，这个猜测很有可能是真的。当然，未来一切皆有可能，或许智能管家会是一台运行人工智能的超级电脑，而不是一个简单的NLP网络终端。

不管怎样，物联网时代的服务与营销将与互联网时代大不相同，人不再是服务与营销的唯一主体，取而代之的是物和人工智能。于是，企业服务与营销平台的触角将扩展到物与个人或家庭的智能管家，触角将越来越毛细血管化。企业服务与营销平台的大脑是一个人工智能算法，“物”是一个有联络能力与身份识别能力的触点，个人或家庭的智能管家也是一个人工智能算法，它们之间的沟通将基于标准与协议，NLP网络终端将不再重要，目标将变成服务与营销的核心，当企业大脑的业务目标与智能管家的服务目标达成一致时，交易就自然达成。

4P营销组合

营销的定义是“有利可图地满足需求”，营销学大师所总结的4P营销组合是产品（Product），包括产品种类、质量、设计、特色、品牌名称、包装、大小、服务、担保和退货等；价格（Price），包括标价、折扣、返利、付款期、赊账条件等；促销

(Promotion)，包括销售促进、广告、人员推销、公共关系、直销等；渠道（Place），包括覆盖面、产品组合、地点和库存等。这个组合面向的是以人类为主体的营销对象，对于购物来说，人类具备天生的弱点，所有的营销理论都在或多或少地利用人性的弱点，让人产生购买冲动。而人工智能则不存在这些问题，一旦智能管家成为营销主体，一个绝对理性、不受情绪左右的顾客站在你面前，营销将发生怎样的改变呢?

可以肯定的是，智能家庭管家冷酷无情，不可能被人类推销员打动；它计算能力强大，不可能被看似优惠实则并不实惠的促销手段所吸引；它博闻强识，可以在短时间内比较浏览过的所有商品信息；它是一个绝对精明的消费者，会遵守人类主人所设定的规则，没有冲动购物特质。如此一来，精准营销模型将无用武之地，触点营销亦将失效。物联网时代的营销极具颠覆性，一旦预想成真，那么营销流量入口这一概念将不复存在，也就意味着目前的商业模式或许会荡然无存。那么，会变成怎样呢？或许，一切回归商业本质，未来根本不需要营销……

附　录

智能服务与营销

——建设者访谈录

阮雯超

《智能服务与营销——建设者访谈录》采访记者

【采访者独白】

我是易谷网络人事行政部的阮雯超（Stella），一直从事培训管理工作的我，不知不觉间也混迹IT界10年了，在日常接触中也多少了解些IT男的脾气秉性。平时在培训教室里，面对十来号程序员循循善诱，春风化雨，定点定时定向教学，多少积累了点经验，但要一对一地进行采访，尤其还要上镜采访，我还是不免心里一紧。先不说自己和IT男面谈时大概率会发生的尬聊事件，主要担心自己的大脸在屏幕上占比过多，显得过于真实……

其实作为一个刚加入易谷网络不久的新员工，在今年很长的一段时间里，我对公司的方方面面都还处于一个好奇、探索的状态。从对呼叫中心的认知单纯地等同于24小时银行电话客服，到了解了现今AI技术和大数据对智能客服的催生与急剧发展，以及公司在智能服务与营销领域的远大愿景，可以说B银行项目是在我这段业务扫盲期间出现频率最高的项目名称。

是怎样的项目需求让B银行项目如此备受关注？是怎样的项目情况让B银行项目团队如此众志成城？又是怎样的项目影响让它的成败如此至关重要？带着种种疑问，我开始了B银行项目纪录片的各地寻访。

面对镜头，我和我的被访者们都正襟危坐，略显局促，互相宽慰着放松，手却依旧不知该如何摆放。幸好，一切都是真情流露，一切都是有感而发。红灯亮起，片刻慌张之余，更多的是侃侃而谈，娓娓道来。600余天的风雨兼程、不畏艰辛，百余名项目成员的热血奋斗、勠力同心，终是成就了易谷网络在这一具有行业引领性大项目里的初步成功。

B银行新一代客服项目的上线，意味着“数智驱动、全程洞察、管理升级”的新客服体系的建立，将助力B银行冲破爆发拐点，开创智能化客服的新时代。易谷网络作为项目的总集成商，在其中扮演的角色重要性不言而喻。这样一个划时代项目的成功值得被记录，这样一群满怀热血与激情的奋斗者值得被歌颂。

镜头里，一句句朴实却动人的话语，向你我描绘了数百个挑灯奋战的夜晚；一个个腼腆而真挚的笑容，展示了易谷网络人踏实向上、永不言弃的从容。光影交错间，我不再担心自己的大脸在大屏幕上过于显眼，因为有太多动人、高光的瞬间会吸引你的目光。不信？你看！

【决策者洞见篇】

王鸿冰

易谷网络首席执行官

2017 年初夏的凌晨，张蒙奇整合好《新一代智能客服需求书》的最后一行字，合上了她的电脑。这份需求书完全由业务部门主笔，是从解决过去的业务痛点、满足现在的业务需求、引领未来的客户经营为出发点编写而成的，总共有 30 万字。全部文字都来自这个临时组建的，由业务专家、运营专家组成的 12 人团队，他们当时都没有想到一年以后这份需求书引发出了银行业一次规模盛大的技术印证大比拼，也没有想到又过了 1 年，根据这份需求书所形成的 B 银行新一代智能客服项目正式启动。2019 年底，项目整体上线并全国推广，成为大型银行智能服务与营销平台的建设楷模。当然，也没有想到，在完成这份需求书文档的过程中发生了那么多故事。

由这份需求书文档形成的解决方案涵盖了多媒体智能化等多种技术，客户联络、工单流转、价值输出等多个流程，服务与营销等多种业务，成为智能服务与营销之集大成之作。易谷网络有幸成为本解决方案的总集成商，用 100 多人的投入规模，近两年的时间完成了项目的全国推广，现在团队依旧驻扎在现场解决生产问题、优化流程。让我们来听听这个过程中他们的故事。

记者：Peter，您好！听说B银行项目是您这几年花精力最多、关注最久的一个项目，能给大家介绍一下这个项目的情况，以及这个项目对易谷的意义吗？

王鸿冰（Peter）：好的，其实这个项目不仅仅对易谷网络来讲是非常关键的项目，应该说是这十几年来业界最有影响力的项目。我做联络中心做了20多年时间，从2000年就开始为大型银行部署整体的联络中心解决方案，但2000年时的解决方案更多的是电话联络中心。到2012年的时候，很多银行开始部署基于互联网应用的联络中心，但是都没有大规模部署，也没有形成我们当时所宣扬的那种叫统一路由的概念。B银行第一次在这样大型的项目中，把多渠道全媒体统一路由，以及人工智能集成在一起，形成一个整体的解决方案。当时来说，这个解决方案是大型银行唯一一个最全面的新一代解决方案，所以它对业界来讲是一个分水岭。分水岭前面是较分散的联络中心，分水岭后面是集智能化、多媒体、全渠道为一体的联络中心整体解决方案。同时，B银行这次不仅仅把联络中心全面升级，而且把整个的业务也全部换掉，所以说这个项目在业界的影响力不一定是绝后的，但一定是空前的。

这对易谷网络来讲有三个方面的意义。第一个意义是为我们锻炼了一支铁军。我们前前后后在这个项目中投入了200多人，这200多人中现在应该还有一百五六十人是留在公司的。目前，这一百五六十人已经成为了公司的基础骨干、公司的核心精英，是公司的一支铁军。为什么呢？你想，一个团队到一个项目中，用差不多600余天的时间启用996工作制，而且一直持续。通过这样持续的磨炼就会训练出一支特种作战部队。这支特种部队如果再投入其他项目中，一定会发挥更大的作用。

第二个意义是帮我们完成了一个完整的大型联络中心整体解决方案，并完善了和这个解决方案相关的产品，如：质检、排班、培训考试、运营管理、运行管理等。这些经过了B银行十几万个测试案例的测试，现在已经基本产品化。我们将这些产品与我们既有的产品结合起来，就可以形成一套完整的智能客服解决方案。

第三个意义是为我们处理了一个案例，为业界定义了“新一代”的标准。

记者：听说在项目的执行过程当中，您也承受了巨大的压力，能和我们分享一下主要是来自哪些方面吗？

王鸿冰（Peter）：其实不仅仅是项目开始的时候有压力，这个项目在技术验证期间、招投标期间、交付期间，都承受着巨大的压力。不仅是我，所有易谷网络的管理层都一样压力巨大。如果拿到项目并成功交付，就会成为领头羊；如果拿不到这个项目，就会成为跟随者；如果拿到项目却不能成功交付的话，就会成为业界的笑话。

在招投标的过程中，我们的竞争对手都是上市公司，每一家公司都有几千人的规模，易谷网络没有这么大的规模，但是我们要去拿下这个项目，因为我们有专业度，我确信我们是其中最专业的。最后等我们拿到中标通知书的时候，新压力又来了，怎么交付？我们易谷网络当时有200多人，而项目经理告诉我需要一百五六十人左右的交付团队，我们其他项目还做吗？我们其他项目还往下走吗？

等我们团队到用户现场开始交付的时候，又突然发现我们对B银行的流程了解度远远不够，所以就导致了第一个阶段有大量的功能剥离。这个时候压力又来了，用户在给你中标通知书的时候，他对你是信任的，是有期待的。他知道你能做好这事，但是真正开始亮剑的时候，他发现你有问题了。你并不像他想象的那么好，也并不像你在招投标过程中说得那么好，怎么办？怎么挽回？

而我们的项目团队又非常能拼搏，根本不需要给他们什么压力。我记得在P805批次最关键的时刻，当时项目中要求的是996工作制，而我们的团队基本上是早上9点到用户现场，晚上12点才离开，离开了以后还在宿舍里讨论项目工作。我们的IVR系统团队是三班倒，但即便这样也没有如期完成所有的交付工作，所以当时客户对我们是有点失望的。

我们必须在后面的批次中把信任度重新建立起来，我们必须让用户不仅仅感动，而且要让用户相信我们的能力。还好，到最后一个批次的时候，我们一边进行着全国的推广，一边把主要的功能点全部上线，用户对我们的信任度重新建立起来了。

但是，这时候易谷网络又面临更大的压力。什么压力呢？不瞒大家说，是现金的压力。因为整个B银行的项目我们投入了几千万的成本，我们还没有开始收入，这导致了我们的现金流出现了很大的问题，有几个月发工资都有些困难。这个时候，作为一个经营者的压力是无法想象的。相当于前方的将士在拼搏，在他们需要粮饷的时候，你突然发现你的粮饷有问题了。对经营者来讲，有些事情你能解决，有些事情靠现在的能力不一定能解决。那靠谁来解决？靠团队来解决，靠大家精诚团结，靠我们企业文化的引领精神，靠我们前方的将士们那种领导精神去解决。

我们面临压力并不可怕，可怕的是没有能力去解决。我很幸运，我们易谷网络解决问题的能力还是很不错的。从这个项目里面，我真的看到了我们的领导精神，看到了易谷网络的凝聚力。我可以自豪地说，易谷网络的凝聚力与企业文化是我们解决一切问题的法宝。

【决策者规划篇】

岳 欣

易谷网络首席运营官

2018 年初，易谷网络已经被确定成为中标方，并开始组建团队做项目建设工作，看过项目进度内容和项目安排的业内人士都认为这几乎是一项不可能完成的任务，但是易谷网络的管理者却对此依然充满着信心。让我们来采访一下易谷网络的首席运营官岳欣先生，看看他当时是如何运营交付计划的。

记者：岳总，您好！能向大家介绍一下B银行项目的基本情况，以及这个项目对易谷网络的意义吗？

岳欣：如果要说B银行项目对易谷网络的意义的话，我觉得把它提到任何一个高度都不过分。打个比方，这个项目对我们的意义就有点像长征，长征的意义是什么？长征是宣言书，长征是宣传队，长征是播种机。为什么说这个项目对我们是一份宣言书呢？2017年，我们正式通过POC测试参与到这个项目的招投标工作。那个时候正好也是易谷网络要从一个传统意义，偏联络属性的解决方案公司——当时我们公司正处在从做“中国企业级多媒体通信解决方案以及专业组织领导者”，转向我们新的愿景——要做“智能服务与营销之集大成者”的转型阶段。要做这样一个大的转型，B银行项目就是一份宣言书，这份宣言书是对我们公司所有同仁而言的。因为可能在做我们前一个愿景的实验过程中，整个团队的组织形式，包括我们员工的技能，整个公司的运营，都是按照当时的愿景来规划的。但是当我们要转向做“智能服务与营销之集大成者”的时候，怎么让每一个同仁都能深刻地理解到公司将会发生的变化？参与这个项目就是最好的一种形式，这是对内。对外的话也是一样，怎么让所有的业界同仁包括客户、合作伙伴，都能相信易谷网络是真的有决心、有信心去做如此之大的一个转型？我觉得通过参与这样一个项目，不遗余力地去把这个项目做好，也是我们在业界的一份宣言书。

为什么说它是一个宣传队呢？光是发布一个愿景改变是不够的，还要有能力去真正地实现。说B银行项目是一个宣传队，就是因为我们真真实实地用了1年的时间，比较高效地去规划了当初那么多的业务需求，而且是以产品化的形式落地的。在我们项目正式上线以后，应该说通过各种渠道到客户现场来参观的各种类型的客户也不少，这对我们公司来说是一次非常好的宣传。

为什么说它是一台播种机呢？这台播种机又促长了什么呢？我认为它促长出了两个果实。第一个就是我们的团队，易谷网络包括我们现在的中层团队，都是在重大的项目里面成长起来的。像我们公司刚刚成立时候的安徽电力项目、阿里巴巴项目，到后来的国家电网项目、平安集团项目等，我们的团队都是在一个个重大项目中成长起来的。那 B 银行项日又是一个非常好的磨刀石，我们 100 多位同事在现场或在后台精诚合作，把这个项目成功交付。在整个过程中，我们整个团队的管理能力、技术水平、对解决方案的理解、对解决方案架构的重新设计，以及研发的架构设计等不断地提升，使我们整个团队有了一个大的前进，所以说它促长的第一个果实是我们这个团队。

第二个果实，我刚才也已经提到，就是我们的产品。因为如此大的项目，完全靠定制开发堆人头的方法肯定不是一种高效的交付手段。虽然我们的产品在这个项目的初期也没有做到特别完美，现在也不能说特别完美，但是已经比刚刚开始交付的时候提高了很多。我们整体产品的架构感、产品的成熟度，在这样一个大型央企各种各样的测试中，功能性的、非功能性的、安全性的等测试中都经受住了考验。所以，我说 B 银行项目就像长征一样，它是宣言书，它是宣传队，它是播种机。

记者：岳总做了一个非常形象的比喻，那在这么一个巨大规模的项目开始初期，您对这个项目的交付有信心吗？

岳欣：我觉得作为一家立志要成为“智能服务与营销之集大成者”的公司，我们郑重地去承接这样一个项目，我们还是有信心的。所以，不管是我本人，还是易谷整个管理团队，不管是我们在现场参与这个项目的员工，还是在后台支持这个项目的所有同仁，一定全部对交付这个项目充满信心。

记者：能具体地跟我们说一下这样的信心是来自哪些方面吗？

岳欣：我想举另外一个例子。就好比我们的祖国要去实现中华民族的伟大复兴，我们的信心来自什么地方？我们有“道路自信”“理论自信”“制度自信”“文化自信”。所以，我也想借用这些“自信”，来表达为什么我们有信心去完成这个项目。

第一就是“道路自信”。这是在我们公司大的转型过程中生成的。也就是说，不是我们为了获得这个项目盲目地去跟用户承诺很多东西，是易谷网络主动更新了公司的愿景——我们要做“智能服务与营销之集大成者”，我们整个公司的经营、组织架构、人员的技能都要进行一个大的转型，这正好和当时客户的需求吻合在一起了。所以说 B 银行项目正好符合易谷网络成长的道路。

第二就是“理论自信”。我们已经经历过很多大型项目的磨炼，虽然可能不像 B 银行项目那么庞大和完整，但是这个项目涉及的各个模块，我们都已经在很多其他的大型央企或者大型互联网公司项目上获得过成功上线的经验，所以，我们具备这样的能力。

第三就是“制度自信”。什么意思呢？就是我们也经历过很多央企或者其他的大型企业项目管理的磨炼，我们也大致清楚在这么一家巨型公司，如何去成功地通过它的各种项目管控，来进行项目的交付工作。

第四就是“文化自信”。我一直感到非常自豪的就是Peter和我，我们两个人从创办这家公司开始，哪怕是我们最弱小的时候，也都非常重视文化的打造。只有在一个拥有强烈的使命感和企业精神支撑的、有文化的公司，当我们碰到各种各样的艰难险阻和困难的时候，我们全体同仁才会团结在一起。只要我们这么多人团结在一起，有什么困难是不能克服的呢？

这些“自信”，就是当时我们承接这个项目的时候具备成功交付的信心来源。

记者：那从您的角度，您觉得针对这样一个大型项目，能够成功实现项目交付的关键点是什么呢？

岳欣：这个关键点可以从不同的角度来看。

第一个关键点，就是对需求的把握。必须要和用户的业务部门进行非常频繁的沟通，去了解客户的需求。我们虽然做过很多项目，但是每个客户在每个项目中期望的真正的业务需求，他以前的痛点和他这次想达到的亮点，都会有所侧重，有所不同的。我们不能自以为是地认为我们已经做过那么多项目了，就很了解。这时候一定要仔细地去聆听客户的需求。当然，很重要一点就是也不能百分之百地完全跟随着客户人员的指挥棒走，因为毕竟我们也是这个领域的专家，我们也经历过大项目的洗礼。其实用户也希望从我们这儿能得到一些输入，帮助他们加深了解如何通过这样一个智能服务与营销平台去创造业务价值，提供我们的一些意见和建议。所以，我们既要非常虚心地聆听客户的需求，也要勇于去提出一些我们的理解、意见和建议，通过这样一种良好的沟通，我觉得就能为这个项目的交付打下坚实的基础。

第二个关键点，就是整体的架构。这个架构包含了组织架构和技术架构。首先，我们面对的客户是宇宙第几大银行，它有非常复杂的人员组织架构，有当时的网技部，有真正的运营者，有中间商务，有软件中心，有数据中心，还有一些领导机构。比如说信科部等，客户内部也是一个非常庞大的机构。我们怎么能和整个项目的所有相关部门进行良好的沟通，凝聚各方的共识？这是从人员架构方面我们需要准备的。其次，就技术架构而言，因为 B 银行项目是个大项目，这个项目是要能够统揽 B 银行集团未来所有的业务条线和全球的业务范围，而且涉及的子系统又非常多，全媒体、全渠道、人工智能等，所以不能按照用户所写下来的需求直接拿起来就开发，必须进行一个良好的技术架构的设计。要先有顶层的技术架构设计，再落地到每一个模块中去具体实现，这样会少走很多弯路。最后，我觉得非常重要的是，鉴于我们做的是一个 B2B，不能说自己想怎么来就怎么来，一定要非常注重细节，非常认真地去了解客户的管理流程。要不然，哪怕你自以为已经实现了所有的功能需求，你也无法在这样一个大型的客户内部走完它整个的管理流程并按照你认为的时间点去上线。所以一定要非常尊重客户的管理流程。

第三个关键点，就是沟通。你有再好的设计，再好的愿景，再好的理念，少了沟通是无法在这个多达几百人的项目中实现的。我相信所有人的出发点都是一样的，但是在这个工作过程中，大家是第一次磨合，一定会产生各种各样前期没有考虑到的问题，这时候只有通过良好的沟通才能快速地凝聚共识，然后找到真正解决所有艰难险阻的办法。

记者：我也想问一下岳总，您对我们这个项目的甲方，包括甲方的业务、管控，有什么想说的吗？

岳欣：我相信我们企业的每位同仁，包括 Peter 和我，包括我们的业务团队，面对甲方首先不由自主地浮现出来的就是感谢。为什么呢？首先，要感谢客户在当初给了我们这份信任，把这个重大的项目交给了我们。更要感谢在我们遇到困难的时候，他们并没有对我们进行一些无谓的指责。

其次，我要对他们表达我们的承诺和决心。虽然 P904 批次已经上线了，我们基本上已经实现了当初项目一期的所有功能点，但是我们依然会不忘初心。我希望我们能持续站在全球一流的角度，来打造这个智能服务与营销平台。这是我们的决心，也是我们的承诺。

【方案经理剖析篇】

王博

易谷网络解决方案与业务咨询副总裁

王博是公司的方案总监，他是项目技术验证阶段和招投标阶段的核心成员，他对 B 银行项目一定有非常深的感触。让我们一起来听一听王总的想法。

记者：王总，您好！当被告知 B 银行项目中标之后，您当时的想法是怎么样的？

王博：第一个感觉是很激动。因为 B 银行这个项目，我从开始接触也很长时间了。在那一刻，当被告知中标了，那种感觉就是激动。

第二个随之而来的很复杂的一种心情，的确还是有些担忧的。因为这么大的一个项目——是我从业以来，最复杂的一个项目，交付难度可想而知，一定会很大。

第三个是感恩。6 年来，不断地和客户交流、沟通、接触，每一步都在往前推进，包括这次在整个投标过程中也是花费了很长的时间。我们每次都是抱着沉甸甸的一千多页的文档到客户面前去展示，身后是整个“铁三角”的支持，包括我们的销售团队、服务团队、售前团队都为此付出了艰辛的努力，要不然也不会有这么一个满意的结果。我们在和客户的每次谈判过程中，都努力让客户觉得易谷网络是一家不错的公司，一点一点地向客户展示我们的能力，最后让客户选择了我们。

记者：听说在整个项目的执行过程当中，您也一直没有离开过项目的前线。作为易谷网络的方案经理，我们是不是有能保证满意度的应对方式或处理办法？

王博：对。正如我刚才提到的“铁三角”文化，首先，我们要做的是符合公司的“铁三角”文化。其次，对于这样一个大项目，我希望能陪伴和成长。陪伴是说在项目的各个环节，尤其是在重要的环节，我希望能和公司一起，和团队的同事们一起，和客户一起来保证我们这个项目实施的质量。最后，是成长的过程。这么大的一个项目，各个环节包括全媒体、智能化，从技术层面到业务层面，都会给公司带来很大的提升。同时，对我自己来讲，也是一个很大的提升。所以在各个阶段，我能去陪伴，去成长，伴随着公司一起来成长。这也是在项目执行过程当中，我为什么一直或者至少在关键时间点都会和大家在一起的原因。

记者：我们之前也说到因为B银行这个项目体量非常大，我们在整个项目招投标阶段也是有非常多相当有竞争力的对手，最后B银行选择了易谷网络。您觉得我们能最终取得这个项目的原因是什么？优势又在哪里呢？

王博：我夸张一点儿或者大胆一点儿地说，依靠的是实力。为什么呢？因为在招投标的商务环节，其实有3家公司和我们竞争。在谈判过程当中，我们每一次所表现出来的，无论是技术层面、业务层面，还是对未来的规划这个层面，用户是很认可的。我们经过了五轮这样的谈判和沟通，每一轮都会往前走一步，使得客户对我们越来越了解，越来越懂易谷网络。再往前推一点儿，在POC阶段总共有5家厂商同台竞技，我们也是以最高分进入了客户的选择范围。所以，从整体来讲，我们是靠实力打拼下来的。另外，我认为从客户项目规划来说，它是致力于建立新一代的服务营销平台，那么客户看中的不仅仅是技术，还看中一些业务方面的能力。我们当时公司内部的咨询团队，或者叫业务专家给客户带来了很多帮助，所以，客户在最后选择的时候也特意强调在建设过程当中需要我们的咨询专家、业务专家参与到这个项目中来，可以引领并帮助甲方做这个项目的交付。我觉得以上两点主要体现的是我们的硬实力吧。我们公司最新的愿景是做“智能服务与营销之集大成者”，而 B 银行项目正是要求一个集成商来做这么一项工作。它不是一个代理商可以完成的，也不是一个所谓的貌似很大型的交付厂商而没有硬实力的公司可以完成的。而我们易谷网络在转型当中建立的大前台、大中台和大后台，包括我们现在这种全新的架构，正是可以保证这个项目正常地、有效地推进。所以，我觉得一个是“集”，一个是“大”，这两点是易谷网络在这个项目中立于不败之地的很重要的原因。

【客户经理协调篇】

朱利华

易谷网络新一代客服项目客户总监

朱利华女士是因为 B 银行项目而加入易谷网络成为客户经理，见证了项目从技术验证、招投标、系统上线、全国推广等各个阶段。在技术验证阶段，她陪工程师到凌晨；在上线推广阶段，她在深夜为团队送去水果和水饺，对项目、客户、团队满怀感情。

记者：利华姐您好！B 银行项目成功上线并全国推广了，您有什么想和大家表达的？

朱利华：您好！B 银行新一代客服系统成功上线并在全国推

广，我是特别高兴和激动。这一天的到来太不容易了，凝聚了易谷人的智慧和勇气。通过这个项目，我看到了易谷人的精神，易谷人的担当，易谷人的未来。在我的人生历程当中能够见证和参与B银行新一代客服系统项目，是我人生的一大幸事和荣耀，我为此骄傲和自豪！

记者：您认为B银行为什么在那么多大公司里选了易谷网络作为总集成商？

朱利华：对于易谷网络来说，公司从2008年成立到现在自始至终就做一件事：一直专注地致力于为呼叫中心提供全方位的解决方案和服务，积累了众多的项目案例，特别是在金融行业的案例让其他公司望尘莫及。易谷网络一直走在科技创新发展的前沿，稳扎稳打，并拥有自主的产品，具有核心竞争力。易谷网络的中标既是意料之中又是情理之中，因为我们用10年的时间准备，就是为了这一天的到来。俗话说："十年磨一剑，出鞘必成功！"

记者：听说Peter经常得罪客户，最后都是您去和解，想对这样的老板说点儿什么吗？

朱利华：其实对于老板经常得罪客户这种情况，我想说的是，B银行这个项目他倾注了满腔的热血和激情，所以他有时就会和用户据理力争；但是他的出发点并不是真正想去得罪用户，而是希望用户能够理解我们的处境和难处，帮助和支持我们解决问题。

【项目经理磨合篇】

李宝江

易谷网络高级服务经理、新一代客服项目首任项目经理

新一代客服项目是大客户的大项目，受到客户高层领导和公司领导的高度关注。新一代客服类型的项目在各大银行中鲜有成功案例，也是公司第一次交付如此复杂的项目，公司上下各个团队众志成城，选拔了各团队的精英、骨干组成项目团队奔赴银行方研发中心，开始了新一代客服项目的征程。

2018年3月14日，易谷网络从此进入B银行位于合肥滨湖区的软件开发中心，这个100多人的团队开始了近两年996工作制的安排。他们第一阶段的目标是搭建起多渠道全媒体智能联络平台、开发座席工作台、IVR系统流程、运营管理等业务应用，与智能机器人、智能IVR系统、智能知识库等系统进行集成，并需要经过连通性测试、用户功能测试、上线演练测试等严格的测试流程，最终在2018年11月中旬完成第一期项目上线。第一期项目经理是李宝江，让我们和他聊聊。

记者：宝江，您好！作为B银行项目第一任项目经理，项目初期困难特别多，有没有让您特别感动或者记忆特别深刻的场景？

李宝江：确实有很多。我离开项目组到现在大概有1年多时间了，有两个画面经常在我的脑海浮现。一个画面是在我们刚到合肥的那段时间，我们项目管理组有4位成员，李逸琪、吕辰、易裕坤和我。那个时候，我们的战斗情绪非常饱满，通常都是深夜12点多从园区回来之后，还会去酒店的健身房健身。另外一个画面是2018年11月17日晚上项目P805批次投产，11月18日上线。那一晚真是非常辛苦。万海荣率领我们的项目工程师骨干在数据中心机房里负责投产，我们项目管理组在软件中心的投产值班区，指挥、协调各地投产组按照投产指令去执行投产任务。凌晨五六点，投产中的大部分问题已处理得差不多了，此时在旁边的万海荣，还被一群银行同事围着，万海荣精气神特别饱满，一点儿也看不出是已经熬了一整夜的人，他在跟多位银行里的同事讨论香港国际电话转接问题的处理方案。几分钟后按照万海荣的方案，问题解决了。这两幅画面经常在我的脑海里面浮现，特别深刻！

记者：那您当时作为项目经理压力很大吧？

李宝江：主要体现在两个方面。一方面，我在9月份之前基本是处在一个节食控制体重的状态，每餐只吃半碗饭；到了9月份的时候，我就渐渐发现每顿饭都特别能吃，完全控制不了自己的食量了。另一方面，我鬓角的白头发增了好多，发际线也明显后延了。

记者：那就是身心都面临很大的压力吧。现在回顾整个项目过程，您觉得您从中得到的经验和教训是什么呢？

李宝江：一是在需求确认方面，大型项目中，需求收集后，通过高保真的 Demo 确认需求，可以极大程度降低需求确认过程中产生的偏离，在之后的测试过程包括交付过程都可以起到事半功倍的效果；二是需要提供测试组可以正常工作的一切支持。在这个复杂的项目中，尤其是在多个系统有复杂访问关系的情况下，我们项目管理者特别需要测试团队测试数据的及时反馈，让项目经理能够及时了解到进度计划是否正常，以及是否有重大问题发生。

【专业服务提升篇】

查玮

易谷网络专业服务高级总监

B 银行项目是迄今为止，我职业生涯中遇到的最大的集成项目，也是我职业生涯的一个重要转型点。通过这个项目，我们已经开启全面迈向“智能服务与营销之集大成者”的第一步。在投入了百余人、近两年的艰辛付出之后，我们通过这个项目获得了拥有铁一般纪律的团队；获得了共享服务中心的成立；获得了更高效的集成交付“套路”；为我们引领整个行业以及后续的交付打下了坚实的基础。

易谷网络在第一阶段所经历的压力是无法想象的，走弯路、踩水坑还是小问题，关键是对甲方流程的不熟悉、不尊重，几乎导致了灾难性事件的发生。在项目最关键的时刻，正值国庆长假，公司的专业服务总监查玮带领其他所有项目休假中的专业服务骨干，到合肥现场助攻，让我们看看他怎么说。

记者：查玮，您好！2018 年国庆节假期期间，听说您带领团队奔赴了合肥第一现场，这样的助攻行为原因是什么呢？

查玮：起因肯定是当时项目 P805 批次的交付时间已经很紧张了。IVR 系统在我们整个交付的 17 个子系统当中，无论是 bug 的解决率，还是案例的通过率都一直排在所有系统的倒数几位。如果按照当时的这种状态进行下去，对整个项目的交付将会产生难以预估的影响。所以，我们才会紧急决策，立即奔赴现场，对整个项目给予帮助。

记者：听说经过 B 银行这么一个大项目的历练之后，咱们易谷的专业服务的“套路”也有了很大的提升，能和我们分享一下具体是如何提升的吗？

查玮：是的。以前大家可能更侧重于各式各样项目的交付，虽然我们有专业服务，但是沉淀的所谓“套路”其实并不多。经过 B 银行项目，公司也提出了中台组的概念并且得以实施，我相信有了中台组，无论是产品的开发还是我们专业服务的开发都会有框架级的输出，这样我们的效率一定会有相应的提高。让我们一起拭目以待。

记者：能不能和我们分享一下项目现场难忘的事情？

查玮：其实难忘的瞬间有很多。比如说，我还记得侯敬辉趴在电脑面前去研究生产系统流程，宋明利也因为工作任务艰巨焦虑到胡乱做梦，其实他的宝宝当时还不到两个月，但是他们俩已经在现场奋战了很长的时间；还有我们的“小鲜肉”于博都忙到腰肌劳损了；汪丹枫、赵延超、张国锋、白赟，还有张连钧、赵超凡一听到项目需要帮助都快速地赶来帮忙，这些都是很难忘的瞬间。当然，最让我感动的是，当我看到我们利用新的方法成功地解决了问题，使我们的 bug 数量不停地减少，洋溢在大家脸上开心的表情；有一天晚上，大概凌晨两点左右，我们的客户经理来到项目组，看到大家依然斗志昂扬，也非常感动。我觉得这一个个场景都是让我们能持续努力和成功交付的正能量。我也对拥有这样的一个团队感到自豪。

【项目经理改进篇】

陈建新

易谷网络新一代客服项目第二阶段项目经理

B 银行新一代项目是国内近几年来呼叫中心行业少有的巨型项目，结构复杂、新技术多，甲方要求高，并且需要严格按照各批次时间进行投产。这些情况对公司以及项目组的每个人都提出了很高的要求，同时也是一个极好的锻炼机会。

本来项目的第二阶段计划是完成所有的功能，然后在 2019

年底完成全国推广。但是，由于第一阶段剥离下的子系统需要在第二阶段完成，剥离下来的功能点也要在第二阶段开发上线，所以，第二阶段和原计划相比，作出了很大的改变，李宝江被调到B银行香港项目组，第二阶段的项目经理由陈建新接任，让我们听听他的感受。

记者：您是在第一阶段后半程加入项目组的，在第二阶段正式接任项目经理，当时您最想作出哪些改变来提升客户满意度呢？

陈建新：在第一阶段，我们的项目管理水平是一个改进空间非常大的方面。作为一个有着丰富经验的项目经理，我期望能通过风险识别、项目计划编制、资源调度以及建立项目过程资产几个方面建立有效工作机制，使得项目管理工作正常化，确保项目实施有序高效，通过这种提高项目整体管理水平的方式来提升客户满意度。

记者：结果如何？既定目标实现了吗？

陈建新：通过P902批次的实际检验，这个目标基本上达到了，项目计划基本得到执行，准入测试一次通过，投产阶段总体顺利。

记者：在业务部门看来，您并没有采用更为进取的计划，而是用看似稳健实则拖延的策略来实施交付计划，这一点您怎么看？

陈建新：这确实是一件比较遗憾的事情。当时，面临低落的士气以及项目组两线作战——既要快速解决生产问题，还要进行新功能开发。经过慎重考虑，我作出缩减P902批次范围、甚至取消P903批次的决定。这确实是非常艰难的决定。业务部门对此产生一些看法也是在常理之中。

记者：根据我对整个项目进程的了解，这一时期各个团队的工作条理性有了很大的改善，您是怎么做到的？

陈建新：这个没有什么秘密，简单一条，就是把B银行管理体系的各项措施认真执行，落到实处。B银行管理体系是按照CMMI质量管理建立的，是经过国内外无数案例检验过的最佳实践。只要严格按照这个体系落实、执行，软件项目都可以顺利实施。

【项目经理冲锋篇】

高猛

易谷网络北区技术服务总监、新一代客服项目第三阶段项目经理

在B银行新一代项目中，易谷网络作为总集成商，负责十余个子系统的设计、开发、测试、投产工作，并承担了产品厂商和分包商的管控工作。与此同时，银行方的各种流程、制度及管理方法论，也对我们的管理工作提出了较高的要求。从另一个角度来说，利用这个项目机会，为我方培养了一批懂技术、会管理、了解业务的项目管理人员。该项目涉及3000余个功能点的实现，在业务需求上，也充分体现出了开放、创新的原则。

第二阶段上线以后，B 银行项目开始进行试点行上线，经历了第一批省行推广、第二批试点行推广、第三期系统上线、全国推广等几个阶段。由于第二阶段要完成很多第一阶段的未竟工作，所有的工作都压在了第三阶段来完成。可以说，项目的第三阶段是整个项目最为繁重的阶段。更何况，在这一阶段的前后需要进行全国范围内的推广。应该说，任务比第一阶段更重、更艰巨。第二阶段结束，试点行上线以后，由于母亲病重，陈建新需要回南京尽孝。公司北区服务总监高猛临危受命，抛家舍业来到项目现场，挑起了第三期系统上线以及全国推广工作管理的重任。

记者：高猛，您好！作为易谷网络的核心员工，您从第一线做到了高层管理岗位，现在又回到第一线带领团队冲锋，您的感受是什么？

高猛：您好！严格来说，这应该是我第二次回到 B 银行项目中了。2017 年 3 月，有幸得到公司领导信任，我作为先头部队的负责人来到合肥，开展 B 银行项目的 POC 测试工作。2019 年 9 月，我负责 B 银行项目的管理工作。从感受上来说，这两次还是截然不同的。

第一次，我们集结了各团队的精兵强将，更像一支突击队，在两个月的时间里，我们快速交付了 B 银行 POC 测试的全部需求，从其他友商中脱颖而出，得到了客户的认可，为公司能够赢得该项目发挥了重要作用。我觉得当时更为突出的是每个人的素养和能力，以及卓越的执行力，体现出了易谷网络的精英文化。

第二次来到B银行项目，我切实感受到，这个团队通过近两年的锤炼，俨然已经成为了一支能打硬仗，可以多线作战，具备高效交付能力的团队，并能够开始为其他项目进行能力输出。这一次我认为，更多的是依赖团队的协作，来达成各项交付目标，切实体现了一个团队的价值。

记者：从第一期上线时客户满意度的下降，到第二期上线后公司的实力依然被质疑，一直到第三期上线与全国推广成功，让公司的实力得到了客户的认可，这期间您做了哪些工作去扭转这个局面的?

高猛：B银行项目，不论从它的整体规模，还是复杂程度来说，要做好这个项目的管理工作，对我来说，确实是一个不小的挑战。

从2019年9月来到项目组以后，我大概花了一个多月的时间，去了解项目的设计方案、过往情况，以及曾经发生的一些问题，并与各子系统的负责人逐个谈话和交流。甚至对于一些问题的探讨，会深入到具体的技术构架层面，尽可能去摸清项目和人员的状况，了解团队的产能情况，避免制定的计划和一些决策偏离实际。

大家都知道，一个项目能否得到客户管理层的支持，是项目取得成功的一个重要因素。我的另一项重点工作，是加强与银行方各部门、子公司管理层的沟通，去进一步了解各方的诉求，畅通沟通渠道，并做好客户期望值的管理。在项目团队能力和客户预期之间，尽可能寻求一个平衡点，以此来改善客户满意度。

记者：您认为易谷网络从本项目中得到了什么？

高猛：从人员方面来说，通过这个项目实施，为公司培养出了一批专业人员，他们的专业能力甚至在业内也达到了一个较高的水平。这些人才是一笔宝贵财富，未来在其他项目中，我相信很多人可以独当一面，成为公司的中坚力量。

从产品方面来说，通过该项目实施，为公司的产品迭代，提供了重要的参考价值，比如多媒体工作台、内管系统、质检、客户之声等一批产品，已经在其他客户中创造出了价值。

最后一点，通过 B 银行项目，对于如何实施和管理一个大型联络中心系统集成类项目，我们得到了很多宝贵经验。当然，也不乏深刻的教训。这些经验和教训，我相信都将在公司未来发展中体现价值。

【架构设计篇】

万海荣

易谷网络新一代客服项目总架构师

万海荣，2009 年 3 月加入公司，是加入公司最早的一批核心技术人员。在 B 银行项目以前是公司的专业服务总监。B 银行项目启动后，他作为项目的总架构师一直拼搏在项目前线，经历了项目整个建设历程，同时应用专业技能及专业的服务理念赋能项目的建设，通过该项目的历练积累了丰富的架构设计和项目集成经验。

记者：万总，您好！您在项目现场工作多长时间了？

万海荣：我从2018年1月底加入B银行项目组，到P904批次投产，陪伴了这个项目600余天。

记者：作为项目的总架构师，您的主要工作是什么？

万海荣：我主要的工作是：技术选型；架构集成；技术方案的制订；部署方案的制订；技术问题的推进；项目投产工作。

记者：现在看来，您对当初设计的架构满意吗？还有哪些改进的空间？会在以后进行整改吗？

万海荣：从技术架构来说，经过大家的努力，我们完成了从单中心的技术架构到双中心的技术架构的升华，继而完成了全国业务的推广。从现在来看，系统运行稳定，符合当初的设计理念。

虽然我们取得了阶段性的成果，但是我们还要加强系统的适应性和完善性，后续将会与大数据平台集成。由于整体运营类数据集中存储在运营管理平台，未来可形成数据中台，同时进一步拓宽数据对接渠道，开放相应的接口，分享价值数据。

记者：现场工作这么长时间，您感觉压力最大的时期是什么时候？您是如何克服的？

万海荣：压力最大的时期主要分为两个阶段：第一个阶段是在项目P805批次阶段，第二个阶段是在项目P904批次阶段。

在项目P805批次阶段，由于我们对银行的业务熟悉程度不够，每个迭代开发工期紧，项目组处于磨合期，致使在功能测试准入和准出期间面临了极大的压力；当时应用项目知识，采取了缩小工作范围以及采用先进的技术和工具来完成任务。

在P904批次阶段，特别是双中心（B银行首个异地双中心的基础架构项目）投产、国内业务的推广，每件事情都是里程碑。项目开展期间，我们制订了详细的计划，反复评审和论证方案的可行性，加快实施进度，以及对测试进度的监督；不管是技术偏差，还是进度偏差，都及时加以纠正，最后在项目组成员的共同努力下，按期保质保量完成了任务。

记者：作为公司的核心技术管理者，您在现场有刻意进行后备团队的培养吗？效果如何？

万海荣：通过该项目的锻炼，我们涌现了一批平台专家、专业的实施工程师、通信领域专家、基础环境架构专家、报表业务专家以及系统集成专家等。这些方面的人才培养效果显著，大家都能独当一面，并逐渐成为某一领域的专家。

记者：听说这个项目花费时间与精力最大的是报表部分，如果再给您一个类似的项目，就报表这部分而言开发效率能够提高多少？如何才能做到呢？

万海荣：B银行新一代客服项目报表部分的特点是体量大，涉及的系统众多。经过长时间的实践，我们对报表的取值逻辑以及方式方法都有了充分的认识和理解。如果再给我们一个类似的项目，我认为报表的开发效率至少能提高6成，原因有以下几点：

首先，我们对银行的业务报表的取值逻辑已经非常了解了，可以大大降低沟通成本；

其次，我们这些报表经过了长时间的专业测试，可以大大地缩减测试进度及成本；

最后，我们形成了成熟的报表架构体系，能够快速搭建报表抽取、耦合系统，快速产生报表系统。

【多媒体联络系统开发篇】

赵伟良

易谷网络西安研发中心 IM SDK 研发组组长、新一代客服项目多媒体联络系统开发团队领导

在 B 银行新一代客服项目中我们团队包括整个公司都面临了前所未有的挑战。B 银行对功能细节及软件版本质量的要求都非常严格，大家在现场都承受了巨大的压力。面对挑战和压力，团队齐心协力，即使长时间面对高强度的工作，也没有人叫苦叫累。正是这样的经历，让团队成员积累了宝贵的经验，快速地成长起来，打造了一支具有强大战斗力的队伍。在这里，感谢大家为本项目的付出，感恩这次难忘的项目经历。

记者：伟良，您好！您在项目现场工作多长时间了？

赵伟良：您好！快两年了。

记者：作为项目现场的主要开发经理之一，您的主要工作是什么？

赵伟良：在B银行项目现场，我主要负责产品功能、项目进度把控、技术方案制订及疑难问题的处理。比如，面对一项新的开发任务，首先要把功能涉及的范围和问题与业务专家确定清楚，然后将具体任务分配给开发人员，一起讨论确定技术方案后进入开发阶段；开发过程中要跟踪问题和进度，排除阻塞开发进度的问题，最终要达到任务交付的目标。

记者：您对所交付的产品满意吗？是否还有可以提升的空间？

赵伟良：目前来看，基本满意。不过，可以提升的空间还是很多的，主要有两点：一个是交互体验上的优化，就像牛国超说的，要把它当做自己的孩子去看待，这种交互体验的细节是需要花时间和心思才能做好的；另一个是产品化程度，就是要把项目上交付的产品功能集中到产品中，真正形成易谷网络自己的产品，然后在这款产品上不断优化功能及体验。

记者：在项目现场工作这么长时间，压力最大的时期是什么时候？您是如何克服的？

赵伟良：其实现在看来，开发阶段虽然辛苦，但却是最幸福的时期了。压力最大的时候应该就是大批次投产后的一段时间。这段时间一般是生产问题爆发期，并且还要面对新的开发任务及UAT测试阶段等，很多工作并行展开，大家压力自然就大了。面对压力的时候还是要多鼓励自己坚持住，也不要乱了阵脚，对所有工作排个优先级，一项项处理；最高优先级的处理完了，压力一下就会减少很多，后面自然就不在话下了。当然，这期间也要感谢一起奋斗的同事。

记者：在项目交付过程中，最大的感触是什么?

赵伟良：在 B 银行项目交付过程中，最大的感触就是对软件质量的整体管理流程，内测、UAT 阶段测试、演练测试，都是以安全生产为目标，相比之前的项目，对开发人员提交的版本有更高的要求。我认为对每一个开发人员都是终身受益的，对自己写的代码要认真严谨，不要有侥幸心理，再小的问题都要及时修改，同时，也要加强代码 Review 和自测，保证开发质量。

【业务分析篇】

季美丽

易谷网络高级咨询顾问，新一代客服项目业务顾问、需求分析组长

B 银行的新一代客服项目是公司承接的，也是我参加的第一个全面客服系统建设项目。长达 30 多万字的需求文档，充分体现了客户对此项目的重视度和专业性；总共 300 多人的建设团队，经过将近两年夜以继日的奋战，更加证明了此项目建设的难度和广度；即使这样，从需要分析、业务指导到产品设计再到迭代开发、功能测试，最终顺利投产，业务完成全面上线，更加印证了易谷人的业务能力、技术能力和集成能力！也通过这次项目建设，为我们积累了更加丰富的集成经验和产品落地经验，为易

谷网络最终成为行业内的“智能服务与营销之集大成者”奠定了坚实的基础。

记者：美丽，您好！能介绍一下您在项目中的主要职责吗？

季美丽：您好！我主要是负责做业务及需求咨询顾问工作，和研发人员一起对各个系统的需求进行分析与澄清。在分析与澄清过程中，提出更优、更符合业务场景和运营管理的意见与建议。

记者：听说您在项目现场晕倒了，是因为压力太大吗？

季美丽：坦白地说，是。在B银行项目前，的确是没有接触过这么大规模的项目建设。我之前在甲方工作，虽然有多年的运营管理经验，但是对金融业的具体业务和交易不是特别了解。在B银行新一代客服项目中，我们将所有业务交易都集成到多媒体工作台上，交互逻辑都需求重新设计，专业的交互设计师的工作一下子全都落到我一个人的肩上；同时研发人员又在等着我设计交互设计原型图以便开始迭代开发。时间紧，任务重，每天高强度的工作，身体一下子没适应过来，就病了。也可能是因为我身体弱，其实在现场，大家的工作压力和强度都很大，比我辛苦的还有好多。

记者：压力最大是什么时候？如何克服的？

季美丽：压力最大的时候，就是项目开始初期，做业务设计的时候。一是因为时间紧，设计一旦出不来，就不能进行开发实施。大家都等着我，那种焦急感无法想象；二是因为真的没有这方面的经验，要把需求文字变成一张张可视化的交互设计图，每一段需求都要读上好多遍，理解好多遍，反复设计好几次才能达到让自己满意的效果。还好，当时的美工给力，熟悉业务，也比较快，给了我很多帮助。要说如何克服的，最主要还是靠项目组的支持，客户的理解和领导的鼓励。心里告诉自己，一定不能因为我而影响项目进度，有了这个信念，就能突破自己，终能克服困难，达到预期。

记者：在项目过程中最让您感动的是什么？

季美丽：从两个方面来说吧，一方面是我们整个项目组的同事们，还有远程支持项目的领导和同事们，大家都在夜以继日地工作。尤其是每个子系统的负责人，都是背井离乡地全封闭工作，几个月都见不到家人，但都没有怨言，默默地坚持着。好多人也都病倒了，打个点滴，或者买点药吃，继续回到工作岗位。另一方面就是客户。无论是银行方领导还是同事们，都毫无保留地给我们提供最大的支持和帮助。在我生病回归后的第一次会议上，业务负责人汪毅看见我，第一句话就是，“您坐着说，别着急。”晚上也从不让我陪他们加班。这些点点滴滴的关怀，都让我永生难忘。

【西安研发中心篇】

牛国超

易谷网络副总裁、西安研发中心主任

牛国超，易谷网络副总裁、易谷研究院副院长、首席程序员，非现场开发者，但是是核心通信引擎的提供者。

记者：牛总，您好！请问您在B银行项目中都提供了哪些核心模块？

牛国超：音视频通信、即时通信平台，例如：培训考试、在线客服、移动座席所使用的通信平台，当然还有很多年积累下来的和G厂、V厂集成相关的软件。

记者：项目现场有很多程序员都是来自西安团队，您对他们的表现满意吗？请具体说一下他们的成绩。

牛国超：合肥项目现场最多的时候有200多人，其中西安团队20多人，在西安后方支持团队10人。

合肥项目现场是主力，很多全新的功能、定制化的功能都是在现场开发；通用型功能，比如通信平台都是由西安远程提供。

无论是合肥项目现场的人员，还是后方的人员，他们都是很棒的，尤其是前线人员没有一个人因为压力大而提出离职，坚持了600余天，实属不易。

我也去过合肥几次，2017年POC测试的时候我全程参与了，紧张程度前所未有；2018年驻场开发之后，我也去过几次，紧张程度并不亚于POC测试时期，POC测试只有3周时间，而驻场开发接近100周时间。

记者：还有哪些可以提高的地方呢？

牛国超：我对他们的表现是满意的，如果硬要找出一个不满意的地方，那就是开发效率有待提高。我希望他们在以后的日子里能快乐、高效地工作。

记者：作为易谷网络的后台核心产品研发负责人，您下一步会推出哪些核心解决方案？

牛国超：在我们这个圈子里，目前有几个风口，也就是热点研究方向。

第一，实时音视频平台。在这方面我们已经赶上了末班车，音视频平台在 B 银行新一代客服项目、B 银行香港项目、宜信财富、阳光保险等项目稳定运行，在多个项目的测试中也发挥了重要作用。

第二，座席平台国产化。经过邮政速递“双十一”的洗礼，Freelink 平台正在稳步前进。

第三，人工智能化方向。智能 IVR 系统、智能外呼、智能路由，总之，尽可能地运用人工智能技术提高运营效率、降低运营成本，甚至帮助呼叫中心成为营销中心。在这方面我们起步较晚，接下来我们会加强和第三方 AI 平台的合作，同时也会开始自建 AI 平台。

【武汉研发中心篇】

陈黎

易谷网络武汉研发中心主任

B 银行项目是易谷网络从呼叫中心集成商真正转变成一个呼

叫中心统一解决方案提供商的里程碑项目。在此之后，易谷网络真正地变成了一个软件企业，项目中自有产品的比重越来越大；公司的解决方案和产品中的智能化能力比重增加，项目交付从传统的功能性逐步转向智能服务方向。

记者：陈总，您好！您是项目第一阶段的亲历者，能说说您当时的感受吗？

陈黎：我们接到 B 银行项目任务时，脑子里闪现出了高度重视、众志成城、群情激昂。我现在还清晰地记得两个场景：一个场景是 2018 年 3 月，武汉全体人员进驻 B 银行项目的场景；另一个场景是经过几个通宵后，项目 P805 批次如期顺利投产，5 位北京投产现场的核心骨干踏着一缕晨光，仅 20 分钟就登顶百望山的喜悦。当然，在合肥期间奋斗的每一个日日夜夜也都历历在目。每天二楼最后一批关灯离开的一定是易谷网络的团队；深夜一长队共享单车披星戴月；为了每一个需求或者实现细节，在会议室与银行方人员展开激烈讨论；会议室不够，我们用自带的投影仪投在墙上就开始讨论需求和设计等。虽然已经过去 1 年了，但这些场景都记忆犹新。

记者：在 B 银行项目中获得的经验是什么？

陈黎：B 银行的统一集中式资源和参数管理是这个项目的一大亮点。在我们之前的产品中，有这个方面的功能，但在集中管理上比较薄弱，为此我们投入了精兵强将重点打造这部分功能，研发出易于配置、易于扩展的用户与参数管理产品，完善了原有产品在集中管理上的薄弱环节。

在这个系统中，藏匿了一个底层的数据对象托管系统，即常说的通用 CRUD。这个系统能极大地提高开发效率，规范开发流程标准化，在 OMP 系统的开发过程中，它的效能得到了极大的发挥。

经过 B 银行项目的锤炼和洗礼，在 B 银行项目 P805 批次投产后，武汉一队研发人员移师浙电项目，将 B 银行项目的经验和战斗力继续在浙电项目上发扬光大，又创造了一个金奖项目。

记者：这对于下一步的产品开发有哪些帮助？

陈黎：从三个方面来说这个事情。首先，从开发规范上讲，团队逐步完善了开发规范与要求，在系统设计、编码规范和软件质量等方面得到了提高，特别是 B 银行这种大项目对于文档的要求很高，也促使我们在软件开发文档的输出上更加重视。

其次，从开发过程上讲，B 银行项目是一个多团队协同开发的大型项目，对于交付节点、交付质量的要求也非常严格，因此团队内设置了专职专岗的开发过程管理人员，对开发过程的各个环节进行跟踪和管控，对风险及时识别并处理，这样的开发过程管理在现有的产品开发中已经得到了延续和发挥。

最后，从开发能力和团队建设上讲，团队在进入 B 银行项目前，有一半是新进易谷网络的研发新人，他们虽然有研发经验，但对呼叫中心的产品和行业知识是欠缺的，因此我们采用了分组和以老带新的方式进行工作，让新人得到了快速成长，并成为团队的中坚力量。

【产品设计篇】

杨晓东

易谷网络资深产品总监

B 银行项目涉及的厂商、系统、需求以及参与人员之多，在我参与的项目中是前所未有的，这也是我在易谷网络第一次经历的真正意义上的大规模软件集成项目，所以，其工作方法论、实施要求和其他项目都不一样。即便面临这么多的挑战，易谷人都没有退缩，都在尽职尽责，全身心投入，各种感人场面历历在目。经过 B 银行项目，我们不但积累了软件实施经验，更获得了一些新的产品，这些新产品也让易谷网络的智能服务和营销方案更具竞争力！

记者：晓东，您好！经历了 B 银行项目，下一步您会为远程银行解决方案提供哪些核心产品呢？

杨晓东：经过 B 银行项目的学习、吸收和沉淀，我们深刻地了解了大型银行呼叫中心在智能服务与营销方面的思路和理念，也切身感受到了人工智能、大数据等技术在呼叫中心的广泛应用。

什么是远程银行呢？我们理解远程银行是银行客服中心借助人工智能、大数据分析、多渠道融合等先进技术建立的新型服务与营销门户，它以客户经营管理为核心，以客户价值实现为目标。因此，为了帮助客户更好地经营远程银行，在远程银行解决方案中，我们计划提供智能运营和客户之声等产品。

智能运营产品，为远程银行精细化运营提供管理支撑，帮助客户建立健全运营管理指标体系，实时监控运营过程中的问题，分析和发现运营上的能力短板，提出运营改进建议，实现远程银行数字化的精细运营管理。

如果说智能运营是远程银行运营管理不可或缺的支撑，那么客户之声则是为精准客户服务与营销而生。客户之声应用语音语义识别、基于业务模型的算法分析等技术形成多维、完整、千人千面的精准客户画像，为远程银行智能化、精准化客户服务与营销奠定基础。

【多媒体工作台设计篇】

刘杰

易谷网络共享研发中心轮值总监、架构师、开发经理，新一代客服项目多媒体工作台与业务系统的设计者

B 银行项目是我第一次接触、参与的大型软件集成项目，也是第一次接触到银行业务系统。个人在项目中得到了很大的锻炼，对软件集成、项目管理、研发管理都有了新的认识，对整体

项目交付的流程、规范有了更深刻的理解。项目交付中间也遇到了巨大的困难，这些困难很多时候是我们决策和方法不对，没有把团队能力发挥到最大，是管理和组织的不当。总体来讲，我们在炮火中接受了洗礼，也在炮火中成长、壮大。

记者：今天我们很高兴邀请到刘杰和大家做一个分享。刘杰，您好！感觉您好像是易谷网络的开发明星啊，那么瘦是因为工作压力太大的原因吗？

刘杰：压力肯定是有的，更多的我觉得是我的紧迫感和危机意识比较重。平时工作学习也是一样的，在工作中一旦有一些没有完成的任务，无论如何都要完成；而且我平时也爱折腾，不管什么样的产品，只要有新的办法，更好的办法实现，我一定会去思考，怎么去更好地实现这些业务价值。同时，在编码上我也是有强迫症的，每一行代码、每一个注释，我都不会放过，我觉得这可能是最大的一个原因吧。

记者：在我们整个项目的交付期间压力大不大？

刘杰：B 银行项目交付的压力是非常大的。在 UAT 测试阶段的中后期，整个人有一种很麻木的感觉。每天大部分时间都集中在 bug 的修复、需求的沟通、团队协调的工作中。这么多高强度的工作其实在某些方面也帮助我缓解了一些压力。直到项目 P805 批次快到尾声的时候，突然有一天老谢就问我，你们进展得怎么样了？他说 Peter 担心把我压垮了。这时候，我才意识到领导们其实也帮我们承担了非常多的外部压力。而且相对来说，我这个人还是比较自信的，不害怕困难，也比较喜欢挑战。我觉得这些内在的品质，也是我面对压力最大的法宝。

记者：听说您目前也正在主导工作台的产品化，能跟大家介绍一下易谷网络下一代的工作台会是什么样子的呢？

刘杰：工作台产品作为呼叫中心领域的核心产品，本身集成了IM音视频，AI、BI核心业务办理、个人门户等一系列的重要功能。工作台3.0产品，我们寄予了很大希望，它本身最大的特点就是由多租户、云延伸、AI、BI等一些先进技术集成的应用；同时，它支持灵活、可配置、面向领域的开发能力以及快速扩展能力，将来能不断地适应各大中小企业的业务需求，实现各个领域业务系统的快速开发和迭代。我觉得这是最大的亮点。

记者：现在您作为公司中台的轮值总监，能跟大家介绍一下我们这个中台的主要工作内容是什么吗？然后，我们下一步的工作输出重点会在哪里？

刘杰：我其实更愿意用“共享”来解释“中台”这个概念。其实，中台核心的目的就是搭建一个公司级别的企业开发平台来满足我们企业内部各个产品线的开发需求，避免各个产品线之间的重复和无效开发，从而提升我们公司整体开发的效率。一般来说，中台又分为技术中台、业务中台和数据中台。目前这个阶段，我们的核心是围绕技术中台和业务中台，从前端、后台，再到通用功能，分别定义了三大产品——梅花鹿、八爪鱼、猛犸象。通过这三大产品，我们希望来规范整个公司的产品和项目集成开发，统一公司所有的产品和项目开发模式。2019年底，我们也会推出中台的第一个迭代产品，期待这款产品能不断地提高公司整体的交付效率。

【年轻精英炼成篇】

吴义宝

易谷网络新一代客服项目测试工程师、项目管理人员

吴义宝和邓雨凡都是从项目开始就进入项目组，是项目组培养出的后备骨干成员，让我们来听听这些年轻精英的想法。

记者：在项目中坚持了近两年的时间，每天996工作制，是不是很辛苦？

吴义宝：辛苦是肯定的。在项目现场，996工作制只是一种概念，实际上大部分时间，基本上要到晚上11点；刚加入项目时，因为心里有预期，更多的是身体上感觉疲惫；随着这种工作模式的持续，身体上已适应这种工作节奏。但长期缺少与家人间的有效陪伴、朋友之间的相聚，心理上的压力逐渐增加。

记者：其实应该恭喜您，能有机会成为B银行新一代客服项目中重要的一员，而且是在您职业的前半程，相信一定有很多体会，能说说吗？

吴义宝：参与新一代客服项目，是对自己的一次洗礼，是对以往学习的知识、工作经验的总结与升华。在项目执行过程中，也遇到过各种问题，最终经过大家的共同努力，均得以很好地解决，也充分体会了公司的 LIGHTS 精神——领导、创新、分享、坦诚、执行与团结。相信经过新一代客服项目，在后期参与其他项目时，会有一种“会当凌绝顶，一览众山小”的感觉。

记者：您认为自己具备独当一面的能力了吗？是哪方面的能力？

吴义宝：在参与新一代客服项目的近两年中，进一步提升了测试管理与项目协调能力，具备了独立负责测试以及项目管理工作的能力。在刚参与项目的时候，我是以测试岗位加入项目。那时，测试是分布在各子系统独立实施的，内部测试没有统一的规划。随着项目推进，逐渐建立了测试流程与规范体系，提升了测试质量。随着项目第一阶段的投产，后期也逐渐参与到项目管理工作中，负责项目中问题的跟踪、工作协调以及进度计划等，具备了项目管理的能力。

记者：感觉自己还欠缺什么？

吴义宝：为了更好地处理项目实施过程中出现的各种问题，管理协调工作需要深入具体的细节。项目过程中也出现了对系统架构、底层平台与网关等知识的了解不彻底，阻碍问题判断的情况。后期需要加强平台知识的学习，努力做到既懂业务，也了解系统整体技术架构，让管理更得心应手。

邓雨凡

易谷网络新一代客服项目 MCSR（多媒体工作台）组长

记者：在项目中坚持了近两年的时间，每天 996 工作制，是不是很辛苦？

邓雨凡：说实话，确实很辛苦。但回想过去经历的这两年，日子过得很快也很充实，因为和一帮兄弟姐妹们在一起奋斗，即使是在每天晚上十一二点，看着周围的同事都还在踏踏实实地工作，想放松偷懒的心也会不自觉地收起，让我投入工作当中。可能这就是所谓的痛并快乐着吧。

记者：其实应该恭喜您，能有机会成为 B 银行新一代客服项目中重要的一员，而且是在您职业的前半程，相信一定有很多体会，能说说吗？

邓雨凡：首先，很感谢公司能给我这样一次机会，让我这个新人参与到 B 银行这么大的一个项目中。从一开始的什么都不懂，不知道应该如何和业务人员讨论需求，如何把控好需求范围，如何沟通协调好自己和业务人员以及测试人员三方之间的关系，到现在能从容地面对，知道在面对需求时，不仅要站在业务人员的角度去设计令业务人员满意的系统，同时也要站在公司开发人员的角度，去考虑如何能最快捷地实现业务功能。在项目刚开始进入 UAT 测试阶段，系统开始接受测试人员的检验，面临了一大堆的问题单，压力很大，和测试人员之间产生很多矛盾，总觉得他们在故意为难我们。但随着项目逐渐进行下去，慢慢体会到，其实开发人员和测试人员并不是一种对立的关系，而是一种相辅相成的关系。在测试阶段，对每一个问题单，应该换位思考，站在测试人员的角度去分析，也许有的问题单不一定是问题，但一定会有它存在的意义，并告诉我们前期在设计系统时，没有对功能描述得足够详细且没有及时和测试人员进行沟通；况且，测试人员提出的问题，能帮助我们更好地优化系统。这是我在 B 银行项目两年间的一些体会，不仅提升了个人专业方面的能力，也懂得了沟通的重要性。

【总结】

由于时间的关系，还有很多项目参与者并没有采访到，借此机会我们向所有为 B 银行项目作出贡献的同仁们表示感谢！

正像 Peter 和岳欣在采访中所总结的，B 银行项目的成功上线为易谷网络打造了一支铁军、研发了多款产品、积累了更多在智能服务与营销领域的系统集成经验，成为易谷网络“智能服务与营销之集大成者”的开山之作。同时也暴露出团队协作能力欠缺、技术体系不够统一、专业服务与产品化积累不够等多个问题。下一步我们要通过中台的打造来提高我们的协同效率，通过产品的持续优化来提高我们的交付效率，通过后台核心系统的完善来提高我们的核心竞争力。下一站是远程银行整体解决方案，我们对未来满怀希望、充满信心！